陪着孩子，慢慢变优秀

PEI ZHE HAIZI MANMAN BIAN YOUXIU

吴贤友 · 著

Children

安徽师范大学出版社

责任编辑:彭　敏
装帧设计:王　彤

图书在版编目(CIP)数据

陪着孩子,慢慢变优秀 / 吴贤友著.—芜湖:安徽师范大学出版社,2018.1（2018.9 重印）
ISBN 978-7-5676-3169-4

Ⅰ.①陪… Ⅱ.①吴… Ⅲ.①中小学教育—教育研究 Ⅳ.①G632.0

中国版本图书馆CIP数据核字(2017)第230235号

陪着孩子,慢慢变优秀

吴贤友　著

出版发行:安徽师范大学出版社
　　　　　芜湖市九华南路189号安徽师范大学花津校区　　邮政编码:241002
网　　　址:http://www.ahnupress.com/
发 行 部:0553-3883578　5910327　5910310(传真)　　E-mail:asdcbsfxb@126.com
印　　　刷:江苏凤凰数码印务有限公司
版　　　次:2018年1月第1版
印　　　次:2018年9月第3次印刷
规　　　格:700 mm×1000 mm　　1/16
印　　　张:16.75
字　　　数:265千字
书　　　号:ISBN 978-7-5676-3169-4
定　　　价:49.80元

序 言

1

2012年，我40岁，已经做了18年的教师了！

此前，我连续五年担任高三毕业班的班主任，这些年所带班级的高考成绩不差，尤其是最近两届，所带班级达线人数远远领先于平行班级；在教学管理方面，也得心应手，游刃有余，与同事关系融洽。朋友们都说，那是我最好的工作状态了。

这样的优越感和满足感无时不在。并且我发现，在县城，在重点中学，这种感觉来得如此简单而直接。我是在乡村初中工作六年之后进入这所省级示范高中的，城乡教育环境和教育资源的殊异，让我的这种感觉变得更加强烈。

当然，在18年的教育征程中，我也没有停下前行的脚步，哪怕片刻。

除掉按部就班的教学，还潜心读写，着力研究中、高考的相关政策。很长的一段时间，给多家学生刊物写诗文赏析的小稿，甚至一度成为一些栏目的固定作者，后来整理了一下发表的相关稿件，也有几百篇吧。之后，又去帮助多家教育公司命制中、高考模拟试题，做试卷分析。再后来，因为这方面有点成绩，经常被抽调参与一些大型考试的命题工作。

我一度认为，能帮助学生应试，在中、高考中脱颖而出，这就是教育。直到有一天，之前最看好的一名学生，在大学里给我发来邮件，说在大学的生活很无趣，学习没有目标，对未来很迷茫，这样活着还有什么意义。

这时候回头审视自己的工作，非常惊奇地发现：在与孩子们朝夕相处的日子里，除掉教会他们勤学苦读，帮助他们收获了一张张大学录取通知书之外，并没有培养他们的兴趣爱好，更没有帮助他们树立自己的志向追求。他们差不多是在一无所知和一无所能的情况下，随着浩浩人流，懵懵懂懂涌进了大学。

"除掉考试，什么都没有。"这是我四十不惑的年岁里最大的发现。

也就是在这一年，发现自己这一辈子只能做老师的时候，我的内心异常平静；因为对教育有了一些新的认识，循着这种认识走下去，全心全意，也许，会慢慢走近真正的教育。

什么才是真正的教育，时至今日，我还不是完全明白透彻，但妻子时常勉励我：不要担心，就像我们做父母，也不是天生就会，但既然有了孩子，我们就得学着做——陪着孩子，慢慢变优秀。

说得真好！

2

我不想再接手毕业班，做所谓的"把关"教师了。

一年的短线教学中，一轮接一轮的考试让人目不暇接，师生都成了训练的机器，最终要把学生训练到面对试题"一望而知"的境界，其强度之大、频率之高让人不寒而栗。

这样的反复操练也就谈不上教育。

很难改变，这是多年累积的"经验"和体制，自上到下，鲜有例外。

我甚至不想在重点中学久驻，觉得在这样的"舒适区"里容易消堕人的意志。那一年，申请调离当时的岗位，虽未获允，却难得可以从事高一年级两个班的语文教学工作。

那是我在学校最从容最惬意的一年。"春有百花秋有月，夏有凉风冬有雪。"带着孩子们看花赏月，读书品曲，自由随性，悠然南山。我总在想，这一年的闲情也许会成就师生彼此一生中最美好的记忆。

2013年，我成功调离。在我即将离去的前夕，木棉绽放，互道珍重，别情依依，温暖涌遍。

走进了另一所学校，接手的是高二年级，担任班主任兼从事语文教学工作。这是一所"普通"中学，有老师告诉我，这个班已经没人愿意带了，孩子们太调皮了，以前的班主任总哭着鼻子离开教室……我有心理准备，既然选择了，就不会回头。

我喜欢挑战。

3

依然记得第一次站在教室里的情景。

那个早晨，暑热未尽，虫鸟啾啾，伴随着吊扇嘶嘶不息的浅吟低唱，我走进了教室。

我感觉自己像一个陌生人，冒失地闯进他们的生活，他们不说话，就那么直愣愣地盯着我，充满着防范、不驯甚至挑衅（后来才知道，他们传闻学校将会派一名严酷的糟老头来监管他们），但眼睛里依然掩不住这个年龄特有的明亮和澄澈。

彼此都那么小心翼翼的，唯恐冒犯了对方。第一天安排的是考试，大家没怎么说话，晚上回家，我写了一则日记：

> 进校园的时候才七点钟，抬头就看见我们班。班级的走廊上站了一排学生，就像迎接我一样，毫无目的地四处瞻望。这些孩子比我来得早，也不知什么时候就起床了，他们的父母自然起来得更早，为了孩子的学习，父母真是辛苦。
>
> 我到教室的时候，对他们说，以后到校，按时来就行了；如果来得早，找个位置坐下，读读书，写写字，找点事做就好，自我一些，不要在乎班主任或者其他的老师。来得那么早，睡眠都不足，来了以后却在那闲聊，多奢侈啊！
>
> 安排好考场和座位，我去领试卷，到达考场，距离考试还有20分钟。和刚来的时候迥然不同的是，考场安静得让人有窒息的感觉——都已经是高二的学生了，身经百战，面对这么平常的一次测验仍像如临大敌。
>
> 孩子们真的怕考试！
>
> 其实，我们都知道，单纯的考试不可怕，可怕的是考试之后

来自家长和老师的思想"清算"。

我问了几个孩子，这几天在家还快活么？孩子们说，哪里还快活，比上课还难受。暑假补了两天课，又因某些原因暂停。这一个礼拜的空暇，也不能让孩子们闲着，那怎么办？考试呗。孩子们说，期末考试的试卷还没分析，为什么又考试？

作为教师，实在不能给出多少合理并符合教育规律的理由，我挺愧疚的。为考试而考试的事时有发生，"考考考，教师的法宝"，就这么无厘头地在学校年复一年地进行着。有时候我就在想，就是真的需要考试，我们能不能在学生放假之前考呢？我们成年人做事也是等完工了才敢彻底放松，一件事半拉拉地放在那，让你不想都难。何况他们还是未成年的孩子，为什么偏要去折磨他们？

正式上课的时候，我把日记和他们分享。读完以后，感觉到他们的眼光似乎柔和了许多。

我对孩子们说，我很喜欢用QQ交流，热爱写作，如果你也有QQ号，可以加我好友。信任我，可以署名，不署名也没关系，如君所愿。当然，想更多地了解我，以及我对具体人和事的看法，可以进入我的QQ空间浏览；对我有什么看法和意见，也可以留言。学生很意外，感觉他们之前的传闻有些误导，好像眼前的这个人不是那么"冷酷暴力"。

心灵的壁垒打开了，彼此间的距离也就近了。

4

第一次测验，成绩统计出来，老实说，我有些懵：全班56人，总分750分的试卷，500分以上的竟然一个人都没有，数学及格的只有一人，数学学科前40名人均分只有60分，要知道这可是150分的试卷啊！看到一个学生在自己的课本上写下的一句话——"数学虐我千百遍，我待数学如初恋"，有些心疼。

做试卷分析的时候，先检查作业——查找不确定音义的字词，做对的人寥寥无几。甚至几个同学在抽屉里摸索了半天，竟然没有找着试卷。这些孩子中考成绩不理想，属于第二批次录取的学生，和我之前所在学校的学生相比，基础薄弱。之后经过相处发现，缺乏学习主动性是他们成绩落后的主要原因。

没有教会学生养成良好的学习习惯，还寄希望于他们追求卓越，那是不可能的。但我也知道，"江山易改，本性难移"，习惯养成谈何容易？

这个过程缓慢而艰难，说实在话，有时候我也很灰心很绝望，但对这些孩子的改变我充满敬意。每次看到他们一点点的改变，我都会把它记录下来，放在QQ空间里，有时候甚至在课堂和大家分享。我也毫不讳言我遭遇的疑惑、困难以及对这些孩子的"抱怨"和"不满"，我一样把这些表达出来，和孩子们共同面对。

记得有一次评选困难补助，当我决定把其中的一个名额给K的时候，遭到很多同事的反对，我为他辩护：

他是有些桀骜不驯，但他也确实需要资助，需要我们温情的目光，需要我们柔软的怀抱。要不然，他就会在自我放逐的歧路里陷于平庸，最终真的会自甘堕落。

我也告诉K：你和别人一样的优秀；你也一样会做得很好；我一直在你的身旁，从未走远。

自那以后，在办公室，经常看到K追寻老师的身影；我从同学们的口吻里已经很少听到对他的抱怨；我从他的眼睛里看到如水的柔情。虽然还是不招人喜欢，但我坚信：世上没有天生的坏孩子！

以前，母亲告诉我，南瓜长得快，我和女儿蹲坐在藤蔓前，怎么也不见它生长，可是一夜过来，我们总发现，它长了一大拃。眼前的这些孩子，不也是一样吗？我们总嫌他们智商欠缺，学得吃力，进步得慢，可真的带他们起步了，有了自由的时间与空间，怎么会没有长进呢。苏霍姆林斯基说："没有任何才能的人是不存在的，事实上，每一个人能做的，比他现在做和相信自己能够做的要多得多。"

一木不成林，一花不成春。

需要改变的不是一个孩子，而是一个团队整体的氛围。让一群躁动不安的孩子能够开始潜心向学的最好方法就是读书。

第一次阅读课，让学生带来自己的"藏书"并推荐给大家。带来的图书五花八门，最多的是四大名著（不少是新买的），其次是网络小说、杂志，还有带漫画书的。

我对学生说，你们都已经是高中生了，阅读要有品质，应该符合你们的身份。

当然，也不指望你们一口吃成胖子，培养阅读兴趣和习惯，在起步阶段尤其需要耐心，需要方法。只有给了他们梯子或台阶，如此才能帮助他们在阅读的道路上深入地走下去。

鼓励学生带《读者》《青年文摘》这类的杂志，先建立阅读的兴趣。这是典型的浅阅读，但这些杂志的选文浅易亲切，符合这个年龄孩子的口味。

一段时间下来，这些躁动不安的孩子渐渐安静了下来，课间的打闹追逐少了。有不少人捧起了书，这是成功的第一步，但我不满意。

我对学生说，我自己也喜欢阅读《读者》这类的杂志，大家有没有发现，这些杂志大多是节选，有的只有片段，尝一脔肉怎能知一镬之味、一鼎之调？要想吃个痛快，不如把原著找来读，那才解馋呢！于是，孩子们找来张丽钧、毕淑敏、马德、张晓风、简帧、余秋雨等作家的作品。一学期下来，班级书架上的图书规模可观，学生笔下也开始有一些空灵诗意的文字了。

但也发现，学生们阅读还显逼仄，更愿意阅读那些心灵鸡汤类的软文，我希望年轻人有情怀，有担当，关注社会历史、人生百态、生命价值，有更深刻的思考，我向他们推荐龙应台、刘瑜、陈丹青、齐邦媛、张曼菱……

我们没有完整系统的阅读书目，但真正的读书人又有几个按照书目来读书的呢？阅读是一种情性，兴之所至，皆可阅读。

在高二快结束的时侯，有一些孩子真的喜欢书了，学生的课桌上能看到《目送》《送你一颗子弹》《退步集》《巨流河》《西南联大行思录》等。我已经很满意了，我知道，对于很多孩子，阅读才刚刚开始，我所做的只是给他们开启了一扇门，一片广阔的天地在等着他们去探索。

得天下英才而育之，是人生最美的事情之一。改变一群孩子，让他们学会并喜欢阅读，走进阅读之门又何尝不是人生最美的事呢？

高三结束的时候，高考成绩并没有达到我们的预期，年级主任安慰我说：这个班两年没有发生任何意外事故，连违纪都没有，已经非常了不起了。其实他不知道，这丙年，600多个日子里，我和孩子们之间发生了那么多温暖而美丽的故事。

欣慰的是，孩子们和我一样，把这些故事，写在日记里，留在记忆里。今天重新整理这些文字，我才发现，每一个孩子都在我的记忆里，鲜活而生动。

6

2015年8月，通过教育部选拔，我获准参与教育部"内地优秀教师赴澳门交流计划"，在澳门开展为期两年的交流研讨工作。有这样一次置身教育现实情境之外的机会，得以重新审视、认识和发现教育，这对我来说，真是一次生命的眷顾和恩赐。

澳门经济繁荣、物质丰富，学生升学压力小，课余时间充裕，但他们之中拿着书阅读的人很少，基本都被手机"绑架"。很多澳门的同事向我抱怨学生不读书，在我看来，这些同事本身因工作繁忙，自己都很难静下心读书，更不用说还有精力具体推动学生的阅读了。在澳门，推动阅读势在必行。

转变教师阅读观念，改变教师散碎的阅读现状，帮助教师构建阅读体系，倡导阅读的基本方法，包括主题阅读、读写结合和读行结合等。引导学生阅读中华传统文化，围绕"认识自己""公民意识""文化追思"等主题推荐书目，帮助制订计划，组织分享，策划出版，等等。

我想做的还有很多，可两年时光转瞬即逝。

转过身，回望这岁月长河中的浪花朵朵，感慨万千。所幸的是，在澳门交流的日子里我坚持记录、思考和写作，并加入了中国教育报蒲公英评论团队，成为特约评论员，并通过这个平台，和热心教育的同仁分享我的收获与感动，当然也有我对教育的深刻杞忧。

没有完美的教育，每种教育都有自己的长处，也有自己的短板，交流让我们对不同情境下的教育教学有了比较研究的机会，有了取长补短的可能，这或许也为内地教育的变革提供了一条新的思路。

我也一直想知道，"一个普通的中学语文教师能走多远"？来澳门交流，让我清醒地认识到：教育永远在路上，没有尽头。

结　语

五年来，就这样一路走走停停，读读写写。为了给自己的生命留下一些痕迹——为了学生的健康成长所做的不懈努力，以及记录自己在教育过程中的种种探索，我把这五年所写的文字，选出其中的一部分，结集出版。想告诉自己，这些年，一直努力地做着。也许，做得还不够好，但我遵循内心真实的想法；也许走得很慢，但日拱一卒，每天都在前行。

本书分为十辑，每一辑阐述一个主题，主题之间又相互关联。这些主题涉及一个普通教师生活的方方面面，一切都与孩子有关，与我有关，真实而鲜活。我们赶上了这样一个大好的时代，经济振兴，国力丰沛，教育事业蒸蒸日上，"中国的教育不比美国差"逐渐成为人们的共识。但教育面对的是一个个鲜活的生命，没有两片完全相同的树叶，每一间学校，每一个孩子都是一个全新的课题。我们依旧有那么多尚未发现的教育真相，依旧有那么多尚未解决的矛盾和问题。因为热爱，所以批评；因为珍惜，所以用心。"知我者谓我心忧，不知我者谓我何求？"无论如何，我们不能愧对孩子，也不想愧对这个伟大的时代。

没有爱就没有教育，从某种意义上说，教育就是一种温暖的传递，是师生之间的耳濡目染，相互感化，存在于举手投足这些细节之中，每一个教育行为都是对孩子们心灵的温暖触摸，不可不慎！在这个意义上说，师生之间应该是有很多"故事"的，不一定宏大，但足以动人。

每个生命都是奇迹，但生命又是自然界最脆弱的东西，一滴水就足以让人致命。教育的一项重要内容就是学会敬畏生命，珍爱人生，以阳光心态拥抱世界。因此，和孩子们一起，学着专注自己，关怀他人，理解世界，立足当下，着眼于未来。

对于教师来说，每节课都是我们的作品，每一次上课都是一次创作；所以，怎么用力都不为过。用约会的心态走进课堂不仅是自己对课堂的期许，也是希望自己在课堂上传递的不仅是知识，是方法，更是我对人生的体验、对世界的评价。

我一直以为，阅读是一个人最优雅的姿态。教师阅读的厚度决定了他站在讲台上的高度，也决定了他是否有能力讲述文字背后的辽阔与博大。这些年，我以十分的热诚、不同的方式为推动孩子们的阅读鼓而呼。我总觉得，孩子从捧起书册的那一刻，就有了领略比课本世界精彩百倍的可能。一棵树可以走成森林，一群人可能就读成了风景。

这些年的教育经历让我深刻地认识到，培育一个孩子的成长，我不是一个人在战斗，还有他们的父母以及这背后庞大的亲友团。身兼父亲和教师的双重角色，让我也清醒地认识到，教育是水滴石穿润物无声的长期付出。优秀孩子的家庭是相似的，堕落孩子的家庭各有各的不同。

这些年，有过无数次可以放弃的机会，但最终还是选择留在教师这个岗位上。我也一直在寻求着不肯离去的理由，除掉不放心这些孩子，除掉不满意眼前的教育现状，还持抱的一种信仰就是：总得有人去擦亮星星！也许这一辈也不会被人关注，但我的精神因为教育充实而饱满；也不一定就做得很好，可又有什么关系呢？陪着孩子，慢慢变优秀，这就好了！

目 录
MuLu

三、每个生命都是一个奇迹

四、师生之间怎能没有故事

五、教育需要着眼于未来

六、用课堂传递生命的气息

七、教育需要着眼于未来

八、共读让灵魂天天旅行

九、请把我的爱带回家

十、和孩子一起,慢慢变优秀

一、做有温度的教育

Zuo you wendu de jiaoyu ·

教育的水是什么？

就是情，就是爱。

教育没有了情爱，就成了无水的池，

任你四方形也罢，圆形也罢，

总逃不了一个空虚。

——夏丏尊

"讲话是一种修行"

布置周记写作任务，我对学生说，在我们接受了十多年教育的过程中，我们遇到过很多老师，禀赋不一，性格各异。我们不能说喜欢每一位老师，但总有一位老师不经意中的一句话，能让你刻骨铭心，此生不忘。

一个学生在周记中写道："你应该到垃圾桶里站着去，因为在我眼里，你与垃圾没什么两样。"他说，这句话是他的初中数学老师在课堂上对他说的。

我在想，也许，这位老师早就忘了；又或许，这话他说过无数遍，他自己都不曾在意了。不管怎样，庆幸的是，眼前的这个学生心态平和，身心健康，成绩也很优秀。他在周记中写道：当老师在全班同学的面前说出这句话的那一刻，他连死的想法都有了……经过好长时间的自我调整，才恢复过来，但此后对数学这门学科的兴趣消失殆尽。好在中考发挥不错，幸运跻身省级示范高中。

私下里，我问过这位学生："你今天还恨当年的数学老师吗?"他说："都已经过去两年了，恨已经谈不上。老师至今还在那所中学任教，为调进县城，费尽心思也无济于事。我一定会发奋努力，考取重点大学，我要以自己的行动和成绩告诉他，我和'垃圾'不一样；同时，我也会终生铭记，绝不能逞一时口舌之快，伤害别人，即便别人有什么做得不好的地方。"

下午的语文课，我当着全班同学的面，充分肯定了这名学生，我为他能拥有成熟的心智和宽广的襟怀而高兴。因为，我知道，刻薄、嫉妒、仇恨等品质是会影响身边的人，会传染的。我身边的有些教师，或许由于受到他们老师的老师语言暴力影响，在今天教育的大环境下，这些教师变本加厉，对学生以语言暴力相加。你听听他们骂起学生来，真是"妙语连珠，语惊四座"。我八岁的女儿，回到家就喜欢把老师骂谁谁的话说给我听，什么"你们真是一群驴""你脑子进水啦""你以为你带着两只耳朵就是人啊"……

真让人无语！

我多么渴望，教育的语言如秋水般澄澈，天空般明净。我表扬这个学生，我是希望全班同学都能像他一样拥有健康的心智和美好的心灵，希望这种以"爱"为借口的语言暴力就此戛然而止。

星云大师说："言语之于我们，乃在使我们互相做悦耳之辞。"作为师者的我们在日常的教育教学中，是否注意到，我们许多的话语是多么的霸道和暴力：当你命令学生的时候，你说，"你必须听我的"；当你警告学生的时候，你说"你会后悔的"；当你告诫学生的时候，你说，"你要给我小心点"。其实，我们大可不必这么蛮，这么横。我们为什么不可以说，"我们来沟通一下""你不再考虑一下吗?""你还是谨慎点好"，同样的意思，不同的表达，于己无损，于人有益，何乐不为呢?

"讲话是一种修行"，这句话说得真好！

怎能对学生的苦无动于衷

同事在微信中向我抱怨："孩子的作业太多了，每晚差不多都要做到午夜，苦不堪言！上周末，仅英语一科就布置了8张试卷，简直把孩子逼疯了。"我让同事的孩子把她学校的课程表和作息时间表拍给我看。每周47节课，平均每天差不多十节课，怎么安排啊? 看到作息时间表，我就明白了——早晨7：10上课了，洗漱吃喝拉撒加上路上的时间，意味着6点不到就要起床。上午和下午各五节课，下午17：45放学。在秋季，这个时间已经是夜色弥漫了。

这个孩子今年才14岁，读九年级，却过着如此悲苦的生活。为人父母的怎么会不心疼? 很多人感叹：生活条件越来越好，可孩子越来越苦，这究竟是哪门子的事！国家大力倡导素质教育，但是上有政策，下有对策，为了出成绩，满足各方的需求，孩子的课业负担一直减不下来。

学校说，家长要成绩，成绩是花时间"磨"出来的。教育主管部门又严禁周末补课和上晚自习，那我们只能把五天的工作时间最大化利用。什么身心健康、全面发展，真的无暇兼顾。更何况，如果我们不去占用学生的时间，家长也会送他们云课外辅导班补课。

家长说，连重点高中都考不上，什么综合素质，什么核心素养，纯属扯淡！既没有社会背景，又没有经济基础，只能靠自己奋斗。竞争激烈，压力山大，学习是很艰苦，可又有什么办法呢？这就是社会现实！熬一熬，辛苦干几年，幸福一辈子，也值。

教师说，合格率、优秀率、最高分、平均分，很冷漠，也很残酷，可奖惩考核都与之息息相关。同样做三年，凭借这些，有的人名利双收，有的人灰头土脸。不就是成绩吗，做教师的，谁不会那一套：压呗！最原始、最直接也是最冷酷的方法就是挤占时间。

几年前，有一个教物理的年轻同事，在带我们班的时候很卖力，班级的物理成绩也不错。他采取的方法就是在物理课晚自习的时候，花费三个小时的晚自习时间做一套试卷讲一套试卷，学生有其他作业只能回家"挑灯夜战"。他一直以此为荣。当时我就对他说，等他有了孩子，可能他就不会这样做了！

这些年过去，我一直在想，教育改革的呼声一浪接过一浪，这样的状况是不是已经好转，可今天当我看到这张课程表的时候，我才发现，教育部的三令五申并没有改变基层学校的教育现状，"减负"成效甚微，甚至出现越减越重的结果，确实挺让人心寒的。

我和一位前辈交流的时候，他很困惑：初中的那些知识，需要花那么多时间去解决吗？是的，就那么些知识却耗费了我们如此之多的时间与精力。这究竟是我们缺少化难为易、驭繁于简的能力；还是我们的教育观念保守落后，深陷于重复操练、高耗低效的怪圈中？

2016年全国"两会"期间，政协委员何水法认为"严峻的中考压力将教育指向了唯分数的升学考试"，建议取消中考。诺贝尔文学奖获得者莫言也同样建议进行中小学教育学制改革，除了建议取消小升初和中考，他还建议将中小学学制从现在的12年缩短为10年，并且将高中学制也纳入义务教育的范围。目前，很多学校压缩课程，把一年甚至更长的时间用来让学生备战中高考。这种做法完全扭曲了学校教育，更遑论培养学生的综合素养了。

摆脱眼前的困境，需要顶层设计的创新与变革、管理制度的跟进与落实。只是，这个过程漫长而艰难，眼前更迫切也更实际的就是普通教育者的转变，这包括能力的提升和观念的转变。老师负担重，压力大，待遇偏低，这些都是不争的事实，但与孩子的成长相比，这又算什么呢？想想看，如果他们都是自己的孩子，我们是不是会更用心一些？

每个孩子都是教育的对象

前两天和一位同行交流，谈到2015届高三毕业生的状况，并预测今年高考会有怎样的收获。我说：眼前，学校教育教学没有质的改变，想在高考成绩中有所突破，很难。

2014年，全县（含山县）高考达二本线的人数刚好突破1000人，而在两所省级示范中学中，我们学校属于二批招生。这一届学生在当年的中考招生中，全县前1000名中只招录了21人。正常情况下，二本达线率能突破25%，也就是960×25%=240人，那就算是丰收了。

其实，我关注和思考的并不是具体的达线率和人数，而是教师和学生们的辛劳付出是不是得到了应有的回报。

两年前，我供职于另外一所省级示范学校，那是中考第一批次录取的学校。做班主任时，一个不足60人的班级，如果高考二本达线人数不足40人，就属于高考失误。在实验班，班级绝大多数学生都能考取第一批次录取的本科院校。那时候，我觉得，按应试教育的标准，有着看得见的成绩。

可是现在呢？眼前的这所学校，高三年级18个班，其中还有两个理科重点班和一个文科重点班。在高考中，这三个重点班二本以上达线人数差不多在120人，剩下的15个班，每个班在高考中能考取10人，就已经算是非常出色的成绩了。但要知道，我所带的两个普通班学生也有100多人啊！如果仅以高考中二本线达标学生人数（几乎为个位数）作为我们师生三年的考核标准，那该是多么荒诞！事实上，从校领导到教师，到学生，很多人都是这样认识的。

教育"陪绑"现象十分严重，如果把高考当作教育的全部，那就意味着我们有超过75%的学生为少数学生陪考，这成本和代价太高了。这段时间，我心里一直纠结的就是：除掉那些顺利进入大学读书的孩子，还有那些剩下的大多数学生，这两年中，我和我的同事们给他们带去了什么？他们快乐吗？高中三年是不是他们人生中最美丽的青春记忆？"教育改变人生"的信念动摇了吗？他们一样要走进社会，一样要养儿育女，为人父母，他们又会怎样对自己的孩子，怎样谈教育呢？

想起高二第一次月考，拿到学生成绩册的时候，我很痛心。全班56人，竟然没有500分以上的学生，数学及格的只有一人，普通班数学学科前40名人均分只在60分上下，要知道这可是150分的试卷啊！看到一个学生在自己的课本上写了一句话——"数学虐我千百遍，我待数学如初恋"，真不知说什么好。

这样的成绩已经不是第一次。

我去找分管的老师，问能不能降低难度，可老师说，降低难度适应不了高考，更何况，学校喜欢联考，几所学校轮流命制试题，机械化作业方式，从命题、阅卷、评讲，步调高度统一。于是我们每次看到的就是这点分数，还以此相互比较，每个分数段多少人，条分缕析，细致入微，让每个教师和学生都看清自己所在的位次，这真残酷。

其实，我们可以做得更人性化一点的。陶行知说："培养教育人和种花木一样，首先要认识花木的特点，区别不同情况给以施肥、浇水和培养教育。这就叫'因材施教'。"也就是根据"其材之高下与其所失而告之"。具体到每个学科，可以根据学生的实际情况，降低难度，考查更具有针对性，这样不仅能提高效率，也能提高成绩，让学生从中找回自信，真正学会起步走。这应该是每个教育工作者都应该知道的道理，可为什么一到教学实际中，就把这些教育的基本原则都抛弃了呢？

我的母亲说，南瓜长得快。我和女儿蹲坐在藤蔓前，怎么也不见它生长，可是一夜过来，我们总发现，它长了一大拃。其实学生也一样，总觉得他们智商欠缺，学得吃力，进步得慢，可等他们真正起步了，有了自由的时间与空间，怎么会没有长进呢。苏霍姆林斯基说："没有任何才能的人是不存在的，事实上，每一个人能做的，比他现在做的和相信自己能够做的要多得多。"

只是，我们都太急了，导致我们做得不够好，想起这，我很愧疚。

学生的学习压力来自何方

已经是深夜十一点，还有一科作业没有完成，女儿很担心：不做明天会受责罚；她的妈妈也苦恼，让孩子继续做题目怕孩子身体吃不消。这样的情况不是偶尔一次，而是常常！

我的孩子今年读七年级。据她说，半学期中，仅数学一门考试就已有十多次了，如今每周一考，已是家常便饭。最近的两次考试，孩子只得了77分和78分，信心备受打击。今天晚上数学老师布置的作业是两张完整的试卷，完成它差不多需要花两个小时，还有其他学科，怎么办呢？

现在有的学校管理仍采取最原始最简单的做法，就是把教师的业绩和学生的成绩绑在一起，这导致的结果就是：如果一个孩子的成绩不好，拖了班级的平均分，这个孩子几乎就成了班级的"公敌"。

同样身为老师，我能理解老师这样做的艰难和无奈。在自身能力和水平有局限的情况下，加大训练是很多教师提高成绩的唯一选择；于是乎，各科教师都去拼命抢占学生的时间和精力。

在最近的新闻里读到，河南一位九年级学生猝死于学校，或许就与作业过多有关。据孩子的父亲回忆，前天晚上孩子写作业到12点多，早上6点多就要起床。想到这里，我很忧心。

在学校里，别以为成绩好的学生学习会很轻松，从我了解的情况看，

陪着孩子，慢慢变优秀

那些成绩好的学生压力也许更大。这是因为，成绩好的学生对自己的要求更高，自觉性也更强，他们对老师布置的任务会不折不扣地完成，这就必然会耗费他们更多的心血和精力。

老师的业绩除掉学生的中、高考成绩，还有另一个重要的衡量标准就是竞赛成绩。那些成绩优秀的学生往往要参加各科的竞赛辅导班，这在无形中又耗费了不少时间和精力。有些学校的老师非常敬业，周末也不休息，无偿给这些优秀学生提供辅导。如果能获一个"奖"，那就是皆大欢喜的事情了。

想想看，每年的毕业季，这是学生最紧张最焦躁最需要压力释放的时候，受到这些"关怀"的孩子能够承受得了吗？几年前，班级里有个孩子在模拟考中，几乎次次都是总分第一，但在高考中连一本线都没有达到——不是实力不行，而是压力太大了。

我们常常提倡学生的全面发展，其实是主张学生不能偏废，不能有短腿的学科。但落实到具体行动上的时候，就变成了学科老师对优秀学生和学习时间的争夺。在这种情况下，关注学生的学习个性和兴趣的培养，就变成了一句空话。

教育的长足发展，需要社会客观公正的评价文化，需要不断深化改革。但在眼前这样的瓶颈阶段，作为教师和学校，也应该看淡名利，要有教育者的基本立场，不能被世俗的观念绑架。

外来名校的引进应慎重

2016年3月，衡水中学分校宣告入驻合肥。学校选址合肥市长丰县岗集镇，投资近3亿，2017年秋季开始招生，预计到2020年，学生规模将达到5000人。2016年10月23日，合肥经济开发区19个重大项目集中开工，清华附中合肥分校项目赫然在列，这意味着安徽基础教育战场又多了强劲的竞争对手。

这些年，省城的几所重点中学到全省各县市掐尖招生，使得那些有着几十年甚至上百年历史的乡镇学校，被无情挤压，逐渐萎缩，有的干脆关门大吉，基础教育生态每况愈下。

两所超级学校的强行挤入，很难给安徽教育发展和改革带来新鲜的血液。且不说以"生产高考状元"著称的衡水中学，就是清华附中，在"以分数论成败"的现实场中，依然要加大训练强度，在高考中获得头彩，才能生存下去。

不过，安徽的教育真的沦落到需要外地名校来拯救的地步吗？我看未必。

一方面，清华附中不可能把几百个京城的名师"下放"到合肥来，更多的可能还是要依靠本省教师，先高薪选拔招聘，后通过集中培训来增进教师的教学技能。

另一方面，安徽省高考录取名额不会因为这几所学校的加入而相应增加，一校的所得正是其他学校的所失，整个安徽高考的考生利益并不会因此而增加一分，只是一场"零和游戏"罢了。

从某种意义上说，名校的加入很难说是给安徽人民带来福祉，却是可能给基础教育造成了巨大的破坏。

一则，无论是掐尖招生，还是高薪选拔教师，都是对各县市基础教育的"釜底抽薪"，使得区域教育更加失衡。

二则，加剧了基础教育竞争的力度。未来的几年，势必会有更多的孩子选择去这些名校就读，在义务教育阶段就要拼个"头破血流"。结果，作业越来越多，负担越来越重，压力越来越大，身体越来越差。

想想古人把学校建在山林水泽，让青山绿水涤荡年轻的心灵，从而修身养性。可是如今的一切常常与经济挂钩，最好的学校旁边总有最火爆的房地产。今天我们引进衡水中学、清华附中，是不是以后还要引进牛津与哈佛？值得深思。

陪着孩子，慢慢变优秀

选择了"名校"不等于选择了好的教育

　　国庆回家探亲，遇到夫人的闺蜜和她丈夫，好奇怪，他们俩竟然没带着女儿。在我的印象中，他们的女儿，属于很黏人的那种，今天竟然放他们"私自"外出。

　　"女儿呢？"

　　"在家做作业呢，四天了，还不敢出来！"

　　"那么多作业，怎么会？"

　　"自升入高中以后，一直都很多。"

　　"孩子不是在省城读名校吗？"

　　"那有什么办法，比县城中学的作业更多了。"

　　"为什么不抗议呢？"

　　"还敢抗议？我们第一次开家长会，老师说，请家长管理好自己的家事，不要干涉学校的教学，心疼孩子就领回家。"

　　"噤若寒蝉"，他们说，这就是参加家长会最直接的感受。

　　我非常熟悉这孩子，今年的中考发挥不错，全县第20名，也算同年级孩子中的佼佼者了。能被省城名校录取，孩子觉得很荣幸，执意选择去省城名校，也就开始了艰苦的读书生活。其实，苦的不仅是孩子，还有做父母的，为了孩子读书，他们的生活轨迹改变了。

　　他们在省城租了一间房子，奶奶陪读。孩子的作业太多，没时间回家，于是每周五一下班，夫妇俩立马驱车去往省城，与孩子团聚，出租屋里过周末，周一起早赶回买上班！如此往复，这样的生活至少需要三年，而眼前刚刚开始，他们就已经觉得苦不堪言。

　　家庭为孩子的教育竭尽所能，这是典型的中国模式。教育移民已是新世纪最壮观的景象，乡村走向县城，县城走向省市，而省市的中产阶级已经把孩子送往世界各地。

作为父母，为孩子提供好的教育，义不容辞，任何付出都不为过，问题是我们选择的是"好的教育"吗？这些省市重点中学做的就是"好的教育"吗？

最近几年，我有机会接触一些省城名校毕业的学生，在高考填报志愿时，问及他们对未来的展望时，我才发现，他们除掉分数比乡下的孩子高些，什么专业规划，什么理想抱负，一样也是懵懵懂懂的！尽管这些学校声称一本通过率接近100%，重点达线率90%以上，我的理解却是：原来他们也是在搞应试教育，不同的是他们掐去了全省最优质的老师和全省最优秀的学生在搞应试教育，强度更大而已。

非常遗憾的是，这些最优秀的老师没有充分利用现有的优势，成为教育教学的专家，他们每天忙碌的是开班讲学，对学生传授应考的秘籍和"可能"的信息，进行高强度的灌输和反复的训练。这些全省最优秀的学生也没有成为这个时代有思想、有抱负、有信仰的一代精英，因为这些考试专家教育出来的学生，心中只有分数，只有技巧，没有诗，没有远方。好的教育应该能激发孩子们求知与求学的强烈欲望，可是每到毕业季，总有些孩子拼命地撕书烧书，再也不想读书了。如果教育以牺牲孩子们的健康与幸福为代价，那么毕业之后他们对教育的记忆就是梦魇与苦难。

越来越多的父母也发现，整个家庭，尤其是孩子吃了那么多苦，受了那么多罪，除了分数之外，什么综合素质、核心素养，实在收获无多，回过头来，觉得不值。

前几年，我们一位同学的孩子中考全县第一名，被省城一中录取，我们都替她高兴。可是今天，面对这种情况，我会理性很多，这么优秀的孩子留在父母身边，在县城中学读书，压力不会大到让其面临几近崩溃的危险，高考也不会考得太差。好的教育能够帮助孩子发挥潜能，激发他们学习的热情，实现人的全面发展，而眼前的这些"名校"如果过多地强调竞争与压力，对学生的终身发展则会造成不小的伤害。

教育的"知行不一"是个大问题

与今人相比，古人的阅读很有限，但这并不妨碍古人的智慧生成。"半部《论语》治天下"，一点也不奇怪，因为人家是"念一句受用一句，得到一句就是一句"，真正的知行合一。

这是一个非常优良的传统，遗憾的是，我们没有继承下来。"知"与"行"的分离，比比皆是。理就是那个理，不一定就按那个"理"做。

比如说，"饭前便后要洗手"，这是三岁孩子都知道的理，可我去一所有四千人的县城中学，竟然发现学校的厕所里连一个洗手的水龙头都没有，管理者说：那个水龙头总坏，索性封起来不用了。看看学校的门楣上赫然悬挂着"省级文明单位""卫生学校"，觉得真是个莫大的讽刺。家长如果知道把孩子送进的学校是这个样子，一定挺失望的吧。

再比如，我们每天都在课堂上教育学生，遵守秩序是一种美德，可是无论教师还是学生都没有从心底遵循，逾规越矩屡见不鲜。

最近，河南省某小学发生一起踩踏事件，原因竟然是因为月考集中上厕所所致。这个只有1600人、规模并不大的一所学校，竟然发生2死20伤的惨烈事故。我想，在这次踩踏事件中，是没有任何秩序可言的。

首先是教育者，他们眼里只有考试，只有成绩，他们无心也无暇想道：10分钟的中场休息时间，根本无法解决这么多孩子的生理问题。

其次，对于这些还没有进入叛逆期的孩子来说，老师的指令是至高无上的，既要考试，又要如厕，在这样一个两难情境中，他们唯一的选择就是不顾一切向前冲。

当师生心中都没有秩序的时候，惨剧就发生了。

把事故归因于学校规模太大，并无道理，现在县城的中小学动辄几千人，万人以上的超级学校并不鲜见。但依我说，这与学校规模大小毫无关系。

今年年初，我去台北，正赶上在101大厦表演跨年烟火表演，60万人聚集，场面宏大，但我看见缎带封住的草坪，无人践踏；在对面文创书店楼下，有几百人排成长龙，等待如厕，景象极为壮观，但秩序井然，没有任何骚动。

我认为，判断一个国家、地区乃至一所学校教育发展的程度，不是看培养了多少社会精英，而是看他们培养出来的公民是否有着基本的文明习惯，比如说讲究卫生，遵守秩序，心态平和，良善有爱，等等。

这中间有一个基本的教育原则就是，教育孩子的生活理念、人生观和价值观，我们自己一定要努力践行，给孩子树立典范，做到"言行一致"。

可我们见到的往往是：道理都会说，就是做不到；说起别人义愤填膺，轮到自己就另当别论；我们自己都不信奉传授给别人的理想、信念和价值观。教育有很多问题，这才是最根本的问题。

从容悠闲的好校长是怎样炼成的

已经是第六次来澳门粤华中学了。每天早晨的同一时间，站在五楼的平台，我都能看到陈文彬校长。

他每天在教学楼前的操场上重复着这些事情：一个同学在吃东西，他蹲下去，用手指着他的饭食，也不知说了些什么，但看到孩子脸上泛着灿烂的笑容；两个学生好像在研究一张试卷，他也凑上去，听了一会，又指着试卷的某处比划着什么，看到两个孩子会意颔首，我猜测他应该是在给学生讲解题目；这时候一只篮球滚过来，他拿起来拍了拍，然后站直了身子，投送给学生；操场的一个角落里摆放着一张椅子，两个孩子在读书，他也走过去，用手轻轻地在孩子的头上摸了几下，然后就走开了。上课铃响了，孩子们陆续走进教室，陈校长就站在操场的中间，目送孩子们，眼睛里满含着温暖和慈祥。

我听说，澳门的校长都很忙，每天看到陈校长这么"悠闲"地在学校转悠，利用这短暂的时间走到学生中间，与学生交流攀谈，那么亲切自然，我很感动。因为在很多学校，校长距离学生越来越远了。有的校长连毕业照都没时间和学生拍，拍照时就将班级中间的几个位置空着，等照片拍好后，将校领导PS进去。没办法，校长太忙了。

昨天读到一则名校长访谈。看到这位校长的身份介绍，我很惊讶：她除了是一所名校的校长之外，还有国务院参事、国家督学、中国教育学会副会长、大学兼职教授、北京市两届校长工作室导师等头衔。更令人惊奇的是，她还是一个在全国有25所分校及成员校的航母式教育集团的领航人。这就是把教育做强做大理念下衍生出来的中国教育的现状：学校不仅仅是学校，还是教育的托拉斯；校长不仅仅是校长，还是教育集团的董事长。

我不知道这样的校长是否有分身乏术的无奈，但可以肯定的是很多身份和职责都是虚的。梅贻琦先生说："学校犹水也，师生犹鱼也，其行动犹游泳也，大鱼前导，小鱼尾随，是从游也，从游既久，其濡染观摩之效，自不求而至，不为而成。"校长作为教师的一员，如果连学生都不能接近，学生又怎样"濡染观摩"？校长的影响力又如何产生呢？

我的一位朋友，因为是特级教师兼校长，他申请到一项国家级课题，研究三年之后，课题组副组长说，要结题了，他才关心起课题进展。他向我诉苦，不是自己不愿意躬亲学术，只是因为自己太忙了。他逐一向我介绍了这一个月自己做了些什么，那些官方的民间的各种事务，确实够繁、够乱、够杂，非常人所能想象。

无论你主动还是被动，一旦做了校长，各种事务都会铺天盖地迎上来，但时时刻刻不能忘记的是，我们依然是在做教育。明乎此，就应该有所选择和放弃，主动适应，敢于坚守，而不是被杂务裹挟，被别人"牵着鼻子走"。有的人，适应这个岗位，可以利用这个职位实现更高的教育理想，那固然好；有的人，走上这个岗位，感觉不能"摧眉折腰事权贵"，那就趁早放手，图个清静。当然，想利用这个机会求名求利，那就另当别论，不在此列。

一位好校长就是一所好学校，这很难说；一所好学校一定有一位好校长，这却是毫无疑问的。眼前很多教师对工作有怨言，就是因为工作时间长，工作任务重，精神压力大。其实，与普通教师相比，校长的责任更多，压力更大，事务更烦琐。"眼睛一睁，忙到熄灯"，是很多校长工作状态的真实写照。校长如果"大事小事亲手干"，只能是"整天忙得团团转"，这是"劳动模范"，而不是一位好校长。

好的校长不仅要把学校管理得井井有条，也要把自己的生活安排得悠闲从容，他的言行应该是全体教师的典范。我向一位做过校长的前辈请教，他告诉我，优秀的校长都善做减法，无论做什么，都要三问：能不能取消它？能不能与别的工作合并？能不能用更简便的方法去处理？以此腾出更多的时间陪伴师生一道成长。我想，这也许就是做一个优秀校长的智慧吧。

不想上幼儿园的孩子究竟为哪般？

下午一进办公室，小张老师就迎上来对我说：她家孩子不愿意去幼儿园，理由是老师总是让大家识字做题，没意思。据我了解，这孩子所在的幼儿园是我们县城综合排名靠前的一所幼儿园，很受家长欢迎。今天的事，让我产生了一个疑问：为什么许多幼儿园，家长赞赏，社会满意，可孩子不喜欢？

我想，首先应该是功利教育观念"惹的祸"。常见的情形是，有些家长接孩子的时候，总是问孩子："今天学了什么呀？"总觉得孩子在学校学到了一点东西，才不枉费家庭的投入。

在现行教育体制下，以中、高考为核心，分数、升学是孩子们读书最直接甚至是唯一的目标。中、高考压力层层向下传导，最终下移至幼儿园，于是就被那些别有用心者鼓捣出"不能让孩子输在起跑线上"的谬论。当这种观念弥漫开来，形成一种氛围的时候，各式各样的幼儿园"抢跑"现象就应运而生。

幼儿园小学化的倾向日益严重。我们常看到四五岁的孩子背着小书包，和小学生一样要忙于应付各种家庭作业，所谓的兴趣也就是珠心算、背诗文、学书法等"实用"知识和技能。甚至还有种种的考核，于是乎，我们就发现，那些刚进校门的孩子就被破坏了胃口，厌学的情绪和心理就这样自然而然地产生了。

这种现象产生的根本原因是整个社会都太急了，教育者迎合了家长的要求，家长和学校合谋"绞杀"了孩子的天性。

著名的儿童教育家陈鹤琴说："幼稚园要使儿童养成良好的习惯。"当一个孩子具备了良好的行为习惯，对各种事物充满探索欲望，能自己动手，敢于表达，学会与人交往，这就为他以后的学习打下了坚实的基础。对于3～6岁的孩子来说，没有比这更重要的了。

其次，很多幼儿园教师热衷于"知识"和"技能"教学，这种现象产生的一个重要原因是，很多教师自身缺少必要的幼儿教育能力。

现在的幼儿园教师普遍年轻化，十多年的教育过程中，围绕着学习、考试、升学，他们的学校生活普遍单调无趣，有很多幼儿园教师已经不会"玩"了。此外，这些幼儿教师在读书的时光里，所有的劳作又都被父母包办，缺乏生活的锻炼。我们周围的这些年轻人，什么针黹、编织和女红统统不会，他们自身的生活技能也十分有限。有个幼儿园教师想带着孩子们给娃娃缝制衣服，结果自己连针都穿不上线。

回到现实场中，要带这些孩子"玩"，还要让孩子们玩得有趣，玩得投入，还要变着花样，确实不是一件容易的事。绝对没有在黑板上出两道题，写几个字来得轻松。抛开那些功利不说，要想孩子们乐于来到学校，教师真需要狠下一番功夫，潜心学点"真本事"。

当然，我也希望将来有那么一天，家长在接孩子的时候问的都是：今天过得开心么？我也想对这些教师说：作为教育者，家长放心，社会满意固然好，孩子们开心才是最重要的事啊！

教育并不局限于课堂

学校橱窗原本是学生展示自我、放眼看世界的一个窗口，但由于橱窗里内容长期不更换，导致橱窗里的作品变成垃圾，新闻变旧闻；阅览室和图书馆原本是知识和智慧的源泉，但由于没有专人管理，教师也没有培养学生阅读的意识，以致那里蛛网密布，尘埃堆积，甚至成了学校的杂物间。部分学校花巨额投入的大屏幕、校史室、多功能室、录播室等，都只是在领导检查、节庆校庆时偶一用之。

学校管理中，教育设施成摆设，教育资源浪费的现象比比皆是，其根源就在于，很多人认为，课堂之外没有教育。

我读书的时候，学校的硬件设施比现在差了许多，但感觉文化氛围并不比现在差。那时候没有手机，没有电脑，甚至连电视机都没有，了解世界的唯一渠道就是报纸。学校虽地处偏远小镇，橱窗里的报纸却是常换常新的。课间休息，尤其是用餐时间，橱窗前站满了捧着碗钵的师生，边吃边看。

学校的阅览室不是很大，但任何时候进去，都有一位老师坐在里面笑眯眯地看着你，嘘寒问暖，总觉得很亲切。那时候的课业也没有现在这样繁重，无论老师还是学生，时间都比现在充裕。在我的记忆里，班主任老师总带我们上山采野菜，下河摸鱼虾；语文老师最喜欢给我们理发，一个一个地来，从不马虎。当然，没有课的时候，还可以看老师们在房间里练字、调琴甚至打太极。

这些其实也是教育，可惜都丢掉了。

在澳门教育暨青年局（简称"教青局"）一楼的大堂里，总能看到各个学校轮流送展的书画、摄影和手工作品，这些作品装帧精美，并配有作者、级别及相关介绍。教青局和学校会对每一幅作品拍照存档。学校的图书馆总在开放中，除了专职管理人员，中午还有协助值班的学生管理员。

在学校门口宣传栏、教室走廊里，配有品类繁多的杂志、书报，以及根据相关主题制作的精美的宣传画册。

我们固执地认为，只有在课堂上，教育才会发生。于是乎，学生的时间以分计算，从早晨七点钟开始，到晚上十点半甚至更迟才结束，所有的时间被课程占满。其实，这并非教育，而是教学，准确地说，是应试，是刷题。当学生整天都被困在教室的时候，学校里其他的教育资源也就顺理成章地成了花瓶，成了摆设，因为孩子们已经没有时间和精力关注这些。

我们学校的橱窗都设置在学校最显眼的地段，无论材质还是设计都很"高大上"，里面贴满了各种荣誉证书和照片，有老师的，有学生的，分门别类，详尽周全。但投入建设这些设施，显然不是为了学生，而是为了向外界宣传展示。

很多学校也有阅报栏、图书馆、阅览室、校史室，但大多数都成了摆设，从管理者到具体的执行者都没有把这些地方当回事，他们不曾想到，这些也是学校教育的一部分。

"让学校的每一块墙壁都会说话"，"让校园的每一个角落都成为教育的所在"，教育者既要有这样的意识，也要在行动中落实，千万不要说起来很美，做起来很难，最终留下教育的遗憾。

二、教育藏在细节中

知道事物应该是什么样，

说明你是最聪明的人；

知道事物实际是什么样，

说明你是有经验的人；

知道怎样使事物变得更好，

说明你是有才能的人。

——德尼·狄德罗

教育藏在每一个细节中

1

上班第一天，提前走进教室。教室里凌乱不堪，到处都是垃圾，不时还有孩子将抹桌子的纸巾抛掷，大家各顾各的。没太多的话，直接带着孩子们开始摆放桌椅，清扫垃圾，又安排人洗濯抹布，将剩余的桌椅抹干净。几分钟时间，教室整齐有序，焕然一新。我问他们是不是感觉清爽多了，孩子们都笑了。

讲台上有个挂钟，破损一角，但指针还在走，对了一下表，还准时。只是这样的破钟，挂起来难看，丢掉了又可惜。我问一位女同学：可有什么办法，能将废物利用？她摇头，但我还是鼓励她：动动脑，肯定有办法，我相信你哟！

第二节课下课后，在等待上课的间隙，我坐在第一排的学生座位上和他们聊着。快上课的时候，看着学生们依次进入教室，几乎每个孩子手里都抓着一个饮料瓶，娃哈哈、康师傅、农夫山泉、脉动等品牌的，各种各样的。也难怪，毕竟还是 8 月，天真够热的。

可我还是想：这样酷热的天气，早晨为什么不准备点水呢？且不说这些饮料是否对身体有益，如果孩子的饮水量大，就是买几瓶"脉动"，一天下来，也是一笔不小的开支呢！更何况，垃圾桶堆积的饮料瓶，即使重复利用，也会带来污染啊。

于是我就提出一个小小的倡议：希望大家准备一个水杯，从家中自带凉白开水，喝完了，可以去办公室倒。

下午再进教室的时候，看到讲台上被彩纸包扎的挂钟，窗台上大家摆放整齐的水杯，真让我欣慰。有时候我就在想，那些孩子也不是天生就怠惰与浪费，更多的情况下，他们只是缺少一个善意的提醒。

2

晚自习提前到教室，零星早来的同学已经陆续就座，值日生放在桌子上的椅子还没全部放下。坐在第二排的文文格外扎眼：前后左右的八张椅子都还没有放下，文文端坐其中，宛如牢笼中的一只小兽，愈加显得单薄而瘦小。我随手放下她左边的椅子，文文也有了行动，其他同学也动了起来，几秒钟的时间，所有的椅子都放下了，教室又恢复了平静。我低声问文文，是不是觉得视野开阔多了，文文羞赧地点点头。

第二天上课，我给同学们讲了一个故事。当年有几位年轻人到一家汽车公司求职，他们都衣冠楚楚，气宇轩昂，自信满满。也不知什么原因，公司没给他们机会。最后一位年轻人也没抱有太大的希望，只是觉得既然来了，也就进去碰碰运气。刚进门的瞬间，他看到地上有一个纸团，于是顺手捡起，铺展开来，他发现不过是一张废纸而已，便随手扔进旁边的垃圾桶里。因为这一个不经意的举动，他被公司录用了。再后来，这位年轻人开创了美国汽车行业的一个新时代，他也成了这个行业的大佬。他就是美国福特公司的创始人亨利·福特。

有人说，细节决定成败；有人说，送人玫瑰，手有余香。其实，有时候我们不过是举手之劳，既帮助了别人也方便了自己，我们何乐而不为呢？当然，举手之劳的根本是要目中有人，能时时刻刻为他人着想。我想告诉同学们的是，这不仅仅是一个生活细节，其实它关系到一个人的美好品质。依旧清晰地记得1994年的日本广岛奥运会，当六万人体育场闭幕时，现场找不到一片纸屑。这一表现让全世界震惊了。《洛杉矶时报》评论道：这是一个可怕的民族！是的，细节使这个民族让世界感到了恐惧。

可是我们身边的情况呢？垃圾桶里的饮料瓶已经快装不下了，我不想谴责值日生的怠惰和拖拉，我想问：孩子们，喝不完的矿泉水，可不可以给一棵植物浇水？塑料瓶是可以回收的，可是孩子，你曾经将空瓶空罐踩扁过以方便别人的捡拾吗？如果你没有做过，那么，孩子们，从今天做起吧。给别人放下一张椅子，为别人拾起一支笔，替别人掀起一扇门帘，为别人让一次座，是一个人的美德，即使这些你做不到，只要我们目中有人，不乱丢乱扔乱放也是善举啊！

3

在最近举行的科组活动中，教师们不约而同地关注到了学生书写能力滑坡的问题。

让人忧虑的是，学校对书写的关注度普遍不高，不少教师对书写也不是很在意。这学期，我听了几十节课，很少看到老师有完整的板书，老师也没有起到书写示范的作用。学生课程表中也没有了写字课。学校普遍征订练习册、课课练、单元卷等，抄写的作业越来越少，学生的负担却越来越重，根本没有时间去花工夫提升书写能力。如果孩子在小学阶段没有养成良好的书写习惯，那么到了初中，特别是高中以后，想提升书写水平就会有很大的难度。

有人说，现在已经是信息时代了，大家都普遍使用电子输入设备，写不好字没关系。这简直就是谬论！且不说学生们还要面临高考，即使走上工作岗位，哪一个行业不需要书写？

有个学生对我说，把字写工整必然会影响书写速度。我告诉他，一开始可能是这样，但形成习惯后就不会了。我给他举了一个例子：在有一年的某大学硕士研究生考试中，有个考生在短短的三个小时内写满了八张八开的白纸，且是正楷。阅卷的教授很恼火，以为是试卷泄密，派人去查，发现考生是江苏某法院的一名书记员，这是他长期锻炼的结果。当然，不是每个人都能达到这种水平，但这个例子至少说明，写字的工整与速度不是绝对成反比的。

学校应该是个大"教育场"，让教育渗透到每一个环节，每一个角落。比如说，学校门口的通知、学校粘贴的标语、班级环境的布置等，都应该给师生更多书法的展示空间，而不是让广告公司制作富丽堂皇却毫无底蕴的印刷品。教育就是从稚嫩到成熟、从笨拙到圆融的过程，学生的能力也在这个过程中得以养成。

如今，学生的书写问题已经引起教育部门的高度关注，考试大纲对考生的书写能力也做了一些具体要求。我以为，要想孩子们写好字，关键还在于教师能否担当起这份教育的责任。教师千万别把写字当作一件不值一提的事，要时时告诫自己和学生：下笔就是练字时！

4

我读中学的时候，学校的食堂有专门的教师窗口，大家都很羡慕。老师人少不用排队，更重要的是，每天早晨可以在窗口买到白白胖胖、大大软软的馒头。六年的时间里，我吃过几次老师没买光的馒头，在记忆中，那可真是美味，今天想起，依旧齿颊留香。

我做教师的时候，很少在学校食堂里吃饭，其中有家庭的缘故，另一个无法回避的事实是，学校的饭食实在是太难吃了。无论是老师还是学生，更喜欢到校外摊点、饭店吃饭，这些地方饭菜品种更多，味道更好，价格也便宜。如果不是采取封闭管理，学生无法去校外吃饭，学校的食堂或许都要关闭了。

学校看到食堂难以维持下去，就将小卖部和食堂一起交给承包方，以小卖部的收入弥补食堂的亏损，但是小卖部的食品安全让人担忧。我一直耿耿于怀的是：连校外的经营者都能获利的产品，为什么一进学校就质次价高？

看媒体的报道，有的学校进行制度创新，每天中午派一位校级干部陪学生吃饭；有不少学校把和校长共进午餐当作是对优秀学生的奖赏，只有品学兼优的学生才能享此殊荣……这种等级森严、居高临下的做派，哪里还是"一切为了孩子"？

管理学校食堂和小卖部不属于学校的主要业务，但办好这些，是对教育的极大补充和促进。澳门的很多学校都有小卖部，里面有一些基本的学习用品和食品售卖。和内地的不少学校不同的是，经营者均为在校学生，由各班级轮流值日。有食堂的学校往往都是师生一起进餐，学生吃饭有固定的座位，教师呢，只能捧着饭碗站在一旁或寻着一条石阶围坐。食物呢，干净卫生，荤素搭配，营养健康，价格往往只有校外的一半。

我们常说的生活教育，常讲的公平民主、以学生为本，不只在课堂上，也在这些吃喝的细节中。

要培养仪表堂堂的人

我在澳门培训期间，一次和同事们外出交流，一位女教师因穿着出位遭到举报。传开来，我们都颇为惊讶，心想：这也管？

后来，分管计划的负责人带领我们陆续走进各个学校，看到这里的同事，我有些惊讶：每个学校校服的颜色、式样都不一样，但无论男女，上至领导下至普通员工，一律校服，色调淡雅，穿着整齐。集会的时候，我特别留意了一下女教师的头发：除金色头发的外籍教师，其余的教师发色都是黑色的，好像没看见有教师烫发的现象。下课的时候，看到学生们的穿着一律都是校服、白袜子，虽有运动鞋和皮鞋的差别，但绝对没有光脚穿凉鞋的情况，更不用说穿拖鞋了。

在澳门，学校特别注重孩子的仪表教育。我们看到，幼稚园里，男孩打领结，女孩着裙，皮鞋白袜，很靓丽，也很养眼。当然啦，要让学生做到，教师首先要做到。所有学校所有教师一色校服，挂牌上岗，每天早晚站在学校门口，迎来送往。学生自然是看在眼里，记在心里。

这些年，在学校门口值班，总看到有男孩红衣绿裤，女孩低胸短裙，紧身包裹。有学生穿低腰裤上体育课，稍一弯腰，屁股都暴露在外，哪里还像学生？不说学生，就是教师，着装也是形形色色，有的注重形象和品位，而有的呢，着装太过随意，高考监考一再强调严禁穿容易发声的鞋子，但每次考试都能听到过道里"吧嗒吧嗒"的声响，自诩个性，却干扰了他人。

这些年，内地一直在推广校服，时至今日，一直困难重重。学校给教师发一套衣服，就被怀疑给教师谋福利。令人难堪的是，确有极少数不齿的人雁过拔毛，趁机渔利。这几年，一些学校的领导很不愿意揽这吃力不讨好的事。

对待学生的校服，管理部门的态度也很暧昧，给学校的政策就是：自主自愿，不作统一要求，也没有这方面的资助预算。学校帮助学生订购校

二、教育藏在细节中

服，总遭到家长的訾议与诟病，一嫌价高质次，二嫌款式过时。除掉庆典等重大活动，学校一般也不要求统一着装，校服就成了门面和道具。目前的情形是，男孩子在品牌上比拼，女孩子在款式上较劲。总体的趋势就是，越来越短，越来越透，越来越紧。

穿着是一时的潮流，也是一个人的习惯和品位，而这些是可以改变的，也需要改变，从小穿校服其实就是一种潜移默化的教育。

我想起南开中学张伯苓校长，他目睹甲午海战后，清政府从日军手中"收回"威海卫，再被迫"租给"英国人的场面："士兵（清兵）上身穿一坎肩，前面写一'兵'字，背后写一'勇'字，衣服非大必小，不称体，面黄肌瘦，精神委靡。手持大刀，腰怀一枪（烟枪，抽大烟用）慢吞吞地走出来，将黄龙旗降下。旋英军整队出，步伐整齐，精神奕奕，相形之下，胜败可知。"张伯苓先生悲愤填胸，深受刺激，苟不自强，奚以图存，于是乎，回来兴办教育。他告诫学生：穿着校服，你就是南开的学生；脱下校服，也要让人看到你是南开的学生。这不就是个人形象的养成吗？

契诃夫说："人的一切都应该是美的：容貌、衣裳、心灵、思想。"仪容仪表是一种身份的标志，关系到人的精神状态。养成衣着整洁的习惯，做到仪表堂堂，对学生的精神成长至关重要。

为孩子创造"有教养的环境"

这些年，我一直都保持着一个习惯：离开酒店的时候，把自己睡过的床褥整理好，用过的各种东西放置原位，尽量把房间恢复到进来之前的状态。之所以这么做，是因为我觉得这是对别人劳动的尊重。在酒店这个既是私人空间又是公共场所的地方，最能体现一个人的教养。

在澳门，我发现人们用餐结束之后，都自觉地收拾残局，用纸巾清理好眼前的污渍和垃圾。在麦当劳和肯德基这样的地方，看到父母和孩子清理餐桌的场面，我为之动容，因为这样的小细节，比任何的说教都有力百倍。

在澳门氹仔坊众学校，每次午餐结束，教师们都会把自己的杯盘收拾干净，非常整齐地摆放在专门的筐子里。桌子保持得干干净净，不留半点残渣和油渍。这些孩子们都看在眼里，记在心里。看看那些孩子吧，比垃圾桶还低些，也一样用颤巍巍的双手高举自己的碗勺，尽力将残渣剐尽倒入桶中。

这就是教育，孩子的教养也是这样慢慢培养起来的。

澳门的公交车、电影院和娱乐中心都明确规定不准进食。绝大多数澳门人都会遵守此规定，这可能与学校的教育有关系。我工作的几所学校，学生吃早餐都有专门的空间，并配有桌椅，学生不能将食物带进教室。

在镜平中学、澳门演艺学院，教师还有专门的饮水和进食的隔间，那里有饮水机、电磁炉和微波炉。我经常看到教师出入其中，但每次进去，里面都被收拾得一尘不染。在洁净的环境里大家不会随手抛掷，在寂静的空间里大家也不会大声喧哗。

日本人常说："不要给别人添麻烦。"让别人操心、担心和不快，都属于"给人添麻烦"的范畴。这种教育很好地诠释了日本人的自律精神。

在澳门，我绝少看到随地吐痰、大声喧哗、插队、乱扔垃圾这样"给别人添麻烦"的行为。前两天受台风影响，大雨滂沱，看到大家依然在风雨中排长队等车的景象，很是感动。坐在公交车上，寂然无声，各自沉浸在自己的世界中，有人发信息，有人听音乐，也有人彼此交流，但都是压低声音，轻声细语，绝不会打扰别人。

这就是教养。在这样的环境里成长的孩子，自然会有公民起码的规范，坏不到哪里去。

校园禁烟还有很长的路

2014年1月，教育部下发《关于在全国各级各类学校禁烟有关事项的通知》，明确规定：凡进入中小学、中职学校、幼儿园，任何人、任何地点、任何时间一律不准吸烟。校长是学校禁烟第一责任人，不但要率先垂范，还要认真做好具体组织实施工作，加强学校治理，完善禁烟措施。但从我观察的情况来看，执行得并不理想。

公共招待上是没有香烟费这一项了，但是不少学校会议室、办公室的桌子下面还摆有烟灰缸。有老师说："我就剩下抽烟这唯一的嗜好了，戒了烟生活还有什么乐趣？"除了在办公场所吞云吐雾外，一些老师在操场检查课间操的时候，嘴里竟还含着烟，有领导问及，答曰："还有一节课，现在不抽一支，来不及了。"

教师的工作压力大，众人皆知，学校自然也就成了烟草重灾区。由于教师的行为会深刻影响成长中的学生，在看到老师抽烟之后，不少学生认为抽烟是件很酷的事情。有些学生躲在隐蔽的角落里抽烟，厕所是他们最好的选择。有一段时间，我们学校的小便池里经常漂满烟蒂，为此校领导专门派教师值班检查，虽然好了一段时间，但之后依然如故。

我常常和同事分享张伯苓戒烟的轶事：南开中学张伯苓校长，看到有个学生的手指焦黄，估计一定经常吸烟。于是就严肃地批评："吸烟有害，应该戒掉！"不料，这个学生盯着校长的烟袋反问道："您不是也吸烟吗？怎么说我呢？"张伯苓被问得一时语塞，愣了半天，猛地一下，把陪伴自己半辈子的烟杆折成两截，郑重地说："我以后不抽了，你也不要抽了！"他还让人把自己珍藏的吕宋烟叶取出，当众销毁。从此，张伯苓再也没有吸过烟。我自己从大学时代开始抽烟，抽了20多年，最后还是戒了。我总以自己的切身经历告诫学生，这些年我的学生中抽烟的已经很少了。

去年，我在澳门参观的时候发现，无论是学校，还是其他公共场所，

陪着孩子，慢慢变优秀

抽烟的情况很少。同样是禁烟，澳门之所以执行得这么好，一个重要的原因是澳门人具有强烈的公民意识。比如说，一个人抽烟了，肯定会有人制止或举报你。在澳门，只要举报都会加以查处并给予答复的。要知道，公共场所吸烟是违法的，除事罚款，可能还会影响下一年度的聘用。

在部分人的意识里，抽烟是个人的事，有法还有人不依，更何况只有区区一个《通知》。校园禁烟还有很长的一段路要走，光宣传抽烟的危害不会有太好的效果。除非有一天，家长和教师都能像张伯苓一样，痛下决心，远离烟草；除非有一天，每个人都牢固树立公民意识，对他人在公共场所抽烟的行为绝不姑息。

毕业照上被 PS 的校领导

当月历翻到六月，对于高三的学子来说，他们的中学生活就将接近尾声了，无论他们收获了什么，这曾经奋斗过的 1000 多个日日夜夜，必将成为他们生命中最深刻的一段记忆。

想起去年 6 月 2 日下午，我的学生们拿着相机，在学校的各个角落拍照，希望把这段记忆和经历永远带走。哪怕这仅仅是一种愿望，但美好而真诚。

拍集体合影是规定动作，没有多少创意，但对每一个孩子来说，这都是一次难忘的回忆。所以，他们的眼睛里还是充满着逼人的澄澈和温情，激动又兴奋。这一天，无论是老师还是学生，心里溢着甜蜜，脸上写满笑意，精心装扮，他们有理由把生命中最美好的瞬间珍藏。但去年看到拍摄的过程后，我的心里很不是滋味。

事情是这样的，学校的学生人数比较多，一个年级有二十个班。如果校领导参加每一个班级的拍摄，需要花费很长的时间。于是，有人就想起 PS 这种技术，也就是江湖盛传的"悬浮术"。领导只需要在一个班级拍摄一次，后面的班级只要在相应位置上留一个空当，把第一次拍摄的模板粘贴上去就行了。在感叹现代科技进步的同时，又充满着无尽的愤慨：这究竟算哪门子的事？这样做有什么意义？

我对一位领导提起此事，他说：不都这样做吗？我就问：这样做对吗？他解释说：校领导很忙，哪有时间耗在这上面。我说，对学校领导来说，还有比学生更重要的事么？这样做，可考虑过学生的心理感受？

现在，师生之间的感情越发淡漠，校领导和学生之间更甚。大多数校领导不再担任任课老师，每次会议都一再重申要关爱学生，但是落实到具体的事情上的时候，就不见了踪影。和孩子们一起照照相，谈谈心，聊聊家常，这原本就是一种极好的交流方式和渠道，怎么就是浪费了他们的时间？

"没有爱，就没有教育"，在办公室的墙上，粘贴着苏霍姆林斯基的名言，可是又有几个人能了解苏氏教育的真谛？

时光匆匆，一年时光转瞬即逝，六月一到，又到了学生拍毕业照的时候了，在这个新的学校里，我和校长说起此事，他说：我一定会一丝不苟、认认真真、高高兴兴地陪孩子们拍毕业照。

请尊重课堂

早晨去上课，激情导入，明确目标，文本阅读，讨论交流，渐入佳境时，年级组领导带着两个陌生人走进课堂，告声"打扰"，上课暂停，开始收缴学费……我们就这样"被下课"了。

这种"打扰"不仅仅发生在我们一个班，也不是唯一的一次。

上学期的一个下午，我去上课，到教室的时候，只剩下三个人，孩子们说，学校临时安排去听心理教育报告。据我所知，这两年各种报告还真多：疯狂英语、感恩父母、安全法制……不仅如此，有时候为了拍几张照片，植树节时，有学生被停课，去参加团委安排的植树活动；三月开展"学雷锋，树新风"活动，几十名学生也不用上课，举着大旗，浩浩荡荡地组成一个小分队，参加社区捡拾垃圾行动；更不可思议的是，赶上对某领导进行年度考核，全体教师在会议室给领导打分，照样不用上课。

学校里那张小小的课表还有多少约束？

且不说教师出差、走穴、临时调课的事，随意加课、减课更是屡见不鲜。就说加课吧，常常是教务处一张课表，年级组还有另一张课表。与教学大纲明确规定的每周课时量相比，实际上会增加差不多两倍。比如说数学，《教学大纲》规定是每周五节，教务处排了六节，年级组安排课外活动另补一节，周六再补一节，这还不包括占用晚自习、音体美课及寒暑假时间补的课。总说学生基础差，自觉性不高，试想，上课占用了孩子那么多时间，他们哪还有时间去消化那些知识？我也困惑，一个教师花掉那么多时间在上课，他究竟还剩下多少时间去精心准备每一节课？常常见到的情形是，老师准备分析试卷或作业时，学生竟然有接近半数的人还没做完试卷或作业。有的教师甚至大言不惭，说他备课的时间就是从办公室走到教室的片刻，这样备课的课堂效果可想而知。

在我看来，一个把上课都当作儿戏的教师，哪里还敢说他有怎样的事业追求？一所随意安排作息时间的学校，哪里还有资格说有怎样的品格档次？说到这，让我想起抗战时期的刘文典先生。为了躲避日机轰炸，西南联大的教授们都散居乡村。每天到校上课，都要经过长途步行，上课期间还要时刻警惕飞机的轰炸。当时，刘先生住在市郊官渡，离学校较远，每次上课都必须步行到校，苦不堪言，但刘先生从不缺课。他说："国难当头，宁可被飞机炸死，也不能缺课。"这种严谨和认真的精神值得我们所有老师学习。

前段时间，读到耶鲁大学高级讲师苏炜先生《教书比天大》的博文，文中提到有一年连降几场特大暴雪，学校说可以暂时休课，但教授们依然坚持开课。他们的理由是，耶鲁建校300多年来，从未发生过因气候恶劣而随意停课甚至调课的现象，如果停课，就是"不专业""不敬业"。苏炜先生说："重视课堂教学，对教书有一种几近宗教的崇敬，这是我在耶鲁任教十几年来所深深感受到的耶鲁精神之一。"

确实，一个真正有品格的学校，一个真正有职业操守的教师，需要的就是这种敬畏课堂、严谨神圣的职业精神。

同桌的你

走进教室的时候，我有点发蒙：难道今天考试？要不然，为什么全班同学被调整成单人独坐？同学们说，班主任担心有同学上课说话，干扰其他同学学习，于是把座位调整成这样。

我读书的时候，老师觉得有些调皮的孩子管不住，就把他一个人调到哪个旮旯里，孤立他一段时间，希望孩子能自我反省，变得收敛些。大部分孩子都受不了这种"待遇"，只得乖乖就范，不敢再捣乱。也不知从什么时候开始，这种极端的教育方式变得愈加普遍。在很多学校的很多班级，最后一排或左右一侧都有这样的学生。我以为今天的这个情况应该是个极端，殊不知听孩子们说，有好几个班都是这样安排座位的，这更让我"莫名惊诧"。

有一次女儿生病，还坚持要去学校，我提醒她，没必要这么认真的！谁知女儿说在学校有同学玩。我们总是想当然地以为，爱上学的孩子都是成绩优秀的孩子。其实，很多孩子爱学校，喜欢上学，就是因为在学校能找到自己的玩伴。这种情况在计划生育政策实行后更为普遍。在眼下的社会中，独生子女的问题比较突出，恐怕与孩子缺少玩伴，缺少沟通与交流也有一定的关系。从某种意义上说，能从某项具体的活动中找到志同道合的朋友所带来的幸福感，远远大于活动本身。

可是今天，在学校，我们人为地隔离孩子们彼此间的情感纽带，淡化他们本不饱满的友谊和人情，这势必会让不少孩子更自我、自恋甚至自闭。有些孩子从小学就被老师孤立和隔离，把他们对学校生活中仅有的一点好感和快乐都无情地剥夺了，这样的教育还谈什么一切为了孩子？今天的班级是安静了，可这一批孩子很可能会带着仇视学校、仇视教育的感情离开学校的。可怕的地方还在于，这些孩子还会有他们自己的孩子，到那时，他们会有什么对学校温暖的记忆和自己的孩子一道分享呢？

孩子们坐在一起，利弊应该视具体情况而定。在很多情况下，同学彼

陪着孩子，慢慢变优秀

此之间的切磋、交流、砥砺，更能促进他们思想的成熟和学问的增长。我们常常看到的情况是，随意成为同桌的学生，一段时间之后，他们的性格、习惯会惊人地趋同，"近朱者赤，近墨者黑"说的就是这个道理。每年开学的时候，有人认为，班主任选聘到一个业务能力强的学科教师，这个班级的成绩就有了保证。有时候我倒是觉得，找到一个好老师，远不如把班级同学之间的关系协调好作用来得大。

更何况，在成绩之外，还应该有很多东西值得珍藏和记忆。上世纪九十年代，歌曲《同桌的你》风靡大江南北，其实，今天唱起这首歌依然觉得单纯而美好。

算算我们的教育成本

如今去学校读书真是一件奢侈的事。

但究竟"奢侈"到什么程度，对很多人来说，包括身在其中的主体——老师和学生，都是一笔糊涂账。因此，在开学初的班会上，我想和学生们一道算算，看看能不能了解个大概。

我们先看支出，这主要包括四项：

（一）学费

县城中学学生一般包括三种类型学生：统招生、计划外学生、借读生。根据今年的省市收费标准，新学期的学费分别是1500元、2500元、4500元。（注：这些数字取其整数；借读生要在原校保留学籍，除了在原校缴纳1500元学费，还要在借读学校缴纳3000元借读费。）

（二）住宿费

学校有宿舍，但入住率极低，于是学校改变租赁形式，一间一间地出租，每间每学期2000元。这和在校外租房价格基本持平。

（三）陪读费

陪读已经成了新时期教育的普遍现象，有家里老人陪读的，但更多的家庭选择母亲来陪读。这些母亲大多40岁左右，一般都有自己的工作，哪怕是在外地打工，也都有一定的收入；可眼前，孩子读高中，他们放弃了工作，全身心陪读。我在想，如果他们要是工作的话，每个月至少也该有1000元的收入吧，这样下来，半年就是6000元啊！

（四）生活费

孩子和母亲两人在县城的生活费用，包括水电，每天不少于40元，每月1200元，除掉寒暑假，在校时间大约5个月，就要6000元。

一学期的支出加起来，三类学生分别为：

$1500+2000+6000+6000=15500$ 元

$3000+2000+6000+6000=17000$ 元

$4500+2000+6000+6000=18500$ 元

再看我们在校共有多少节课。

每天的课程，学校的课程表上排有7.5节（早读算半节），每周37.5节。从9月1号开学，到1月20日结束，除掉国庆、中秋、元旦等假期，最多也不过20周。那一学期就是：

$7.5 \times 5 \times 20 = 750$ 节

最后，我们算算每节课和每天的费用。

那么，每节课的费用，三类学生分别是：

$15500 \div 750 = 20.67$ 元

$17000 \div 750 = 22.67$ 元

$18500 \div 750 = 24.67$ 元

每天的费用，分别是：

$15500 \div （5 天 \times 20 周）= 155$ 元

$17000 \div （5 天 \times 20 周）= 170$ 元

$18500 \div （5 天 \times 20 周）= 185$ 元

我们的思考是：

陪着孩子，慢慢变优秀

（1）得出这样的结果，孩子们和我一样，都很震惊：如果有一节课，他们有人打了瞌睡，开了小差，那就是20多元钱；如果逃课一天，100多元就这样被消费了，毫无察觉。当然，我这样做的目的，并不是徒然增加孩子们的情感负担，我只是想告知我的学生每天要"有所事事"。在学校，哪怕成绩是倒数第一名，但家庭还是一样投入和付出。看到有的孩子上课打瞌睡，玩游戏，玩QQ，真让我悲从中来。

（2）简单统计了一下我所带班级家长的收入状况，家长收入每天超过100元的，在60多人的班级中，只有19人，还不到三分之一。这就意味大部分家庭入不敷出，有时还会严重透支。因为，在我们计算的支出中，还不包括补课费、资料费等诸多费用。不止一个孩子读书的家庭，负担就更重了。在就业如此艰难的现实状况下，沉重的教育负担让越来越多的家庭选择放弃供养子女接受更高程度的教育。

（3）通过这样的计算，我也想告诉孩子们要明白现实的残酷与生活的艰难，希望他们能走近父母，了解父母的艰难。两年前的暑假，我给学生布置了一个作文题目，叫《父母的一天》，要求他们到父母的工作岗位上去切身体会。有一个学生写道：

> 每年都听母亲说，他们在北京卖早点，收入不错。今年我终于有机会来到北京，正是八月天气，我们一家三口人挤在一个小阁楼里，热得真受不了。晚上8点多，父母就准备睡觉了，我睡不着。父亲说，明早起来要干活啊。第二天凌晨一点多，他们就窸窸窣窣地起床了。等他们将两大缸面粉和好，做成花卷馒头包子的形状，放到锅上蒸熟的时候，天渐渐亮起来，人们开始来买早点了。就这样一直忙活到临近中午，才算结束一天的劳作。想想父母20多岁就来到北京打工，就这样日复一日，年复一年，已经快20年啦，真让人心痛。

我为孩子有这样的认识而感到高兴，有了这次经历，我相信他在学习中会更加努力的。

（4）作为教师，面对这样的数据，不禁心生敬畏。每个学生一节课

20多元，一个班级平均有60名学生，这就意味着，一节课我们就要"消费"1000多元。如果一节课下来，我们的学生没有收获，没能享受这个过程，那岂不是教师的罪过。想想以前，有时课堂上的敷衍和应付，真是赧然，愧对的不仅是孩子，还有他们的父母呢！

饥饿是一种什么滋味

　　说这个话题有些不合时宜，因为我们已经很久没有感受过饥饿的滋味了，或者说不少年轻人，从来就没有感受过饥饿的滋味。

　　国庆节长假，外地工作的孩子们都选择这个时候回家探亲；我们家也是，妻妹一家都回来了。岳母中午安排吃饭，亲戚们都在，一大家人，其乐融融。早晨准备菜饭的时候，我一再劝岳母不用准备太多——多了吃不完，倒掉又可惜；吃剩菜也不健康。岳母不听，说：都吃光了，岂不尴尬。午饭过后，看到盆子里、饭锅里剩下的菜饭，岳母很满意；我呢，想想两天都不用重新做饭了，徒唤奈何。

　　这不是岳母的过失，而是，从苦难里过来的人，对吃饱穿暖有一种近乎本能的追求，植根于骨子里，无法改变。

　　我们父辈的人，都经过"三年自然灾害"，他们对饥饿的切身感受永世不忘。小的时候，父母时常对我们提起那不堪回首的往事。记忆最深刻的不是饿死了多少人，而是我的舅舅因为吃糠粑导致拉不下，在家痛得四处哀嚎的经历。与父辈们相比，我们虽然也挨过饿，但实在算不了什么。

　　我读书的时候，已经是上世纪80年代，家中兄弟多，贫穷还是一样的，但已经有饭吃了；尽管如此，我对中学的记忆差不多都是与吃有关。记得有一天早读，我翻墙去买酒酿元宵吃，一不留神掉进墙下的沟渠里，大冬天的，也没衣服换，只能被班主任给遣送回家，狠挨了一顿批呢！

　　当然，吃不饱的不是我一个人，大家都一样，也就没觉得怎么艰苦。

在食堂吃饭，我们是很少买菜的，每个人都有家中自制的咸菜，腌豇豆、腌萝卜、豆腐乳、雪里蕻等等，家里条件好些的，也有辣椒炒黄豆之类的，一色的是罐头瓶装的。冬天还好，一到三四月份，不到两天，菜里面都长毛了，挑起来黏糊糊的，只好用开水洗洗再吃，以致到了今天，每次出去吃饭时，有人说上点咸菜，我从来都不吃的。

我在家排行老幺，家里还属于条件好些的，印象中建亭兄家境差些。那时候也有小贩进校卖菜，大多是卤干子，五分钱一块。我们基本是买一块，外加一勺子卤汁，一碗饭就搞定了。另一个桶里装有汤，一角钱，自己舀，建亭兄每次都搞一个大缸子，喝得肚子哗啦啦地响。也许是饿怕了，毕业后他开了一家饭店。毕业二十周年聚会的时候，见到他，我们都傻了眼：一个"竹竿级"的人物，竟然长成膀大腰圆大腹便便的样子。

读大学的时候，有一天我读路遥的《在苦难的日子里》，不禁悲从中来，泪流满面。现在做教师，我还是会给我的学生推荐这本书。那时候，即便称得上是富裕人家的，其实也是勤俭持家，不敢糟蹋粮食的。记得有一次，二哥给县城一户人家修补房屋，我去帮衬。中午吃饭的时候，我不小心，掉了一团饭在地上，不好意思捡起来吃，结果被主人看见，误以为是她孙女掉的，"啪"的就是一筷子打上去，女孩子哭得稀里哗啦的。第二天我再也不愿去了。

这些事情都已经成了回忆，现在生活条件大大改善，孩子们最揪心的不是没得吃，而是不愿意吃。无论在家庭还是学校，教育孩子们"一粥一饭，当思来之不易"似乎总有些荒诞，总被孩子们讥为杞人忧天。如果有条件，让我们的孩子去感受并体验一下饥饿的滋味，也许真是一次不错或者说必需的教育呢！

公民素养才是真正的力量

去学校的公交车上，一个学生模样的女孩子按钟之后，因为整理东西，滞留了片刻，没来得及下车，车就起步走了。我听见站在女孩旁边的一位老者唠叨了足足一站路的时间，虽然说的是广东话，但我还是大致能听明白他的意思：下车要提前按钟并做好下车准备，要不就像今天这样，既耽误自己也打扰别人。小女孩唯唯诺诺，一脸羞愧，连连说："对唔（不）住！"

我不是第一次目睹这样的情景了，昨天从关闸乘公交回宿舍的时候，看到一群游客混乱之中想插队上车，结果遭到司机和其他乘客的严厉斥责，最后只能灰溜溜地跟在队伍后面，排队上车。

之前还有一次冒雨乘车的经历，有乘客从后门上车，司机怒了，车子熄火，一直等到那几个乘客下来从前门上车之后，才重新打火启动。同座位的乘客说，别怪司机小题大做，如果司机纵容了乘客从后门上车这种行为，就会遭到举报，他也可能面临着离职。而在澳门，乘客稍微集中一点的换乘中心都有公交公司委派的监督人员。

有时候，我就在想，面对那些违规逾矩的现象，我们敢出来批评和指正吗？且不说成人，就是发现有些小孩子犯了错误，我们都没有指正的勇气。

我经常在一些会议上和大家分享自己的一段经历。去年在学校，一个孩子在教室把书本撕成碎片撒一地，我让他把这些扫起来，他昂着脖子对我说："你又不是我的班主任，我为什么要听你的？"我想说的是，教育关系到孩子未来，是整个社会的责任，无论我们是否认识，有没有关系，我们都有教育的权利和责任。

有人说，制度是最后的道德，我深以为然。在澳门，我们还可以看到一些更动人的场景。

我在内地考驾照的时候，交规上明确规定，"会车时弯道让直行"。可在澳门，我看到的常常是直行的车辆让弯道车辆先行。我过马路，只要你走在斑马线上，不管行驶多快的车辆，都会停下来，示意路人先行。

澳门的学生都被要求穿校服，每所学校的校服颜色、式样区别很大，所以，穿上校服的学生就不只是一个个体，也代表着一所学校，而一所学校有没有学校文化就看学生日常的行为。当行为变成习惯以后，坚守秩序就成了学生的优良品质。

马丁·路德·金说："一个国家的繁荣，不取决于她的国库之殷实，不取决于她的城堡之坚固，也不取决于她的公共设施之华丽；而取决于她的公民的文明素养，即在于人民所受的教育，人民的远见卓识和品格的高下。这才是真正的利害所在，真正的力量所在。"在我看来，文化和素质并不抽象，它就存在于我们的举手投足之间，就在乘公交这样的具体行为中，而这些都是社会整体涵养的结果。

三、每个生命都是一个奇迹

mei ge shengming dou shi yi ge qiji

我们一步一步走下去，

踏踏实实地去走，

永不抗拒生命交给我们的重负，

才是一个勇者。

到了蓦然回首的那一瞬间，

生命必然给我们公平的

答案和又一次乍喜的心情，

那时的山和水，又恢复了是山是水，

而人生已然走过，

是多么美好的一个秋天。

——三毛

每个生命都是一个奇迹

1

今天（5月20日）是一个很特别的日子：我第一次见证了死亡——一个18岁女孩从11楼跳楼自杀。她是我们学校高一年级的学生。据说她的性格很自强，因为一次考试的成绩不理想，被父母说了两句，然后一时冲动，跳楼自杀了！

看到这个日志的朋友和网友请转发，为那个跳楼自杀的女孩默默地哀悼吧！

这是一个学生QQ空间里发表的日志，事情就发生在我们身边。看到这个孩子写在QQ空间的文字，我有着无尽的悲伤。我不认识这个死去的女孩，也不认识她的亲人，但我能深切地感受到这个家庭正在经受的这场灾难。

此时此刻，任何的评说和劝慰都是多余的。

我想起以前看过的一则俄罗斯故事，说是一位母亲在丧子的当晚，把一大碗蔬菜汤一勺一勺地喝个精光，旁人指责她心肠太硬。那位母亲说："我得吃饭，得有力气，明天还有那么多的活儿要干呢。"我想对眼前这个孩子的亲人说，尽可能地保持镇定并维持日常的生活秩序，是面对痛苦最明智的态度。

第二天到学校，一切都按部就班，风平浪静，大家正常地上课，语文课、数学课，升旗、演讲……不过，大楼上的横幅换成了"××中学第四届心理教育周"。办公室偶有谈论，语调中透出压抑和痛心，多么优秀的一个孩子！与此同时，大家也都很庆幸：事情不是发生在学校。

接着是大大小小的会议，一层一层召开，只是主题已经由对生命的哀悼与祭奠转变成了如何保护好自己，规避我们的责任。我在想，这是不是另一种对生命的漠视？

这两天，我总在想，如果这个孩子是我的学生，会不会就能避免悲剧的发生？一个教育者不能救死扶伤，但让孩子学会珍爱生命、阳光生活应该是我们教育的应有之义啊。这两天，我一直对自己的孩子和我的学生说，"身体发肤，受之父母，不敢毁伤，孝之始也"。

那天早晨，我路过这个女孩的班级，她的同学们一如既往地说笑打闹，不亦乐乎，仿佛什么都没有发生过，完全感受不到一个青春生命的凋谢给她的同学们带来怎样的触动。我甚至想，那天的早晨，不如将升旗改成全体肃立，放哀乐，为那个逝去的生命默哀三分钟，这比任何其他形式的教育要有效得多。

2

在班级讨论过这件事之后，一个孩子在日记里以他者的视角写道：

今年的台风来得密，来得猛，几场暴雨之后，也就到了八月下旬了。去年的这个时候，这个屋子里充满着喜庆和欢悦——她的女儿考上县城最好的高中，一家人满怀希望和憧憬，替孩子准备衣物，准备到新学校报到呢。

五月二十日，好像就在昨天，女儿从十一楼的窗口纵身一跃的姿态，就那样永远定格在她的眼里。她还是不明白，温顺而胆怯的女儿，那一刻怎么会如此的决绝又无畏。如今，白天的夜里，夜里的白天，在眼前晃动的是女儿的一笑一颦，一举一动……

此时的窗外，依然阳光灿烂，屋子里却是那么的阴森逼人，那散落一地的衣物，就那样兀自地摆放在那儿，已经三个多月了，再也不需要收拾了……

陪着孩子，慢慢变优秀

46

这样的文字很理性，也有了温度，我很欣慰。

那天到一个小区办事，站在楼下等人。朋友来的时候说，你站的地方就是之前出事的女孩摔落的地方，我浑身打了一个激灵，仔细端详脚下光洁的地面，什么都没有留下。我想起了这个女孩以及这个女孩的母亲，我不知道这100个日夜里，女孩的母亲是如何挨过来的。但我可以肯定的是，丧女的伤痛永远不会消失，一生一世，日日夜夜。

晚上回来的时候，我涂抹了上面的文字，我想写下去，但我生怕这浅薄的文字造次了她的悲伤和哀恸，只能就此作罢。

"亲戚或余悲，他人亦已歌"，是的，这早已成为我们记忆的过往，有谁还能想起那悲情之中无法自拔的母亲呢？我们又该如何让每个学生都能体会这内中的深情厚爱呢？久久不得其解。

那天去学校，领导说，给孩子们命制一套入学分班的试卷，我忽然知道应该怎么做了，我选择了余华的一篇文章《蹦蹦跳跳的游戏》。

小说写的是街头小店老板林德顺目睹了一对年轻夫妻给病重的孩子去看病，却仍无法挽回爱子生命的过程，以及孩子的病逝给他们造成的无尽伤痛和忧伤。

分析试卷的时候，我问学生，是否知道作者写这篇文章的目的，老师选择这篇文章的目的。一个学生说："一个原本就病入膏肓、不可诊治的孩子的死，还是让这个家庭陷入了虚空的境地，更何况那些原本灿烂如花的生命凋谢呢。"

他说得真好！我就是想通过对文中相关细节的分析，引导孩子们触摸这丧子父母的沉痛与悲伤。我想告诉孩子们的是：选择死亡也许只是一念之间、瞬间完成的事，但它带给亲人的伤痛是无穷无尽，绵绵不绝。从这个意义上说，我们是否更加应该珍爱这原本就很脆弱的生命呢？

蹦蹦跳跳的游戏

余 华

在街头的一家专卖食品和水果的小店里，有一张疲惫苍老的脸，长年累月和饼干、方便面、糖果、香烟、饮料们在一起，像是贴在墙上的陈旧的年历画。这张脸的下面有身体和四肢，还有一个叫林德顺的姓名。

现在，林德顺坐在轮椅里，透过前面打开的小小窗口，看着外面的街道：一对年轻的夫妇站在街对面的人行道上，他们都是侧身而立，他们中间有一个六七岁的小男孩，男孩穿着很厚的羽绒服，戴着红色的帽子，脖子上扎着同样红色的围巾。现在正是春暖花开的季节，男孩却是一身寒冬的打扮。

他们三个人站在街道的对面，也就是一家医院的大门口，他们安静地站在嘈杂进出的人群中间，作为父亲的那个男人双手插在口袋里，侧着脸始终望着大门里面的医院，他的妻子右手拉着孩子的手，和他一样专注地望着医院，只有那个男孩望着大街，他的手被母亲拉着，所以他的身体斜在那里，男孩的眼睛热爱着街道，他的头颅不停地摇摆着，他的手臂也时常举起来指点着什么，显然他还在向他的父母讲述，可是他的父母站在那里一动不动。

过了一会，男孩的父母迎向了医院的大门，林德顺看到一个胖胖的护士和他们走到了一起，站住脚以后，他们开始说话了。男孩的身体仍然斜着，他仍然在欢欣地注视着街道。

那个护士说完话以后，转身回到了医院里面，男孩的父母这时候转过身来了，他们拉着儿子的手小心翼翼地走过街道，来到了林德顺小店的近旁。父亲松开儿子的手，走到林德顺的窗口，向里面张望。林德顺看到一张满是胡子茬的脸，一双缺少睡眠的眼睛已经浮肿了，白衬衣的领子变黑了。林德顺问他：

"买什么？"

他看着眼皮底下的橘子说："给我一个橘子。"

"一个橘子？"林德顺以为自己听错了。

他伸手拿了一个橘子："多少钱？"

林德顺想了想后说："给两毛钱吧。"

他的一只手递进来了两毛钱，林德顺看到他袖管里掉出了几个毛衣的线头来。

当这位父亲买了一个橘子转回身去时，看到那边母子两人正手拉着手，在人行道上玩着游戏，儿子要去踩母亲的脚，母亲则一次次地躲开儿子的踩，母亲说：

"你踩不着，你踩不着……"

儿子说："我能踩着，我能踩着……"

这位父亲就拿着橘子站在一旁，看到他们蹦蹦跳跳地玩着游戏，直到儿子终于踩到了母亲的脚，儿子发出胜利的喊叫：

"我踩着啦！"

父亲才说："快吃橘子。"

林德顺看清了男孩的脸，当男孩仰起脸来从父亲手中接过橘子的时候，林德顺看到了一双乌黑发亮的眼睛，可是男孩的脸却是苍白得有些吓人，连嘴唇都几乎是苍白的。

然后，他们又像刚才在街道对面时一样安静了，男孩剥去了橘子皮，吃着橘子在父母中间走去了。

林德顺知道他们是送孩子来住院的，今天医院没有空出来的床位，所以他们就回家了。

第二天上午，林德顺又看到了他们，还像昨天一样站在医院的大门口，不同的是这次只有父亲一个人在向医院里面张望，母亲和儿子手拉着手，正高高兴兴地玩着那个蹦蹦跳跳的游戏。隔着街道，林德顺听到母子两人喊叫：

"你踩不着，你踩不着……"

"我能踩着，我能踩着……"

母亲和儿子的声音里充满了欢乐，仿佛不是在医院的门口，而是在公园的草坪上。男孩的声音青脆欲滴，在医院门口人群的杂声里，在街道上车辆的喧嚣里脱颖而出：

"我能踩着，我能踩着……"

接着，昨天那个胖护士走了出来，于是这蹦蹦跳跳的游戏结束了，父母和孩子跟着着那个护士走进了医院。

大约过了一个星期，也是上午，林德顺看到这一对年轻的夫妇从医院里走了出来，两个人走得很慢，丈夫搂着妻子的肩膀，妻子将头靠在丈夫的肩上，他们很慢很安静地走过了街道，来到林德顺的小店前，然后站住脚，丈夫松开搂住妻子的手，走到小店的窗口，将满是胡子茬的脸框在窗口，向里面看着。林德顺问他：

"买一个橘子？"

他说："给我一个面包。"

林德顺给了他一个面包，接过他手中的钱以后，林德顺问了他一句：

"孩子好吗？"

这时候他已经转过身去了，听到林德顺的话后，他一下子转回脸来，看着林德顺：

"孩子？"

他把林德顺看了一会后，轻声说：

"孩子死了。"

……

林德顺看不到他们了，小店里的食品挡住了他的视线，他就继续看着对面医院的大门，他感到天空有些暗下来了，他抬了抬头，他知道快要下雨了。他不喜欢下雨，他就是在一个下雨的日子里倒霉的。很多年以前的一个晚上，在滴滴答答的雨声里，他抱着一件大衣，上楼去关窗户，走到楼梯中间时突然腿一软，接着就是永久地瘫痪了。现在，他坐在轮椅上。

（摘选自余华著：《黄昏里的男孩》，北京：作家出版社，2012：14-18，有删减）

3

北京大学王一方教授在北大医学部教书。新学期一开课，他在讲台上提问："我今年55岁，你们今年25岁，你说咱们比起来，谁离死亡更近？"

台下近200张年轻的面孔看着已经谢了顶的教授，哄笑一片。"你们都笑了。我比你们老，好像我比你们更接近死亡。"王一方接着说，"可是，死亡的偶然性决定，我们跟死亡的距离是一样的。"

不知道那些年轻人有怎样的反应，读到这段文字，我的心绪挺悲伤的：人生短短几十年，却还有那么些天灾人祸，疾患病痛，有时候来得真让人措手不及。

今天陪着一大家人去公墓，去看望我的岳父。刻瓷的照片微笑如昨，老人家的馨欬犹在耳畔，可一晃已近三年。"亦柏亦梅，率直行事；亦慈亦让，温厚待人。"十六个字，性情品格宛在，可那又怎样，黄土一抔，斯人已逝。眼前唯见寒风凄彻，高鸟飞尽，四野寂寂，也不知我们这点温情的薄祭能否送达。

"死是一个必然会降临的节日"，但我们总天真地以为距离死神很遥远，那是因为，在我们与死神之间有一道由父母铸就的铜墙，坚不可摧。可就在两年前，当我和姐夫两只有力的大手怎么也拉不回岳父的时候，我才发现，死神距离我们原来也是如此近。

暑假回家探亲，看到父母在堂，虽然年事已高，但健朗如昨，心里总有说不尽的欢喜。晚饭时说起我的一个做裁缝的表妹，他们说，今年的四月已经胃癌突变，发作离世了，真有着说不尽的悲恸。就在今年的春节，她还来看望我的孩子，邀我打牌做戏呢。悲的是，她哥哥大学毕业，在县医院找了一份工作，已拟买房娶亲了，偏惹天祸，车祸身亡。哎，真不知我那苦命的舅舅舅母怎生度日。

村子里和我同龄的总共有八个，从小一块爬高上梯、偷李窃枣的小啰啰，如今已作鸟兽散。月份最大的立志，早在二十年前，在温州打工时，被人砍断了手脚，拉回了一块并不完整的尸骸葬在村后的山冈，如今"尔墓之木拱矣"！三叔家的堂弟贤胜，自小就是肺痨，咳咳嗽嗽的，一直装神弄鬼的三叔也没给他搞过正规的治疗，到了20岁也没长成人形，如今死去已经好多年了。其余的几个人，为人妻，为人夫，栖栖惶惶地度日，一路走过来，也是不容易。

那天一位家长跑到我的办公室，惶恐不安地对我说："老师，我现在真怕这孩子了，他父亲不在，我一个人伺候他，生活艰难且不说，孩子冷不丁还抛出一句'妈，我带尔一道去死吧！'听了这话，我的脊梁骨都寒了。"生命原本脆弱，面对死神，躲避唯恐不及，还说出这样的鬼话，真是荒唐。

"死是一件不必急于求成的事"，在有限的人生中，能够勉力做点力所能及的事，那原本就是上苍的恩赐，为什么就不能好好珍惜？要知道，每个生命都是一个奇迹！

每个学生都该成为学校的骄傲

在澳门，粤华中学规模不算大，名气也不是最响的，但肯定是最有特色的学校之一。中午休息的时候，我去了校史室，想进一步了解学校近百年的发展历程，并从中寻求到他们治校的良方。在校史室，我看到一份文献，是2005年时任校长孔智刚神父在毕业典礼上的讲话，节录如下：

> 多年前，在我教过的众多学生中，有的学识渊博才智过人，现在已成为社会的栋梁；但也有不少平庸之辈，他们职位低微，但仍然怡然自得，默默耕耘，同样也在造福人群。
>
> 很多次在来往港澳的船上，我都会遇见一位在船上服务的校友非常友善地向我打招呼，为我安排座位后，又必见他毕恭毕敬地好好招待其他的乘客。我看到他那种敬业乐业及不卑不亢的精神，不禁肃然起敬。
>
> 另一位校友因为学业欠佳，当了清洁工人，他在校园周围清理垃圾及打扫时，不时向路过的老师们问安，他并不以他的职业低微为耻，还积极地参与各种校友会的活动。他育有一子一女，现在都已经大学毕业了。我也同样为他们感到光荣。

这样的毕业典礼讲话似乎一点也不振奋人心、鼓舞士气，我们更熟悉的讲话套路是，学校培养了多少"985""211"毕业生，多少博士、院士，多少拔尖人才、学科带头人。再不济的话，也是高考一本二本突破多少人，达线率提高多少，有怎样的突破，取得怎样的辉煌。除了宣传办学成绩之外，我们的教育者还会用这些话激励学生：

> 人生没有重来，没有试镜，没有彩排，没有回放，永远都是

直播，在这条单行道上，只要有目标、有梦想，人才不会被那堵有形和无形的、叫现实的墙所阻隔。

人生的梦想如船，顺应时代的洪流必可扬帆远航，而逆时代而动就一定折戟沉沙。

…………

孔校长竟然在毕业典礼这样的重大场合大加褒扬做乘务员、清洁工的校友，这样的讲话似乎与大众的想象不同。可是仔细想一想，我们的有些话语，除掉内容空泛华而不实之外，观念是不是有些偏颇与落伍？有些学校管理者眼中只有"985""211"，只有社会精英，只有"人上人"；追求"理想""目标""责任"，强调"竞争""奋斗""精彩"。这样的学校管理者恰恰忽略了大多数——普通而平凡的芸芸众生，这个社会的主体和基础。他们终究要过平常甚至庸常的一生，他们的一生需要依靠怎样的信念来支撑？

学校教育过于强调竞争，强调分数和名次，那么，大多数的学生收获的只有挫败感。以这样的心态走进社会，要做到"敬业乐业，不卑不亢"，真的很难。即使在竞争中看似胜出的年轻人，如果观念还停留在精英教育时代，不能认识到 今天的高等教育已经大众化，他们就可能高居云端，自视甚高，不能放下身子走进现实场中，这对他们未来的生存和发展也是极为不利的。

看看孔校长的讲话，其实，我挺感动的。在他的眼里，成绩优秀固然可喜可贺；成绩平平，只要不气馁，不放弃，哪怕就是做乘务员，做清洁工，一样可以"敬业乐业，不卑不亢"，做个堂堂正正的好公民。

我也渐渐明白，教育者要有一颗强大而坚定的平常心，不要被"出人头地、做人上人"之类的陈腐观念绑架，善待每一个儿童，把儿童当作儿童而不是神童来培养。我们今天倡导的公民教育，就是要告别精英主义价值，要告诉学生，真正的精英就是以天下为己任，做最平凡的事，"要做'人中人'，要把自己所学的东西贡献给老百姓"。我们要告诉学生，分数、名次和学历其实没有那么重要，只要有健康的体魄、平和的心态、善良的本性，即便工作平凡又普通，一样可以称得上是幸福的人生。

孩子们，这并不可笑

期末考试，我在监考的时候，有一个考生跑过来，大声对我说："你为什么骗我？"一下子把我给搞蒙了——我没和他说过话啊！考场里的同学们说："不是吴老师，是刚才的那位老师说的。"他非常气愤地说："你们都在骗我！"我这才明白：我去买早饭的时候，一位同事替我监考，这个考生迟到，同事指错了他的考场，他回来埋怨我呢！

解释清楚之后，这孩子就进去考试了。

离考试结束还有半个小时的时候，这个考生忽然站起来，大声说："老师，我不考了。"我怕影响其他人，让他出来说，他义愤填膺："这卷子就是针对我出的，阅读说父子关系，不就是讲我家吗？作文写'选择'，不也是说我的吗？"我赶紧说，怎么会？他也不理我，兀自离去。

大约过了10分钟，他又回来了，说："老师，我还想进来考。"这时候考场其他同学笑开了，我不认识这孩子，但看到他如此异常的举动，凭直觉，我知道这背后肯定有着悲伤的故事。我制止了孩子们的笑。一会儿，那个孩子又问我："老师，你看我作文写得怎么样？"我告诉他，你还有题没做，抓紧时间啊，等考试结束之后，我们再讨论啊。

考试结束，我找到他们的班主任王老师，王老师脸上露出难受的苦笑，他告诉了我大致的情况：孩子生长在离异家庭里，从小心里有阴影，到了中学，学习的压力过大，精神有间歇性错乱，已经发作过好多次了。天啦，怪不得会这样。我对王老师说，尽快和家长联系，及时带孩子去治疗啊，要不然这孩子就废了。

今天上课的时候，我对孩子们说起这件事，大家的反应和在考场一样，有孩子说起来，眉飞色舞的，觉得这个同学太搞笑了。看到此情此景，我内心充满着悲伤，怎么会这样呢？我问孩子们：假如我们的亲人中有这样的人，你们还能一笑了之吗？

陪着孩子，慢慢变优秀

教室里一片安静。

在一个社会里，当利益有冲突的时候，人对人就像狼一样；当没有利益冲突的时候，人对人就像草木一样，这样的社会肯定在很多方面都出了问题。鲁迅说："无穷的远方，无尽的人们，都和我有关。"面对这样一个悲剧家庭里充满悲剧的孩子，他就是我们的同学，就在我们身边，我们怎么能这样的麻木和冷漠呢？悲悯是一种博大的情怀，但悲悯不是一个抽象的概念，而是我们日常生活里的一举一动。

不能在学生体质上继续"欠债"了

最近几年，我经常在校园里看到打着石膏或绑着绷带的孩子。昨天早晨，我站在教学楼5楼，看着涌进校门的学生大军，不长的时间里，竟然发现有5个受伤的孩子，其中有两个是脚打石膏拄着拐杖，一个被家人背着，还有两个是胳膊上缠着绷带。我和一位同事说，现在的孩子都成了"骨脆脆"了，特别容易受伤。

现在孩子们参加体育锻炼的时间越来越少，不是因为他们不喜欢，而是因为他们没有足够的时间。看看现在的课程表，早晨7：00到晚上10：00，排得满满当当。下午第四节课原本是安排课外活动的，但现在已经被语数外课程全面占领。6点钟放学，已经暮色四合了，然而孩子们匆忙吃过晚饭，7：15又开始了晚自习，哪里还有时间锻炼呢？

看看课表，从周一到周五，除掉每天课间操的象征性锻炼外，就是两节体育课了。每到体育课，看着孩子们在球场上分秒必争的拼搏样子，真令人心疼。昨天下午，烟雨朦胧，操场上到处都是水，可还有那么多的孩子在操场上欢呼狂奔。如果每天他们能有足够的时间去锻炼，他们就有机会排解心头的沉重压力，也就不会这样冒雨狂欢了吧。

早在1954年，我国就提出了"每个人要在德、智、体、美等方面均衡发展"的教育方针，之后也总有教育者强调这一观点。"五育并举"一直是我国教育方针的基本内容，可在功利的社会大环境下，孩子们一个个都成了"学习机器"，考试成绩成为他们追寻的唯一的目标。

因为缺少运动，那些可怜的孩子，有的营养过剩，胖得举步维艰；有的营养不良，瘦弱不堪；长期伏案苦读，不少孩子身体各部位的比例严重失调，协调性极差，难见青春的美丽健康。去年，中国民用航空飞行学院到学校招飞行员，在1000多个毕业生里没选中一个，真是遗憾。有的孩子的体质真是令人担忧，在某一天的升旗仪式上，两个孩子竟然连十几分钟的站立都坚持不住，很快瘫倒在地。

除身体差外，另一个让人担忧的是孩子们的眼睛。那天上课，我说，没戴眼镜的同学起来背诵课文。结果是，60多人的班级，仅有15个孩子不是近视。课后我了解到，有的孩子近视度数已经达到800度了。

更可怕的是，有些孩子因为长期不运动，不仅没有养成运动的兴趣和习惯，"宅"的功夫倒是渐渐炼成了。有家长告诉我，说他的孩子总是宅在家里，很少说话，也不同同学和朋友玩，有时候甚至怀疑孩子是不是得了抑郁症。因为我自己喜欢运动，知道运动给我带来的种种好处。这些年，无论做班主任还是担任授课老师，我对那些喜好运动的孩子特别宽容，有时候甚至是姑息和纵容。我总觉得，这比那些闲下来玩QQ、打游戏、看动漫的行为健康得多。有时候也加入他们的行列，篮球、足球、羽毛球、乒乓球，一道去玩，我就是希望自己的行为能起到正确的引领作用，让孩子们拥有一个积极健康、阳光灿烂的青春年华。

课间锻炼如何走出形式主义困境

眼下，课间操已经成为很多学校仅存的体育锻炼项目了。即使是这样，一些学校的课间操实施情况也不理想——孩子们压根就不愿做。即使管理者要求班主任去操场"严看死守"，也没有用。现在一个班级动辄六七十人，纵队排下去有几十米长，靠班主任的一双眼睛，从前是看不到后的。

按理说，现在的中学生广播体操经过一代又一代体育工作者的探索和改进，既科学简便，又健康美观，认真做对身心健康大有裨益，但现实是，学生行动拖沓，应付了事，锻炼效果不明显。

如何走出课间锻炼形式主义的困境，需要我们好好反思。

前些天，湖北襄阳春园路小学将广场舞纳入学校校本教材的报道引起热议。据介绍，学校不仅在课间操时间让学生大跳广场舞，而且安排每周二下午第三节课，全校500多名学生一起集体学习广场舞。看到此报道，我想在此为学校管理者的创新点个赞。

湖北襄阳春园路小学的做法融合了时代发展的因子，打破了仅采用课间操锻炼的单一模式。在这件事情上，我们不要纠结于"广场舞"的俗或雅，让学生动起来，享受运动，达到强身健体的目的更为重要。以前在农村，学校没有安排课间操，我们就在竹林中比赛爬竹子，一样能起到锻炼的效果。

这些年，很多学校管理者在这方面做了许多尝试与努力，除了广场舞，还有将花样跑操等很有创意的项目引入到课间锻炼中。从网上的视频来看，短短的时间内，那么多学生排列成各种各样的阵形和图案，不断变换和调整，从空中航拍，煞是奇异美观。这样的活动方式，调动了学生的热情和兴趣，起到了很好的锻炼效果。当然，这需要管理者有魄力，敢于做；设计者有创意，肯钻研。

我们县城每年都开展全县中小学生广播操比赛，获得一等奖的中学中每次都有清溪中学。二十几所学校中，清溪中学其他各方面的条件并不突出，但每次比赛，从入场、阵形到服饰都让人耳目一新，重要的是每年都有创新。学校管理者在普通的广播操训练中动了心思，有了想法，且能实践，着实让人敬佩。

我们常说，一个优秀的教育者需要有胸怀，有能力，但热情也是其不可或缺的品质。因为有了热情才会主动思考，才能主动创新。无论是广场舞、花样跑操还是最平常的广播操比赛，都能让我们看到教育者持久的热情和创意。

多年前我去过郑州市第一中学，看到教师们在行政楼前集体做广播体操，从初出师门的年轻人到两鬓斑白的老教师，从普通职工到学校领导，他们做操的精准与认真，让我们到访的教师肃然起敬，而这些也被学生看在眼里。如果没有什么好创意，做学生的表率，带学生去做，那也不失为一种很好的教育方法。

对孩子的性教育迫在眉睫

> 说有父子两人，扛着大小两个锄头到地里锄草。一会儿，听到远处一阵锣鼓唢呐声，原来是村里有人娶媳妇。儿子放下手里的锄头，红着脸跟父亲说："爹，我今年都二十了。"父亲望着儿子道："噢，那明天换个大锄头。"

你别把这当作一个笑话，现实的情况比这严重得多。性萌动，性成熟，因为性而带来的悲剧比比皆是。

据《楚天都市报》报道，陕西咸阳一个13岁的男孩在洗浴中心接受了女技师的性服务，孩子的母亲陈女士愤怒中报警，一时引起轩然大波。

其实，这些新闻已不是什么新鲜事。早在几年前，深圳一所中学的一位心理老师谈道：学校里一位女生跑到校外与人过夜，班主任找她谈话，让她想想这件事的危险，万一怀孕了怎么办。她回答说："你怎么这么幼稚！"把班主任噎得半天没说出话来。更有甚者，南京一位17岁女生到医院做流产手术，让四个男孩子分摊手术费。

以前我在乡下的时候，一个初二的女孩子，肚子越来越大，家人还以为得了什么病，到医院一查，孩子都五个月大了。再一问，原来是孩子贪嘴，被一位开杂货店的老头胁迫怀了孕。我的一个学生，初中毕业，到外地去帮人摘茶叶，稀里糊涂的，17岁就做妈妈了。我和我的同事说，这叫"孩子养孩子"！

林林总总，不一而足，所有这一切都凸显了一个严重的事实：那就是家庭和学校对青春期孩子的性教育严重滞后甚至是缺乏。

一项针对成年人的专题问卷调查结果显示，62%的人没有接受过正规渠道的性教育，甚至有12%的人对性知识一无所知。我们今天遭遇的现实情境又是如此的令人担忧。各种媒体上与性有关的内容铺天盖地，电视、网络、报刊、书籍、手机短信等，或隐或现，几乎都涉及性。成人世界的聚会、聊天、交往也少不了这些内容。更有甚者，这些东西并不需要您怎样的刻意追求：我们浏览网页，下载文件，那些涉黄的垃圾信息总是扑面而来。我们就是坐在教室里，大街上"今晚八点半，××影剧院"的大喇叭声嘶力竭，刺人耳膜，在"性"无所不在的现实场里，我们无处可遁。

以前我们总以为，只有那些不务正业的孩子才会对性感兴趣，如今可怕的是那些"品学兼优"的孩子，更容易出事，一旦遇到某个具体的情境，他们显得是那么的"单纯"，压根儿就不知道如何去保护自己。

全国有那么多以心理教育为特色的学校，也鲜见有学校涉足这个领域，并真正做出成效的。现在我国学校的性教育，还停留在介绍人类生殖知识的水平上，而网络上的有关性的内容大都热衷于技巧和体验的渲染，显得低级而猥琐，或者说是一种负面的诱导。

如何给学生树立一种积极健康的性观念是如此的紧迫和重要。我们一定要明白的是，对孩子的性教育不是宗教的禁欲，不是让孩子们不敢做什么，而是不屑于做什么——因为那样做不美、没有格调和教养，会有损自己的形象和风度。

安全教育务必落到实处

据新华网报道，2012年5月6日，在安徽省铜陵市铜陵县老洲乡太阳岛附近长江水域，有10名当地高校学生在水中玩耍，其中7人下水发生溺水事故，经铜陵海事处和公安部门赶到现场全力救援，2人获救，其余5

人不幸溺亡。也就是在同一天，在距江西宜春市区80余公里的一个小山村，5个留守孩子在村子附近的池塘一次性溺水身亡。

这两起重大的悲剧事件，引起了世人的关注，各级各类教育部门也高度重视。我们学校积极配合上级主管部门的工作部署，开展了一次预防溺水事故的主题教育活动。据了解，这项活动内容包括：（1）召开一次专门的主题教育校会和同主题班会；（2）张贴以防溺水为主题的宣传标语；（3）向全校学生家长发放预防溺水事故的公开信，并要求学生本人、家长签字。全部活动看起来声势浩大，但来得猛，去得也快。这样的教育是不是能达到预期目的，我们不好妄加揣测。

侧面了解了一下，有孩子说：这有什么，每年学校的标语看上去层出不穷，其实每年都一样，也就是那么回事，没多少人在意。还有孩子说：让我们在致家长的公开信上签字并收回，其实是学校在推卸责任，如果真有事故发生，学校就会说"我们已经尽责了"。一次想法很好的教育活动产生这样的效果，对于学校来说，恐怕是始料未及的。但我们如果再仔细想想，也觉得我们的教育方式可能还停留在形式主义的层面，如果我们能更多地从学生的角度思考问题，或许效果会更好些。

上课时，我在班级里做了一个小调查，结果显示：一个班级共67人，会游泳的只有14人，女生只有1人稍懂水性；缺乏防溺水应急演练的能力和最基本的急救知识，如全班竟然没有一个同学知道人工呼吸要间隙捏住溺水者鼻孔的具体方法。这种自救能力和常识性知识的缺乏说明，我们孩子的生存技能令人担忧，我们的应急教育还没有真正落到实处。

我们可以把这项活动做得更深入具体些，比如说，利用班会课，在生物老师的带领下，给孩子做人工呼吸救人的实战演练，有条件的学校可以下水演练自救和救人的基本方法，而不是怕麻烦，一味地去训诫。试想，铜陵市老洲乡太阳岛溺水死亡的大学生，最小的18岁，最大的21岁，他们已经是成年人，为什么还会出现如此重大的失误，根本原因在于他们没有接受过严格的游泳能力和安全自救能力的训练。更何况，在更多的情况下，学生溺水并不是私自下水游泳导致的，从最近几年的实际案例来看，有汽车失事掉进水中的，还有突发洪水等自然灾害溺水的，这些又该怎么办？

即使是孩子私自下水游泳溺水，我们首先想到的不应该是追究责任，而是在情况发生时如何尽可能地挽救生命，把损失降到最低。我想起被称为史上"最牛校长"的四川安县桑枣中学的叶志平先生，汶川大地震前，他不仅投入40多万加固教学楼，而且平时定期组织师生进行疏散演习。地震发生时，全校两千多名师生按照平日里的演习，仅用1分36秒全部安全撤离，创造了无一伤亡的奇迹。我想，所有的一切正得益于他平时把学校的安全工作做得细致而充实。

昨天，我特意利用上课时间，向学生阐述了我对这个问题的思考。

我告诉学生，首先，确定到一个地方游泳，你要"知己知彼"。所谓"知己"，就是要考虑自己实际的游泳能力和水平；所谓"知彼"，就是要熟悉周围的环境，俗话说，"家门口的塘，谁都知道深浅"。我们到一个陌生的环境去游泳，对此不可不察。特别忌讳的是一些年轻的学生，喜欢显摆逞能，如果遇到危急情况，那真叫回天乏力，无可奈何啊。

其次，我告诉学生务必树立"生命高于一切"的思想，作为学生私自下水游泳是违纪，发现之后要受到学校的处罚，但我们必须明白，错误可以改正，如果命没了，那就什么都没了。前两年就有学生溺水，同伴不敢告知家长和学校，以致延误了搜救的最佳时间，结果造成几个孩子被淹死的严重后果。

眼前的现实是，农村地区留守孩子人数庞大，家庭教育却严重缺失，因此，学校的安全教育就要做得更加具体而深入，尤其是实际安全操作性方面的做法必须落实到位，切切不可流于形式。

每一个生命都应有自己的春天

一位"失联"多年的朋友忽然有了联系，问起现在做什么，她说已经辞职在家，因为家中有一个不乖的孩子。

我很惊奇：不乖到什么程度，让她连工作都不要了，专心在家伺候孩子？她告诉我，孩子在幼儿园的时候，经常把自己的东西扔满一地，让老师也手足无措；上课的时候注意力也很不集中，但每次完成检测作业时非常敏捷准确；在学校的时候，喜欢一个人，自言自语，对周围的人也不太感兴趣，很难建立起同伴友谊……恰好学校新来了一位特殊教育专业的董老师，了解了相关情况后，他说这可能是"阿斯伯格综合征"——维也纳儿童心理学家艾斯伯格博士命名的一种自闭症。

听了以后，我真替她难过：家中有这样的孩子，真不亚于塌陷了半边天。据统计，截至2016年，我国自闭症儿童至少有167万。而只有不到10%的自闭症儿童接受过正常教育，每年只有两万名患儿能得到国家财政的补贴。补贴的标准也非常有限，根本不足以支付高昂的康复训练费用。一些自闭症儿童被送到学校，但无法跟班学习，往往上了一段时间，只能黯然离开校园，很多家长没有办法，只能任其在家。

西安的一位父亲，因为没人照顾自闭症儿子，也没法送他上学，不得不在开电动三轮车拉活儿时，用布条把患有自闭症的儿子绑在车上。有的家庭不得不将自闭症孩子锁在房间里达20年。2017年1月，江苏省镇江市中级人民法院开庭审理了一起父亲杀死19岁自闭症女儿的案件。

这些年，从新闻报道中，已经不止一次见识过患有自闭症的孩子了，因为家庭和教育者这方面知识的欠缺，这些可怜的孩子被忽视了病情，错过了最佳的康复时期。

有一年，我的班级里也有一位"行为与众不同"的孩子，没有同学愿意和他坐在一起，甚至有学生家长给我递纸条，以涉及自己的孩子健康为由，让我不要安排他们的孩子与这位同学坐在一起，有的家长直接建议我让这位孩子的家长将孩子带回家。

有一位自闭症孩子的母亲和我交流的时候说：有一次她带孩子出去玩，在外面的餐厅吃饭时，不记得是什么原因触发了孩子，他狂哭，狂闹，怎么哄都没有用，周边人对她投来无数责怪的目光，她知道他们更多的是在谴责她不是一个好母亲，没有教育好孩子。那时她多么想告诉他们，他是个特殊儿童，但是她没有说出口，她也明白，即使她说出来了，他们也不会理解。

然而，在港澳台地区，有教会学校专门接收这样的孩子，给予他们帮助和教育；症状不算严重的孩子会进入普通学校接受"融合教育"。特区政府除了开展专项的经济救助之外，还组建专业团队深入学校和社区进行必要的心理干预。

在社区、公交站台等公共场所不间断地播放关于特殊儿童的公益广告；每个周末，也能看到很多的志愿者走上街头，为这些疾患儿童募捐。这些行为本身也传达了民众对他们的关爱，体现了社会的温情和美好。

每一个生命都是一粒神奇的种子，蕴藏着不为人知的秘密。我们可能还一时无法理解自闭症儿童的言语行为和思维方式，即使他们只是出现了漏洞的小系统，既然有希望修复，我们就有责任不放弃尝试，每一个生命都应该有自己的春天。

悲悯是一种情怀，但悲悯绝不是一个抽象的概念，而是我们日常生活里的一举一动。如果我们的身边有一个这样的孩子，你不一定要爱他，甚至不用帮助他，你只需要"看惯"他的与众不同，这就是最大的慈悲。

春节帮我们记录下生命的痕迹

开学第一天，我问孩子们："今年的春节与往年有什么不同吗？"孩子们说："没有啊，一切都和以前一样。"我问："今年春节期间令你最高兴的一件事是什么呢？"有孩子说："那就是我爸给我买了一部苹果手机，上网可快了，通过这部手机我抢了不少红包呢。"还有孩子说："我最快乐的一件事就是父母不在家，我一个人可以在家独自观看一部电影，哪怕是搞笑的影片。"我又问："春节期间令你最痛苦的一件事是什么呢？"一个孩子说："我和朋友玩得正开心，我妈妈喊我回家去吃饭！"我真为这些孩子们感到庆幸，都已经高三了，还有一颗天真烂漫的心。

今年和去年看似没有什么区别，可是我们有没有发现，在高一的那个春节，考试成绩不好，亲戚朋友们都会说："孩子，没关系，高中才开始呢，你发展的空间还很大。"到了高二这个春节，考试成绩再不好，他们

63

就会说："真要好好努力了，要不你真赶不上别人了。"明年的这个时候，如果成绩再不好，他们也许会说："读书不是唯一的出路，条条大路通罗马，那么多人不读书，不也干出了一番事业？"三年的时间，前后区别是这样的大啊。

"流光容易把人抛，绿了芭蕉，红了樱桃。"小时候，我读这首词，一直没觉得它好，直到今天，我才发现时光的无情。十年前，我刚来这个地方的时候，站着敬酒，他人说："小吴，别客气"；十年后，他人站着敬我酒，说："老吴，您随意"。十年前，我在球场，球友们说："年轻人，有的是力气"；十年后，球友们说："老吴有一颗不老的心"。

"生活像一把无情刻刀/改变了我们模样/未曾绽放就要枯萎吗/我有过梦想/青春如同奔流的江河/一去不回来不及道别/只剩下麻木的我/没有了当年的热血/看那满天飘零的花朵/在最美丽的时刻凋谢/有谁会记得这世界它曾经来过/当初的愿望实现了吗/事到如今只好祭奠吗/任岁月风干理想/再也找不回真的我……"春节在家，独自一人听着老男孩的歌，黯然神伤。

春节是什么？先人们说是"年"，它帮我们记录生命的痕迹，让我们知道，人世原来有沧桑；让我们知道，自己并没有那么多可以随意挥霍的青春。

四、师生之间怎能没有故事

要像对待荷叶上的露珠一样，

小心翼翼的保护学生幼小的心灵。

晶莹剔透的露珠是美丽可爱的，

却又是十分脆弱的，

一不小心露珠滚落，

就会破碎不复存在。

——苏霍姆林斯基

把学生都当着女儿待

"把学生都当女儿待"，这是昨天晚上吃饭时一位同事说的。

老实说，当教师几十年，最终才发现，培养的学生中，以为是自己的得意之作，并一直对之念念不忘的孩子，到头来，他们不过是一个符号，一种精神上的玄想和自我安慰。这些年，真正让自己感受到做教师很幸福的，倒是那些当年打过、骂过，淘尽了气、费尽了神，以为没有出息的"小家伙"——他们当年考试成绩不算优秀，只能进普通的院校，毕业后回到小县城，在各个部门任职。这些孩子们念叨最多的就是老师了，隔三岔五总想起来叫老师出去钓钓鱼，打打牌，喝喝茶，吃吃饭，平时有什么麻烦事，只要给他们一个电话，保证给办得周到妥当，万无一失。以前在乡下，听村子里的老人讲，要想享到女儿的福，就别把她嫁得太远。现在算是明白了其中的道理。

这真是一个教育的悖论：无论做教师还是做家长，谁不希望孩子们有一个好成绩，有个好前程？这就像我们放风筝，都希望把风筝放得高远：放不上天，固然着恼；可一旦真的上了天，随着风筝越飞越高，越飞越远，手上虽然还有根线牵着，其实已经不是我们能控制的，因为这根细细的线随时都有断的可能，让我们可望而不可即。

学校有一位老教师，他的儿子很优秀，二十年前就移民美国。每次和老教师聊天，他总说起他唯一一次去美国时的见闻，但更多说的还是儿子在家时的事情。他儿子每次回来，都会给当时在校的学生做励志报告，被当成年轻人学习的典范。老教师夫妻俩就他一个孩子，二十年的时间里他回家探亲次数有限，纵然他再孝顺，也难以报答父母恩情之万一。细想起来心里觉得挺悲慨的。且不说，退休之后的老两口的寂寞和孤苦，生活的艰难和无奈肯定是有的。老教师生前立有遗嘱：死后从简，不用儿子回家奔丧，一个月后再告知。前年，老人家去世，就几位亲戚帮忙料理了后事，场面有些冷清和凄惶。如今，留下老伴一人生活，又不愿请人照顾。你说，这做父母的，做到这个份上，还有什么意思呢？

2000年，经过漫长的等待和坚守之后，我终于结婚了。此前我和爱人的双方父母没见过面，彼此也不了解。婚后，我离开家乡到新的地方工作，从此就开始了我与父母之间的相互守望。我离家的第二天，母亲就病了，差不多过了两个月才好起来，但对我的担心和牵挂却有增无减。直到三年后，我的孩子出生，母亲第一次来到我工作和生活的地方，看到我充满着温暖和幸福的小家，心头的一块石头才落了地。

父亲70岁寿辰的时候，按照乡下的规矩，我们兄弟姊妹四人请木匠给父母制作了棺材，板材结实，父亲说："你在外安心工作，我们在家不必担忧，就是死了，也有现成的地方睡了。"言语之中，有着一种无所畏惧的达观和自足，但让我悲从中来。有人说，人活着就是来还债的，难道父母前世欠了我们什么？如果此论成立的话，下一个轮回就该是我们去还了吧。

我们兄弟姊妹中，哥姊在家，对父母，还有闻其謦咳朝夕伺候的机会；只有我，离家远足，在家肯定是父母念叨最多的孩子，可是如今我连亲伺茶饭的机会都没有了。这些年，回家探亲的机会原本不多；就是回去，也是东游西逛，难得亲近。

一句话，无论做儿女，还是做学生，对父母，对老师，即使不能朝夕相伴；平常时节，打个电话，发个短信，报个平安还是应该的，毕竟，父子、母女、师生一场也是我们前世几十年的修行啊！

没有天生的坏孩子

这孩子，他真不招人喜欢。

开学初，学校有一项政策，家庭贫困的孩子可以提交申请，享受国家的困难补助。他也交了一份申请，可在后来的班级同学合议中，他没被选上。有孩子说，他乱花钱，家境好像不是那么贫困。大家对他都没有好感。

上课的时候，班级有些热，他就把自己的上衣撩起来，露出肚皮和背脊，一副很流气的样子，像个小混混。

英语老师对我说，他上英语从不听课，吊儿郎当的，看着都令人烦。我把他的英语作业本拿来看，草草画了几笔，压根就没做。我问他为什么，他开口就是很讨厌那"死老头"。一点教养都没有！

我找到他以前的班主任，了解他的情况。班主任老师说，这孩子在高一的时候，成绩挺好的，一度还是班级前几名；后来呢，就开始"堕落"了，在学校，整天无所事事的，成绩一落千丈；再后来，英语也不学了，期末考试呢，只考了40多分。教育过好多次都没有效果，后来干脆放弃不管了。

开学没几天，年级组长拽着两个孩子到我面前，一个女孩子，另一个就是他，说他们两个在一起……

晚自习，在教室，看着他你都急：东捣一下，西掏一下，交头接耳的，就是没事可做。

我找他，坐下来，静静地聊，问：对未来有期待么？回答很干脆：当然！我问他的家庭情况，他说，姐姐和母亲在外地打工，父亲因为陪读，留守在家，在一家小店替人做些零杂活。

我找来他父亲，虽是个中年人，但比我想象中苍老许多。他父亲说，家中虽然只有一个孩子读书，但依然很艰难。十多年前，长女患病，花尽了家中所有的积蓄；如今虽病情稳定，但仍靠着药物维持生命；母女俩一道出去打工，能维持生活已经不易。眼前的这个男孩子尽管人在学校读书，但不用功。再加上正值青春期，原本固执的性格加上青春期的叛逆，父子俩就像对头，虽生活在一起，一天也说不上几句话的。

这样的孩子还有救吧？我试试吧。

巧的是，每个班级都新增了一个困难补助的学生名额，不需经过班委讨论，我直接给了他。我告诉他：你的家庭确实困难，只是经过班委会讨论，你不一定能通过。我直接给了你，是因为你和你的家庭确实很需要帮助，当然，这笔钱对你们这个家庭来说不过是杯水车薪。

尽管他脸上绽放着桀骜不驯，像一个"坏孩子"。但他比其他孩子更需要资助，需要老师温情的目光，需要老师柔软的怀抱。如果连老师都放弃了他，他就会在自我放逐的歧路里陷于平庸，最终真的会自甘堕落。

我告诉他：其实，你和别人一样的优秀；其实，你也一样会做得很好；其实，我一直在你的身旁，从未走远。

也就在最近，我在办公室，经常看到他追寻老师的身影；我从同学们的口吻里已经很少听到对他的抱怨；我从他的眼睛里看到如水的柔情。虽然还是不招人喜欢，但我坚信：世上没有天生的坏孩子！

教育要让孩子快乐

先看一篇学生日记——

常常坐在小小出租屋的窗前，一个人就这样静静地，发着呆，想起一件件、一桩桩我做过的和我想做的事情，才发现，原来，我一直过得那么"缥缈"。

有人问我："你已经是高中生了，想好以后要做什么了吗？"每当听到这样的问题，我都只能找借口避开，因为我实在不知道该如何回答——我的未来我够不着，摸不到。我的目标和方向在哪儿呢？我分不清，也找不到。

我是一个成绩烂得掉渣，从来不被别人关注和重视，平凡到随便就可以被人群淹没。那曾经的雄心壮志，早已被现实消磨殆尽，哪里还有一丝当初的锐气？即便我想再次鼓起勇气再去拼搏时，真的已经没有了底气和信心。

我没有力量，也不能得到外界哪怕是一丁点的安慰、理解和鼓励。就一个人默默地顶着所有的压力，无奈地叹息：我该怎么办？我又能怎么办？

每一次的失败，我都强忍着不让眼眶里打转的泪水流出来，强颜欢笑，毫无诚意地告诉自己，我还有下次。我把自己伪装得很强大，也很坚强。

每一次的不在乎，都在已经破碎不堪的心上在（再）刻上一道印记。我就这样没心没肺地笑，我甚至怀疑，是不是我的眼泪已经快流完了。我真想找个肩膀去依靠，真的，我没有外表那么强大。

我怕有一天，我会垮掉，再也笑不出来。我非常悲哀地发现，自己就像一支浸湿的火柴棒，永远迸发不出那耀眼的火光。灰姑娘能穿着水晶鞋，坐着南瓜车，找到了给她一生幸福的白马王子，摆脱悲惨的命运。而我为什么却看不见光芒和我前进的方向？我想咸鱼翻个身，又找不到翻身的支点。

觉得自己很可笑，一无是处。我想放弃，却又不想挥洒了自己的满腔热血，只是想最后让自己退出得光彩些。

不在沉默中爆发，就在沉默中灭亡。虽然很无奈，但既然我这朵花开了，就得像夏花般灿烂；即使凋零了，也得像秋叶般肃穆。

想着这一切，我的悲伤再一次泪流成河。

读完之后心情很沉重，没想到平时满面微笑的孩子心中竟是这样的苦楚。在残酷的竞争面前，孩子的压力如此之大，我却没能为她做些什么，心里很惭愧。

我挺喜欢这个孩子的，尽管她成绩不好，但她是个很热心的人。在其他同学选择家长陪读的情况下，这个孩子选择独自租住在出租屋里，很不容易。但她好像也不是很在意，不仅把自己照料得很好，也乐于去帮助同学。这学期，我们班有两个同学生病了，都是她到办公室向我借钱，把同学送到医院看医生，之后又忙着替同学还钱。

印象中特别深刻的还有，每次班级出黑板报，其他同学（包括班干部）都是百般推脱，说自己没有这方面的能力。她呢，尽管什么也不会，但买东西，配颜料，给别人递东西，忙前忙后的，乐呵呵的，从无厌烦的情绪。她的身上有一种与生俱来的良善。但让我真正没想到的是，她呈现给别人温和热情的面貌，却把苦痛和悲伤深深地埋在心底。

班会的时候，我把她的事在班会上说出来，我也向大家公布了她的成绩，我问有没有哪个同学愿意和她同桌，能够切切实实地帮助她。看到举起的一双双手，我很欣慰。我也告诉她：成绩不是你的全部，只要坚持努力，终究会改变。你的优秀品质，也会为你的未来带来很多机会和好运。

今天中午，刚好有一个往届学生来学校看我。这个学生对我说起他的经历。他说，当年高考因为基础不牢，发挥也不理想，后来只考入一所三本院校；而在同一所学校里，有两个高中同学在读二本。刚入学的时候，那滋味十分不好受，但得接受现实啊。这几年，他不敢有任何懈怠，在学校勤勤恳恳、认认真真地读书，就连暑假也不回家。今年虽还没毕业，却已经有单位看中了他，毕业后就可以去上班了。我把这件事告诉了她。看她点头称是的样子，我心里很高兴。我不能确定，这孩子将来会做什么，能做什么。但我一直以为，能够给孩子以信心，让他们看到希望，这就足够了。

我一直在思考，教育到底是什么。可以肯定，除了让学生考上理想中的大学，获得荣誉外；能唤醒孩子心中沉睡的自信、自尊和潜能，让青春绽放，让每一个孩子在平凡的生活里收获感动，活得快乐也是教育的重任！

落花满地无人扫

开学了！

按照惯例，整个年级搬到上一个年级的教室和办公室。我到学校的时候，整个办公室的教师物品已经搬得差不多了。我蹚过一地的杂物纸屑，走到我的办公桌前，稍事抹擦，坐下来，久久不愿起身。两只眼睛带着我的深情触摸这里的一纸一画，一桌一椅，一物一事……

讲台上的那盆滴水观音，兀自生长，随心所欲，无所顾忌。记得我们刚搬进来的时候，已是残枝败叶，生命垂危，奄奄一息，没有人在意，没有人把她当回事，总觉得早晚会连盆抛进垃圾桶。有老师不知怠惰还是嫌弃，一杯剩茶水，泼过去；也许是这种性情的传染吧，另一杯也泼下去，就这样，一杯一杯又一杯，又有谁知道，她竟然会奇迹般地脱胎换骨，回绿转青，生长出一屋的春光？

黑板的左侧，一块锦旗，在晨风里尽情摇曳。"学高身正，为人师表"八个字，虽颜色淡退，但其情可感，其境宛在。那是春花烂漫、风乎舞雩的季节，毕业于安徽师范大学和巢湖学院的一批青春迸发、生命如歌的年轻人，把他们的热情和美丽撒落在这里的每一个角落。"我不是胖，我只是长得壮实"，小姑娘不经意的一句话，想起来笑得直落泪，青春，就是这般的豪情与自信！

黑板的中间是一行红色的粉笔字：××老师新婚大喜，有意参加恭贺的老师，请与××联系。我当然记得，也就是300个日子吧，我们共同见证了四对新人走进了婚姻的殿堂，那一嘴的甜蜜，悠远而绵长，伴随着他们一生一世，天荒地老。

> 我打江南走过/那等在季节里的容颜如莲花的开落/……我达达的马蹄是美丽的错误/我不是归人/是个过客

那一天，对于我们来说，绝不亚于一次盛世的狂欢，六个人演绎了六个版本的《错误》：滁州版，无为版，安庆版，黄山版，青阳版，含山版。我们第一次真切感受到，语言竟然有如此的娱乐效果和神奇魅力。"我不是归人，是个过客"，是啊，在这里，我们只是一个过客，在学校里又何尝不是？此身如寄，色即是空啊！但这并不妨碍这一时的欢悦与悠然。

我看到散落一地的作文本，随手捡拾一本，翻开，有文字写道：

> 我不知道曾经是什么样子，不知道从前的生活状态，也不知道曾经的人们有怎样的想法有着怎样的故事经历过怎样的沧桑，但我知道所有的人都经历了曾经——自己的、他人的——都在守

四、师生之间怎能没有故事

73

着未来。也许若干年后的某天，我们也会想起现在，笑叹"想不起来啦，都是过去的事啦"！一切都已是曾经。

呵呵，这孩子，有多少世事的经历，竟然也做如此少年老成的感叹，我不禁哑然失笑。但我还是很惭愧，他用文字记录他的心情，用语言梳理他的过往，并渴望与我们分享，可我们却如此漠视他们那年，那月，那时的心思。

好像有人说过，落花满地无人扫，是的，纷乱的岁月里，有多少人会收拾自己的心情呢？

渐行渐远的师生情

上周六，我在办公室备课，一个孩子进来，问我是否见到他们的语文老师了，我问她："你们的语文老师是谁？"孩子说："我不知道。"开学至今已经两个多月了，竟然不知道语文老师姓甚名谁，这到底算哪一门子的事？

今天我在改作文，一个学生在作文中写道：在高一的一年中，除掉班主任在闲暇时间出现在我们的视野里，其他的老师也只有在我们课堂的40分钟才会遇到，下课铃一响，老师们便倏忽不见。

也就是最近，在学校和同事们聊天，看他们说起自己和以前的学生之间发生的故事，眉飞色舞，活灵活现的，仿佛就在昨天；可论及今天的学生，反而没有了故事。

我一直固执地认为，师生之间的故事，构筑了我们的教育的生命。没有故事的教育生活是苍白的，枯燥的，没有意义的；没有故事的学校是死板的，教条的，没有活力的。

依然清晰地记得我们读书的时候，发生在学校的逸闻趣事。

有一次，我们到班主任的房间，看到班主任正趴在地上，静静凝视因为泛潮而渗水的地面，我们问他："老师您在干什么？"班主任抬起头，目

陪着孩子，慢慢变优秀

光深邃地说："我看大地在流泪！"那一刻，我们懂得了什么是诗，我们也发现，我们的班主任还是一个诗人呢！

还有一次，班主任早晨来上课，一只脚是棉鞋，一只脚是胶鞋，裤腿上满是泥。我们目瞪口呆，忍不住都笑出声来。班主任也笑，说："真倒霉，昨晚去打鸟（用气枪），一只脚踩到水田里去了！"班主任古文根基十分深厚，说唐诗，说宋词，从不看书的，娓娓道来，妙趣横生。他上课一律写繁体字，但绝不允许我们写，他说，繁体字要认得，不然就割断了我们与古代文化联系的纽带。也因为这样，高二那一年，我翻破了一本《新华字典》，基本掌握了繁体字。后来我在大学读中文系，学习古代汉语、训诂学、古文论这些课程，对我来说不算难。

当然，最让我们快乐的是，每天下午的课外活动课，年轻的老师们带着我们，要么在大操场上狂奔，打篮球，踢足球，垫排球；要么，去学校南面的八都河，捕鱼，逮虾，抓野鸭。每天如此，三年如一日，师生之间在合作、碰撞中建立了深厚的情谊，以至于今天，我还常常在睡梦中重返我们的青春岁月。

"亲其师"，方能"重其道"，此言不虚。

但在今天我们的现实情景中，师生之间的关系却日益疏远，就像那个孩子作文所说的：除掉上课，师生之间的交流越来越少。想想也是，学生们早晨7点到教室，除掉早读，上下午各4节课，排得满满的，晚上还有自习，学生很少有课下的时间和老师在一起厮磨，师生之间没有共同的娱乐、交流的时间和空间，彼此的隔膜也就自然而然地形成了，很难彼此融入。

我经常看见一些班主任在早读和晚自习时把学生叫到走廊里谈话，尤其是在每次月考之后，其谈话的内容更加直接，无非是成绩的升降、学习的态度之类；谈话的态度如此生硬，哪有情味可言？我很怀疑这样谈话的效果。有一次，一位校领导说，每天早读，几十个班的班主任把学生叫到走廊谈话，成了学校一道亮丽的风景线。这简直就是扯淡！

在我看来，我们现在缺少的不是教育，而是我们不能从学生的角度出发，设身处地为学生着想，缺少的是与学生"共情"，总是以一个过来人的身份去训导学生。这样的"教育"也很难被学生接受，更不用说让孩子对老师说出他们的真心话了。

师生之间的交流同样需要平等，做班主任的时候，和学生说话的时候，我总让学生坐下来，我觉得这种方式让平等交流成了一种可能。最近几年，手机和网络日益普及，给我们创造了一个极好的交流平台，每年的开学初，我都会把我的QQ号告诉学生，并对他们说，如果你能信任我，那就署上真实姓名；如果存有戒心，也无妨，那就给起个网名得了。在这个空间里，我们彼此鼓励，相互促进；我见到了一个个真实而可爱的心灵，纯洁无瑕，美不胜收。谁能说，这不是教育？

以前我们学校还有课外活动课，即使不运动，和孩子们坐在青翠的草地上，看夕阳在山，流云在天，谈他们的过往，他们的烦恼，他们的家事和心事，真是一种美好的体验；可如今，课外活动也改上文化课了。以前，学校还允许搞春游，我们一个班浩浩荡荡，爬爬山，探探险；可现在，学校三令五申，严令禁止。我做年级组长时，还组织了一次师生篮球对抗赛，大家群情激昂，可这样的活动已成往事。以前的学校运动会上，最后一项是师生接力赛，是运动会的最高潮；可如今，谁还有这种兴味？最近这几届运动会，哪一次不是草草收场，冷落无限？哎！

我总是想，我们常说现在的孩子很世故，其实是因为我们太功利；我们说现在的孩子太封闭，其实是我们自己没有打开胸怀；我们说现在的孩子不可理喻，不识好歹，其实是我们总是以爱的理由去伤害他们。

培养值得自己崇拜的学生

十多年前，刚刚走进高中语文课堂。有一天我和学生学习《我与地坛》这篇课文，学生读完第一遍，我找了两个学生上讲台默写其中的段落：

它剥蚀了古殿檐头浮夸的琉璃，淡褪了门壁上炫耀的朱红，坍圮了一段段高墙，又散落了玉砌雕栏，祭坛四周的老柏树愈见苍幽，到处的野草荒藤也都茂盛得自在坦荡。

两个学生中，其中一个写出了几个词；另一个叫静的孩子呢，除两个字有些出入之外，完整的段落基本上写出来了。大家对这个孩子超强的记忆力和对文字的悟性惊叹不已。

高中三年，静的表现着实不俗，演讲、写作包括考试，都表现出杰出的才华。很多人夸我，说是我培养了这样优秀的一个学生。但我一直都很淡然，这孩子是很优秀，她在语文学科所展现的能力甚至让我都有些崇拜。只是我很清楚，这不是我的成绩；因为在高中三年，我总觉得我没有使上多少劲，为她提供更多实质性的帮助和指导。

这些年，不少学生在学科竞赛方面，给学校尤其是给语文教师带来了不少的成绩。只是平心而论，不少教师和我一样，在培养学生特长方面鲜见有着特别的成绩。能取得这样的好成绩，学生的资质起着决定性的作用。因此，这些年，一些在写作、诵读方面有些特长的孩子真是"很忙"，只要有这方面的活动，自然被派上场。

陶行知说："教师的成功，是创造出值得自己崇拜的人。先生之最大的快乐，是创造出值得自己崇拜的学生。"这里面指出"是创造出"。如果一个学生值得自己崇拜，但在培养的过程中并没有作为教师——我的"痕迹"，回头想来是不是有些遗憾和愧疚？

刚接手这个班的时候，有两个孩子在语文学科方面的表现非常突出，无论是说还是写，他们都很优秀；更让我看重的是，他们书读得非常多。上课的时候，无论你说起什么，他们都能说个大致不差，有的甚至是有过深入探究。

但我已经不能满足这样的现状，因为我的班级里还有更多的"他们"。

儿童心理学家皮亚杰曾说过："孩子的潜能是个巨大的宝库，要仔细观察和发现，懂得开发。"我要做的除掉让这两个孩子更上一层楼之外，我还要"观察和发现"其他同学的闪光点，去开发他们的自身潜能。同时，让这些孩子知道，你们能和他俩一样优秀。这个途径和方法就是读书，然后走上讲台，开口说；拿起笔，动手写。开始可能很难，写的文字很稚嫩，但是只要起步了，就有展翅的一天。

　　小心翼翼的，在班级搞了一个图书角。每个孩子捐出两本书，摆放在一起，相互交换着传看。以前心神不宁，无心向学的，也渐渐能坐下来，三个小时漫长的晚自习，也能静静度过。上课的时候，能够侃侃而谈的，越来越多；作文能引经据典，文气浩荡的，时有所见；没有反复的试题训练，语文成绩也能稳步提升。这些让我欣慰。以前一改作文就想捶桌子砸板凳，现在却有了一点期待，因为我知道，每一次阅读他们的"作品"，我都会有新的收获与发现。

　　"先生创造学生，学生也创造先生，学生先生合作而创造出值得彼此崇拜之活人。"陶行知先生说得真好。

　　前两天，学校要开展征文比赛，有授课老师有这样的想法，让我帮他推荐两个学生，我拿起学生名单，一眼扫过去，我真不知选哪个好；因为，已经有一批学生，在写作方面，羽翼渐丰，颇有深致。你说，作为教师，还有比这更开心的事吗？

温暖的师生情谊

　　晚上到办公室的时候，年轻的杜老师身后站着一个学生，正在帮他捏脖子。颈椎不好，这是老师的职业病，只是今天看到这样的场景，心里还是涌起了莫大的感动。遗憾的是身边没有照相机，要是能够顺手拍下的话，绝对是感动校园的最美瞬间。

　　也不知从什么时候起，师生之间的情谊变得越来越淡漠。我们常常看到的情形是，一边是教师苦口婆心地说，另一边的学生呢，吊儿郎当的，根本就不买他的账。也不能完全怪学生，仔细听听一些老师的言辞，那种"过来人"的语气，你要是学生，也不会有丝毫的触动。我们夫妇都是教师，生活中我们之间的说话语气就有着这般的腔调，有时候，夫人打趣我：你以为我是你的学生啊！呵呵，说得我挺尴尬的。

做教师的，时间长了，不知不觉中就带上了教师的习气，说起话来，也是苦大仇深的。"那人走起路来那么疲惫，仿佛小学教师似的。"读池莉的小说，这句话给我的印象很深。

再说一些老师与学生的谈话内容，无非就是：这次考试怎么又退步了？这段时间做了什么不该做的事？你觉得你对得起父母么？诸如此类的，不一而足。所以每次考试结束，早读时，站在教学楼前，你就会见到一道道师生谈话的"亮丽风景"。其实，不要猜，你也知道他们在谈什么。

其实，除掉成绩，师生之间还有许多的话题可以聊：最近读的书、关注的话题、娱乐的方式、未来的打算、父母的状况、思想的困惑，甚至是一日三餐的内容，都可以聊啊。现在的孩子，自小被父母捧在手心里长大，是家庭的核心，他们已经不习惯于老师的高高在上，他们需要的是老师的理解和接纳，是"共青"。唯有这样，师生才会真正的走近，才会有今天见到的温馨场面。

这些年的教育生涯中，总有那么些事让我难忘。那年我带两个复读班的课，周三上午四节课，经常没时间吃早饭，到第四节课时就会有气无力的。一个天气酷寒的冬天，有一天照样没吃早饭，下课时，一个孩子从怀里掏了半天，最后掏出了一只带着体温的鸡蛋。

那是我这半辈子吃得最尊贵的一顿早餐！

前两年，有个孩子考取四川外国语学院，不知道她什么时候知道我喜欢吃火锅，那年寒假，千里迢迢地，特意给我带回两大包重庆麻花和火锅佐料。真够难为这孩子的，这么远的路，这么重的东西，这么瘦弱的小姑娘。其实，在高中，我只带过她一年语文课，也不是她的班主任！

韬是那届学生的班长，每次回家，第一件想到的事就是和我聊聊，顺道来看看我，从高中毕业开始，十多年了，年年如此。那年他考研进入北京师范大学，带给我的一块学校的展盘，刻有"学为人师，行为世范"的字样，一直摆在书房里，作为纪念。

我一直和同行说起，我这辈子收到最珍贵的礼物是一个叫勇的孩子送的。那年他考取大学，他父母为了表达对我的感激，临行前，特意送来六只苹果，这些苹果的表反都已经皱起来了。

坐在书桌前，想起这些曾经的往事，心里总有一股暖流在涌动。雅斯贝尔斯说："教育的本质意味着：一棵树摇动另一棵树，一朵云推动另一朵云，一个灵魂唤醒另一个灵魂。"当我们的教育能够唤醒孩子们心中温暖的情愫，我以为，这就是最成功的教育。

回忆我的班主任张正泽老师

1988年，我读初二，班主任是张正泽老师，教生物的。那时我14岁，在学校住校，住校生不多，也便有了很多和张老师亲近的机会。

学校位于佛教圣地九华山脚下，著名的八都河沿学校的南墙蜿蜒而过，在学校的西南边，自然形成一片广大的河滩，那是我们的乐园。上课之余，八都河就是我们最好的去处了——我们在这里洗濯，嬉戏，张老师带我们在这里游泳，摸虾，捞鱼。印象最深的就是用脚蹬河底的苇草，那是米虾藏身的地方，脚下一有感觉，俯下身去，必然有草虾一只。也不用去蒸煮，张老师示范着让我们扯断虾子，挤出虾仁，大快朵颐。新鲜的虾仁，嫩生、柔软、爽口，略有一丝腥咸，那时候也算是一种难得的美味了。

一到下午放学，我们都会聚集大河滩，那里虽然没有秋水长天一色的美丽景致，但杨柳成林，隐天蔽日。傍晚时分，正是野鸭出没的时候，张老师就会带着我们几十个人，围着野鸭追逐。大多数情况下，都是一无所获，但偶尔也有一些例外，野鸭在慌忙中被杨柳的枝杈给绊住，这种意外的惊喜极大地激励了我们的兴致。这时候，我们就会跟着张老师来到实验室，很认真地将野鸭摆上手术台，拿出解剖刀，我们从此认识了禽类动物的肢体和各种脏器……当然，如果你要是有足够的耐心且靦着脸，端着碗待在张老师的房间里，那天晚上你就会有着难得的口腹之享了。

那时候，学校里还有几千亩的林场，栽有杉木和茶树。每年清明谷雨时节，我们都有为期一周的采茶劳动。茶场距离学校有近十公里，几百号人的学生大军，一早从学校出发，浩浩荡荡，徒步来到茶场。其实，对于

陪着孩子，慢慢变优秀

学生来说，采茶不是目的，我们如此喜欢这项活动的原因是终于有了一次亲近大自然的机会。这时候，就是张老师施展才干的时候了。山中的任何一株植物、一种动物，他都为我们做详细的介绍：种属、习性乃至他们分布的区域。也就是那时候，我知道了竹子的品种是如此之多；我知道了不是所有的草莓都是能吃的；我知道了癞蛤蟆和青蛙的区别；我知道了娃娃鱼不是长得像娃娃，而是她能发出一种孩子般的啼哭声……

最绝的是张老师赤手抓竹叶青的能耐。在我们的印象里，竹叶青是一种剧毒的蛇，它们藏身竹叶之间，颜色接近竹叶，具有很强的攻击性，在乡下，每次见到它，我都会起鸡皮疙瘩，浑身发抖。我们完全没有想到，有一天，张老师一连抓了三条竹叶青放在脸盆里，供我们观赏。（采茶这项活动坚持了好多年，1998年的冬至，一位上坟的老人家祭祖时，引发了山火，几千亩的山林顷刻化为灰烬。自此以后，在政府部门的要求之下，学校脱离了林场的管理，从此就再也没有采茶这项集体活动了，这对那些后来求学的孩子来说，未尝不是一个损失。）

后来读高中，张老师一直还带我们的生物课。我们搬进了新教学楼，教室的前面是一个圆形的小池塘，还没来得及填塞。有一天下午的生物课，天空乌云密布，眼看就要下雨了。张老师不知为何，猛地冲出教室，只身跃进池塘，起来的时候，你猜怎么着？他手里抓着一条硕大的黄鳝，迎风而立，一脸的豪情和孩子气，此时教室里惊呼不已，掌声雷动，我们对张老师的崇拜达到了无以复加的地步。我的一个兄弟因为张老师喜欢上了生物课，每次考试，70分的试卷，他从没有丢过超过3分的纪录。

毕业至今已经20多年了，从事教师这个职业也快20年了，我的心中一直记挂着有关张老师的点点滴滴，不是因为他有多么高深的学问，不是因为他对我又怎样特别的恩情，而是因为他对生物专业的无比热爱。因为喜欢这个专业，他平凡的教育生活充满着无尽的快乐，我们这些懵懂的孩子们，也在这和潜移默化中进入了一个神奇的生物世界。而眼前我们有些同事，教什么憎恶什么，三句话不离高考，除掉那可怜的考试成绩，不知还剩下什么。

不言弃，方可抵达未来

2002年，我调入现在的工作单位。为了更好地锻炼我，学校领导除了让我担任两个班的语文教学工作，还另外给我安排了班主任的工作。那时候分班是随机的，按成绩高低分成13个班，然后抓阄确定班级。芸芸成为我的学生，没有任何先兆，和其余54人一样，是被"抓"进来的，连选择的权利都没有。

芸芸进班的时候，实在不起眼，黑黑瘦瘦的，自己选择在第一排的旮旯里坐着；成绩也不是很好，全校招收720名应届生，她排555名，在班级里算是后进生了。班里很多同学都有意无意地忽视甚至漠视她，尤其是那些县城里的学生，压根儿就没注意到她的存在。芸芸也不在意，每天守在角落里，默默的，没有声息。在学校的时间长了，我对孩子们也渐渐地熟悉起来。

有一段时间，我发现，每个周六的下午，芸芸的桌子底下总塞满了大小包裹。一问才知道，原来她吃过中饭就把行李收拾好，下午两节课一结束，她就可以飞似的逃离学校，乘车回家。我一想，这不妥啊，在这种中午就酝酿好的"逃亡"心情中，下午两节课还有心思听课吗？

有一天，我有意蹲守在教室门口，守株待兔，果然，下课铃一响，就见芸芸第一个冲出门外，恰好被我逮个正着。芸芸很尴尬，站在我身边，低着头，一言不发。我想告诉她，如果中午就想着回家，下午两节课肯定没有心思听课啊，这样很不利于学习的。只是，以我当了这么多年的班主任的经验看，这显然不是一个很好的教育时机，因为孩子觉得她犯错了，心理上处于劣势，不能在平等的基础上沟通，思想工作肯定是做不到位的，不如放她一马，另找时机。但我还是趁机了解了一下她们家的情况。

芸芸的父亲是乡政府的一位职员，母亲没有职业，爷爷年事已高，她们兄妹两个都在读书。为贴补家用，她母亲在乡政府找了一份打扫卫生的临时工的工作。芸芸很体谅父母，觉得母亲辛苦，每周六急着回家就是为

陪着孩子，慢慢变优秀

了帮助母亲。我告诉芸芸，希望有机会和他父母沟通一下。芸芸同意转达我的话给父母，但具体时间另行安排。

这件事也就放在一边了，一直没见着她父母。

国庆之后，有天下午，我在操场打篮球，两个女生风风火火地跑来大叫：老师，不好了，芸芸和夏敏打起来了。怎么会，两个女生也打架？我到教室的时候，夏敏已经溜走了，芸芸还缩在角落里啜泣。问芸芸发生了什么事，只有一句话——"不想读书了"，其余什么也不说。我吼了一句："想回家也行，把事情处理好了，明天一早，让你父亲到学校接你回家。"这才算怔住了她。

晚自习的时候，大家陆续来到教室，我询问了所有在场的目击证人，总算把事情了解了一个大概。原来，下午值日的时候，夏敏不想参加，就要芸芸替她劳动，芸芸不愿意，夏敏说了几句非常难听的话：你在娘肚子里就是个劳动的胚子，就你那成绩，还要继承你妈的光荣事业，服侍别人一辈子。芸芸觉得夏敏侮辱了母亲，便大打出手，又因为体形不占优势，反被夏敏打了两拳，其委屈和悲伤是不难体会的。

想起芸芸的家庭情况，我觉得夏敏太刻薄了，在办公室狠狠地批评了她，并令她当着全班同学的面，向芸芸道歉。

事情就这样结束了，但这次芸芸受到了很大的刺激。这个年龄段的孩子往往会走两个极端：要么渐渐丧失学习的兴趣和动力，自我放逐，自暴自弃，最终一蹶不振；要么，化悲愤为力量，知难而进，后来居上。我格外当心芸芸，生怕她因此萎靡下去。待她心情渐渐平静了，在晚自习时，我找芸芸做了一次深谈。

"你知道为什么会发生这样的事吗？"
"因为我成绩不好，夏敏鄙视我。"
"你觉得这样的事情，以后还会发生吗？"
"不知道，应该还会有吧。"
"那我们有办法避免吗？"
"很难，我的成绩很难提高。"
"成绩不能改变吗？"

"我觉得很难。"

"你想改变吗？"

"当然，只是我没有信心。"

"那你愿意尝试着去做吗？"

"愿意！"

"那就好，你按照我的办法先尝试着去做。"

　　我给芸芸提供了几条建议：首先，要坚信，没有哪个人是天才，一分耕耘，一分收获，只要投入足够的时间和精力，成绩自然会有起色；其次，学习没有我们想象中得那么难，平时的考试不是淘汰，而是过关，只要你掌握了课堂上的教学内容，就不会有问题；第三，要有知耻而后勇的气概，别人不是说你成绩不好吗，那你就一定要通过自己的努力，在成绩上超越别人，证明给别人看。

　　很快，期中考试到了。按学校的工作安排，要召开一次家长会，趁这个机会，我约见了芸芸的父亲。

　　芸芸父亲告诉我，芸芸很懂事，也很孝顺，在学校总记挂着家里。最近一段时间，周末回家也不出门玩了，整天待在家里，但期中考试，成绩仍不是很理想，真不知该怎么办才好？我对她父亲说，孩子懂事固然好，但总是记挂家里，学习上容易分心；再说了，学习绝不是一蹴而就的事，要充分相信孩子，给她时间，每一次小小的进步，哪怕是一个努力的举动都值得鼓励和表扬。我特别提醒他：孩子才是家庭的希望和明天，孩子的教育理应成为家庭工作的中心，我们想得更多的是明天会怎样，而不是今天怎么过。

　　芸芸的父亲明白了我的意思，回家之后，和孩子的妈妈商量好，让她辞去乡政府的临时工作。为了让芸芸有更多的时间温习功课，她母亲每周都赶到县城，住在学校里，帮孩子洗涮，陪孩子过周末。芸芸也暗暗地铆足劲，发誓在成绩上超过别人。

　　高二文理分科，芸芸选择了文科，继续留在我们班。渐渐地，芸芸的成绩有了起色，学习的热情好像被点燃了。甩开了令她头疼的理化课，此时的芸芸好像换了一个人似的，每次的月考成绩都有提升，在教室里也开始能听到她的笑声，虽然还是怯怯的。她留给我印象最为深刻的有两件事：一是中午吃饭，以前她都是冲在最前面的人，到了后来，我发现，当所有的孩子都冲向食堂的时候，只有她一个人还默默地坐在教室里，成为最后一个去买饭的人；二是学习的主动性大大提高，以前从来听不到她在班级里发出声音，渐渐地，课间在走廊，在办公室，都能见到她向老师求教的身影，孜孜矻矻，不知疲倦。我家楼下有一个紫藤长廊，无论早晨、中午或是傍晚，周末、运动会、还是节假日，都能看到芸芸坐在那儿，风雨无阻。

特别值得一提的是，高二结束那年的暑假，将近两个多月的时间，芸芸没有回过老家，宿舍楼里空空荡荡，只有她，还有陪伴她的母亲，住在里面。有一天，我遇见她的母亲，笑着对他们说："漫长的暑假，你们还能坚守学校，看护学校财产，学校一定要付给你们酬劳呢。"

因为有着足够的时间保证，到了高三，其他同学都在为无尽的作业和频繁的考试唉声叹气、充满抱怨的时候，只有芸芸能够超额圆满完成学习任务。毕业的时候，芸芸告诉我，高三这一年，仅仅是一门语文，她差不多做完了近200套的试卷，这还不包括老师要求的。这让许多同学，甚至连我都惊叹不已。纵然如此，在我的印象里，在高三年级十多次的模拟考试中，她的总分也没有进入班级的前三名。

有一段时间，芸芸一度怀疑自己的智力，有一次特意找到我，说出她内心的困惑，我给她讲了一个我老师的老师告诉过我的故事：你知道为什么当年的"戚家军"能使东南倭寇闻风丧胆吗？因为戚继光说，他只要用七分之一的兵力就足以消灭敌人，正是因为有着这样的绝对优势，所以他和他的军队，战无不胜，攻无不克。现在的成绩还不算好，说明你还不够强。只要你能坚持下去，练就绝对的实力，小小的高考又算什么呢？还好，倔强的芸芸没有选择放弃。

功夫不负有心人，三年的努力终于有了回报，结果很是圆满，那年，她以全校文科第二名的成绩考入了北京师范大学中文系，一下子轰动了全校。再后来，芸芸北师大毕业之后，又考取了中国语言大学的研究生，硕博连读。前年春节，她刚完成在台湾为期半年的学术交流，特意回来看我。那种幸福之感都写在脸上了。吃饭的时候，我打趣她："还记得当年被别人嘲笑的经历吗？"芸芸很坦率，说："要不是当年受到刺激，后来的学习就不会那么刻苦和用功呢！实在话，当时学习的动机很不纯。"我问她："今天还在记恨夏敏吗？"她说："我感激她还怕来不及呢；再说了，夏敏智商高，成绩也好，只是在高考中发挥得不理想，只好进了一所二本院校，毕业后快两年了还没找着工作，听说到了一家私营企业打工去了，说起来还是有些担心和牵挂的。"

一直觉得，读书不仅仅开阔视野，改变命运，读书能使一个人变得强大，更重要的是能够提升人的思想境界，拓展人的襟怀度量。这几年做班主任，我都会对学生讲讲芸芸的故事，这不仅仅说芸芸是我的骄傲，更重要的是，告诉我的学生，读书对一个人精神、人格成长的价值和意义。

孩子，老师送你回家

1

这已经是三年前的事了。

那天晚自习后回家，照例打开QQ，看看有什么留言。

"老师，我离家出走了！！！"

这句话，着实把我吓着了。这不是蓉蓉吗？我赶紧上线，发出了一条消息："蓉蓉，怎么回事？"

对方没有回应。

我急了，怎么办呢？赶紧拨打她班主任的电话，占线；十分钟后再拨，关机了！

我没有蓉蓉的手机号，也没有她父母的电话，坐在书房里，没辙了。

今夜无眠，为了一个孩子。

2

高一时，我是她们班的语文老师。蓉蓉这孩子，情感细腻，写作也很有才华。好多次的作文课，我都把她的作文作为范文来读呢，这不，手头还有她发表在《满分作文》上的文章呢。高二分班后，蓉蓉不在我们班了，但她还是喜欢把她的作文送给我，笑眯眯的，一脸的纯真和开心。可如今，怎么会说走就走了呢？趴在电脑前，久久不得其解。

点燃一支烟，猛吸一口，慢慢吐出去，一缕一缕的，渐渐弥漫开来，试图让烟雾把自己的不安和惶恐淹没，可这怎么可能？

就这么寂寂地坐着，没有声息。

……

"咚咚"，敲门声，有人上线了。我一下子蹦起来，该不会是蓉蓉吧？

"老师，可以和您说说话吗？"

我差不多惊叫起来，这不是蓉蓉吗？

"当然可以，我正找你呢！"

"老师，我不想读书了……"

"啊，没去上课？去哪了？"

"同学家。"

"那我就放心了"

"到我家来聊，方便吗？"

"嗯。"

"现在可以？"

"不行吧，我不在县城，还在乡下呢。"

"那明晚咱聊聊？"

"行——老师，你觉得不可思议吧？"

"没什么，只是很担心。要是我做班主任，你就不会了，对吧？"

"老师，你很自信啊！"

"那当然。"

"那明晚再说。"

"好，明晚我有自习辅导，五班。"

"老师，我不想去学校。"

"哦，行。什么时候你觉得方便，给我电话。"

"嗯，老师您别和我们班主任说。"

"好的。"

"明天下午我没课，要不，你到我家来，怎样？"

"老师，让我想想吧，明天中午给您打电话？"

"☺"

"老师，您真的不能和任何人说我在哪儿。"

"当然。你这么信任我，我很感动。我觉得你是个很优秀的孩子，我一定会帮助你的。记住，有我在，灯亮着。"

"就觉得老师您真的是灯。"

"呵呵，那你先休息啊。"

"嗯嗯，老师再见。"

"有一件事和你说下，不论何时何地，注意安全，学会保护自己哈！"

"谢谢老师。"

熄灯，开窗。牛乳般的月色，缓缓流进来；清风悠然，夹杂着草的味道，直入心湖。

3

第二天早晨到办公室，正常的上课。

下课时，一位陌生的男子正和蓉蓉的班主任窃窃私语，很焦急的样子，估计是蓉蓉的父亲。因为不认识，又不知道孩子为什么会发生这样的事，再说了，我得遵守与孩子之间的约定，不便唐突搭讪，唯恐惊了孩子，把事情弄得更糟。上课铃响，便匆匆去上课了。等下课再回到办公室的时候，办公室已经没人了。

中午回到家，心里还是没有底，打开电脑，孩子在QQ上有留言：

"老师，我的心情糟透了。"

"在县城上高中，我的父母对我极度地不信任。他们在上海开了一家饭店，就让我爷爷来学校附近租了房子来看守我。他们还要求我不要交朋友，不管男女。父亲总是隔三岔五回来，监视我在学校的一举一动，还搜我的东西呢。"

"这次期中考试，我没考好，我自己难过死了。班主任打电话对我父亲说我学习分神，经常和男孩子交往。上周六晚上，我在家看《林徽因传》，父亲不问青红皂白，把我的书撕掉，扔到窗外，说什么'谁让你看这些不健康的东西'，我辩解了一句，父亲竟然打我嘴巴。我再也不想见到他了。"

"班主任也不理解我，住在同学这儿，也不是个办法，我没有出路了，我想自杀。"

"老师，我已经到运漕河边了，可我不敢跳呀。风这么大，天这么冷……"

"千万别……"我的心都蹦出来了，可是，蓉蓉，你在哪呢？

4

中午的饭什么滋味，我也不知道。

整个下午，心里忐忑不安。手机就在自己的口袋里，却没有接到蓉蓉的电话。怎么办？就在准备去学校上晚自习的时候，蓉蓉上线了。

"老师，没给您打电话，因为我想再想想。"

"没事的，什么时候想和我聊都可以。"

"老师，我想走了。"

"啊？那我送送你？"

"不用了。"

"我想看看你呢，丫头！"

"真的不用。"

"上午看到你爸来学校了，非常着急。我什么也没说。我知道你的难处，也能理解你。只是我不知道怎么帮助你。"

"晚上说吧。"

"好的。"

到学校，意外接到两个同学的电话，说是约我谈谈，我爽快地答应了。与他们的交谈中，我基本了解了蓉蓉的处境，也知道，蓉蓉对我非常信任，希望得到我的帮助。作为蓉蓉的死党，她们自然知道蓉蓉在什么地方，我没有打听，但心里已经有了底。

上完自习，回到家，蓉蓉在线。

"老师，同学们让我回去，说我家长住院了，怎么办呢？"

"确实，很多情况下，都是为了对方的好，却又是彼此伤害。"

"那该怎么办呢？"

"这件事如果能都坐下来谈谈，或许好些。"

"我给你们班主任做些工作？"

"做什么工作？他绝对认为他自己没问题。"

"你们班主任年轻，又初到学校，你们是他的第一届学生，他很紧张，处理问题时也许简单了些，但你们也应该理解他啊。"此时，不好再说什么，也便转移了话题。

"你的两个同学真好，让我感动。"

"嗯，她们是我最好的两个朋友……可我家长住院了，怎么办？？"蓉蓉还是说到自己的父母。

"你真是个善良的孩子。要不，你先回来，先和你父母谈谈？"

"我不能和他们谈话。"

"要不我出面和他们谈谈？"

"和谁说话都行，家长真的不行。"

"我出面和他们谈谈，你看可行？……问题在于，一直对立也不行。你还得完成学业呢。"

"嗯嗯，我今天一天都没上课了。"

"其实父母和孩子之间的矛盾都是暂时的。蓉蓉你别怕，老师送你回家！"

"老师，我想同学。下午，看到那些学生们在校园里打打闹闹，我心中充满悲凉和寂寞，空空荡荡的。"

"你明天回来吧，我俩先谈谈啊。实际上你们家的情况我不是很了解，我想帮助你，就是不知如何下手呢。"

"嗯嗯，那我们明天什么时候见呢？"

"10：40下课，我开车，你找个地方等我得了。"

"嗯嗯。"

"晚上有地方睡？"

"嗯，在同学家还没有走呢。"

"同学还在读书吗？"

"嗯，高二。"

"你这孩子，麻烦人家了。晚上早点休息哈。"

"嗯嗯，老师，明天见。"

我知道，有救了。晚上睡了一个好觉。

第二天，来到学校的第一件事，我找到蓉蓉的班主任，问起事情的原委，也和他交流了这孩子的情况。特别劝慰他，蓉蓉做出了一个异常且错误的举动，给他的工作带来了很大的麻烦，回来之后，该批评的地方一定要指出，但千万不要把孩子拒之门外。当然，在没见到孩子之前，还是不要惊动家长。

10：40，手机响起来了，是蓉蓉，告知我她所在的位置。我开车过去，见到她，瘦削的小脸上有着无尽的悲伤。直接载她到一家快餐店，给她点了一份饭，慢慢地吃着，聊她这几天的心事。

我告诉蓉蓉：有的父母工作很忙，无暇顾及自己的孩子；而有的父母对孩子管教过多，却方法不当，但每个父母对待儿女的心思都是一样的。其实，你父母也是一样的爱你，要不然，那么频繁地在两地之间来回奔波，何苦来着？你一个女孩子在家读书，他们鞭长莫及，生怕你交上不正当的朋友，耽搁了学习，浪费了时间，尤其是怕你受到伤害。方法自然过激，用心可谓良苦，也需要理解他们啊。

孩子泪水婆娑，连连点头，真让人心疼。

征得蓉蓉的同意，我要了她父亲的电话，给他打过去。听说孩子回来，父亲的喜悦从电话里传过来。我约他下午到学校谈谈，他一口答应。

下午到办公室，他和班主任已经等待好久了。估计之前已经听了贾老师的介绍，我一进门，他就紧紧地抓住我的手，感激不尽。

我和他们交流了我对蓉蓉的了解：蓉蓉读的书很多，《林徽因传》是一本健康的书，对于一个文科班的孩子来说，读读很有好处。蓉蓉作文写得好，也与她爱阅读有着直接的关系。高一时，蓉蓉成绩一直很优秀，这次考试没考好，对于一个学习中的孩子来说，非常正常。她自己压力已经很大了，这时候，需要的是家长的鼓励和安慰，与孩子多沟通，而不是简单粗暴地批评怀疑。即便孩子有做得不妥的地方，也应该是直接的指出，而不是监视，甚至采取其他过激的行为。应该说，蓉蓉是一个很懂事、心智成熟、自理能力很强的孩子，我们做老师和父母的，一定要理解并信任孩子。

这件事过去三年了，去年，蓉蓉以非常优异的成绩考进了华东师范大学中文系。上学期回到母校来看我，我正准备去班级开班会，遂邀请她给学弟学妹们说几句话。她在黑板上写下：犯错，也是成长的一个过程。

让梦想脚踏实地

我初到这所学校的时侯，C正好休学一年之后重新回到学校，他被年级组安排到我新接手的班级，这个安排不需要理由也不能拒绝的。

很快，我觉得麻烦来了。

C对学校基本没有好感，坐在教室里，他极度焦虑，躁动不安，基本上是不听课的，更不用说有什么学习兴趣了。开始的两次月考，他成绩垫底，但毕竟还是考了；后来呢，考试也不参加了；终于有一天，他索性不来上学了。说实在的，我心里有些庆幸，有如释重负的感觉。

只是这种感觉没能维持多久，他又来了。他对我说：老师，我喜欢村上春树，喜欢大江健三郎……我想做一名作家，写出中国最好的作品。说实在的，这样的话让我惊得合不拢嘴。在班会课上说出来的时候，大家都笑得前合后仰。要知道，这样的梦想能实现么？

不久，他母亲也找到学校来了。她是一个本分人，一聊起孩子，眼泪就出来了。家庭的经济状况不好，但孩子总有些异想天开的念头，与家庭只求孩子读书升学的愿望毫不相干，一开始想做作家；接着呢，又想学钢琴。家里的这种状况，怎么折腾得起呢？

是啊，怎么折腾得起呢？再说了，对一个孩子来说，读书升学也就是这两年的事，错过了这个阶段，对大部分人来说就再也没有回头的路了。只是，怎么说才能让这孩子能从心理上接受呢？一直在寻找这样的契机。

有一晚临睡觉，坐在床上随手翻阅《读者》，看到一篇题为《理想是你最大的隐私》的文章，我兴奋地从床上蹦下来，打开电脑搜索到文章，打印下来，准备第二天分发给学生。

作者是清华大学的一位博士，文章说他有一位喜欢绘画的朋友，他的作品并不畅销。面对上有老下有小的状况，他做过诸如带家教、教素描、甚至开过包子铺等工作。但在这个过程中，他一直没有放弃艺术上的探索。终于有一天，他的画越卖越好，名气越来越大，甚至上了大型拍卖会。画家说：他一直就热爱艺术，做很多艺术家不屑于做的事情，是因为他想靠自己的力量去实现这个理想，而不是因为自己有理想，就成为别人的负担，特别是不要让你亲近的人感到，如果他们没有支持你，就会有负罪感。作者奉劝那些家庭经济条件并不宽裕的年轻人，即便有崇高动人的理想，首先也要先养活自己，改善家庭经济条件，担负起家庭的责任。

第二天的班会课，我把这篇文章介绍给学生，其实我是希望这篇文章能让C有些触动，当然，也不敢奢望这会有立竿见影的奇效。

但我还是看到C的变化，前段时间他还在读英文原版著作，虽然他英语检测很难及格；之后，他拾起《新概念英语》，一册一册地来，他变得越来越踏实，不再是轻飘飘地浮在半空。非常意外地发现，他的英语成绩长进很快，从成绩及格迅速升格到100分以上（满分150分）了。有一次月考，他的英语单科成绩竟然是全班第二名，与其余五门学科寒碜的分数相比，英语成绩显得格外耀眼。当然，老师和同学并不看好他：毕竟，就英语这一科成绩，独木难支啊。

正在这个时候，我做的课题需要做一项活动，让孩子们了解流行文化的发展变迁，当中邀请几位同学登台献唱。台下一片寂静，在我的鼓励下，C率先走向舞台中间，演唱起Beyond的《海阔天空》：

今天我寒夜里看雪飘过，
怀着冷却了的心窝飘远方。
风雨里追赶，
雾里分不清影踪，
天空海阔你与我，
可会变(谁没在变)。
多少次迎着冷眼与嘲笑，
从没有放弃过心中的理想。
一刹那恍惚，
若有所失的感觉，
不知不觉已变淡，

心里爱（谁明白我），

原谅我这一生不羁放纵爱自由。

没有伴奏，没有和声，寂静空阔的礼堂里，只有他纯净而单调的歌声回荡。一曲终了，掌声如潮水般汹涌澎湃，久久不息。那一刻，我泪眼蒙眬："多少次迎着冷眼与嘲笑，从没有放弃过心中的理想"，他是在向我或是向众人坦白他内心的秘密吗？

新学期开始，照例要布置教室，我特地选择了"一直向着自己的目标迈进的人，整个世界都会为他让路"的标语，写成条幅，粘贴在墙上。

再后来呢，办公室经常看见C的身影，有老师告诉我，说他好像变了一个人似的，这学期不再是找人"谈心"，而是问起实实在在的问题。最近的两次考试，我很欣慰地发现，除掉英语，其余的各门学科成绩也有了长足的进步。那些曾经嗤笑和讥讽他的不少同学已经被他远远地甩在身后。

我常对学生说，一个人有梦想是值得尊重的，而能够脚踏实地一步步向自己梦想迈进的人更值得尊敬。

今天早晨，看到C骑着单车，在晨光熹微的清晨，像风一般向学校的方向疾驰而去，我知道，他已经出发……

五、教育需要着眼于未来

Jiaoyu xuyao zhuoyan yu weilai

高品质的学校习惯于择高处立，

寻平处坐，向宽处行，

他们务实，求稳，

但内心向往教育的理想，

一切为了民族的未来。

——李希贵

"稳"不应该成为青年职业选择的圭臬

王老师的孩子在安徽大学中文系攻读硕士研究生，眼看就要毕业了，因此，找工作成了家中最重要的话题。

王老师和我聊起他的孩子，脸上写满了温情与慈爱，眼里有无尽的深情，这是为人父母最美丽的神情，只是孩子的职业选择让他无所适从。

这段时间，安徽大学正在从中文系研究生中选择一批学生派往韩国的孔子学院，王老师的女儿符合条件，孩子也愿意试试，不出意外，是可以被选中的。当然，这是一个志愿者行动，是一个短期的经历，以后的职业选择还要重新规划。王老师和他的夫人却希望孩子回到县城，成为一名普通教师，留在自己身边有一个相互的照应。王老师说：孩子没出过远门，又是个女孩子，留在县城过一辈子安稳的生活也是不错的选择。同样的为人父母，我完全理解王老师的心思，但我也有与王老师不同的想法。

王老师中等师范学校毕业后，被分配到这个乡镇，再没有离开过这个学校；如今年近50，早已经没有了折腾的想法，哪怕就是进城，他都不想了。每天和同事之间，赌点小钱，喝点小酒，晒晒太阳，借赵本山的话说：眼睛一闭一睁，一天就过去了；眼睛一闭不睁，一生就过去了。只是我觉得，如果他的孩子回县城当教师，稳定的生活是有了，但是，这样的人生是否有些单调？

我一直以为一个人的一生应该有些经历，尤其是在一个人年轻的时候；经历丰富了，对生命的体验才会真切，人生也会饱满而充盈得多。更何况，一个年轻人能在一个更广阔的舞台上奋斗拼搏，他的发展就会充满无限的可能。在这一点上，我们要相信孩子的眼光，尊重并鼓励孩子作出大胆的选择，哪怕他会遭受打击，经历坎坷。

我的一个学生考上了中国民航飞行学院，这是许多年轻人梦寐以求的院校。这所学校的学生就业前景很美好，在就业日益严峻的今天，他们基本都能进入各大航空公司，收入待遇让人欣羡。有一次，孩子回来对我说，中国海军飞行大队到他们学校选择一批学生入伍，将来要驾驶军用飞机，生活可能会很艰苦而且有一定的风险。他征求我的意见，我告诉他，这样的生活经历可能是别人花再多钱，做出再多努力都不可能获得的，就冲着这一点，这样的机会就值得珍视。非常遗憾的是，他没有去。时至今天，我还为他惋惜。当然，每个人对幸福生活的追求都值得尊重，更何况，每个人的幸福观也不一样。但我们从中也不难发现，"求稳"已经成了这个时代共同的心态。

青年人原本应该是最爱折腾、最具冒险精神的群体。如果我们在职业选择的时候，普遍把父辈们"求安求稳"的人生哲学奉为圭臬，那实在不是一个国家的福音。如今，即使在那些发达国家，强大的创造力、不安于现状的开拓精神，仍然是最值得推崇的主题；更何况，我们作为一个发展中国家，对创新有着更急切的渴望。

有什么样的青年，就有什么样的未来。如果一个国家的青年群体都是安于现状、但求稳当，普遍缺乏创新开拓的激情与冲动，很难相信这个国家的未来会活力四射，蒸蒸日上。

选择"大家都报的专业"谈何人生理想

一位远房亲戚的孩子在去年高考中考了598分，在全省理科考生中排2000名以内，应该说这是一个不错的成绩。可在填志愿的时候，孩子很担心，一怕志愿太高，录取不了；二怕专业选不好，将来找不到工作。

这个消息简直把我给搞晕了，我对他说："你的成绩，如果不过于追求热门专业的话，被华中科技大学、大连理工大学等学校录取不会有问题。"

最近几年，在帮助学生填报志愿的时候，常听到的一句话就是：我有这个成绩，如果不去填报大家都去的那个专业，我就亏了。这样的观念，一方面说明了一些学生在专业选择上的盲目和狭隘——其中也包括那些高考成绩顶尖的精英学生；另一方面也充分说明了我们当前教育的极度功利。

早在几年前，就有学者对清华大学经济管理学院"状元扎堆"的现象提出批评。一位业内人士分析说："很多学生连经济、金融都没分清楚就来了。他们模模糊糊觉得很热门、很好就选择了。"在应试教育的大环境下，大部分学生，包括一些优秀学校的优秀学生，读书时"两耳不闻窗外事"。临近毕业，也不明白自己的兴趣和爱好是什么，更不知道如何将自己的兴趣爱好与未来的专业选择乃至职业规划相联系。

十年前，我的一位朋友报考研究生的时候，被录取到国际法专业，以为自己毕业之后，就可以进入外交部，从事国际贸易等相关事务。考进了南京师范大学之后才发现，除了中国人民大学国际法专业研究生有这种可能，其他大部分毕业生至多进入高校做教师而已。诸如人力资源管理、计算机、英语等专业的情形也大多如此，在前几年，这些都是分数奇高的专业。

恢复高考已经三十多年，高校招生政策经历了几次调整之后基本稳定，知分填志愿就是其中的主要制度之一。每年高考成绩公布之后，每个学生的成绩能达到什么级别的学校和专业差不多都能够确定下来。从理论上说，填报志愿应该更趋理性和实际，但时至今日，依然存在有的专业考生扎堆而有的专业无人问津的情况。究其原因，一是整个社会崇尚物欲、奢华浮靡，而行业之间的待遇和福利差异悬殊，二者之间的矛盾难以调和；二是眼前又遭遇扩招之后艰难的就业形势，学生在专业选择上更加短视与功利就理所当然了。

理想教育的缺失，使得今天的年轻人，从小为分数厮杀，毕业后为职位和俸禄奋斗，追求感官刺激，享乐至上，再也没有了指点江山的豪迈热情和风发意气。

今天的物质生活条件较我们的父辈富足充裕得多，但我们却普遍精神空虚，灵魂缺失。教育应该教会学生既懂得谋生又懂得人生，即满足学生对职业教育需求的同时，也让学生看清长远的需求，心存理想，服务社会。人的一生是一个漫长的旅行，大学只是其中的一个站台，只要我们坚定理想并能矢志不渝地求索，那么无论在哪个站台，我们都会有无数趟列车可以选择，都可以抵达目的地。

任何专业都不能成为人生的"保险箱"

人们通常认为，学习不感兴趣的专业、不了解的专业，一定会限制未来的发展。我认为，这有夸大"学非所愿"的负面影响之嫌。

我读书的时候，对填报什么学校，学什么专业，比现在很多孩子还糊涂。父母听人说，读师范，国家有生活补助，毕业能分配。那就读师范吧，毕业后做老师，一切按部就班。但也有很多例外，我的朋友中，就有不少师范院校毕业的，却从事着与师范专业无关的工作，且发展得都很不错。一个物理专业的老师做起了广电局长，一个英语专业的老师做起了警察，我们的老校长离开学校之后甚至负责县里的招商引资工作。种种情况，不一而足。

从生活实际也可以看出，很多人所从事的职业与大学所学的专业关系并不密切。最近几年，一些学校的研究生招生也不太关注考生本科所学的专业；相反，对考生毕业的学校，是否是211、985之类则更关注。因为在很多教授看来，本科所学的内容，不过是基础中的基础，要想将来有更广阔的发展，还在于毕业之后的选择和坚守。当然，本科打下的扎实基础会让一个人一辈子受用无穷。

我的一个亲戚，大学读的是工科机械类，在国内一直读到博士，出国后进入一家专利公司，搞起了专利研究。再后来，学习了专利法，并把这门专业引进到国内，成为国内这个领域的开创者之一。机械和法律，看似不相关，其实密不可分。我们不难想象，缺乏必需的工科基础，那些文科生学习与科技相关的专利法是多么的艰难。应该说，专利法研究需要复合型人才。在高中分文理科的情况下，这门专业的发展就显得更尴尬了。

大学学什么专业与一个人未来的发展并没有什么直接的关系，尤其是在就业形势如此严峻的今天。很多孩子在填报志愿的时候一再申明：不做教师，不做医生，不学农业，不学法律……一系列的限制之后，他也不知自己究竟要干什么。其实，就算是学医也并不是就一定要做医生啊，我的一位同学做了两年医生之言，操起了医疗器械的买卖，生意红火，早就腰缠万贯了。举这个例子是想说，学什么不重要，关键在于你有怎样的人生规划，是否有魄力，并能多抓住发展的机遇。

再者，就算是进了一流的学校，理想的专业，也并不能保证我们一生安逸无忧。在社会发展日新月异的今天，变数很大。眼前的选择看似稳妥，转瞬之间，可能变成云烟。

当然，这并不是告诉我们在选择专业的时候可以随意为之，而是尽可能理性选择。但同时也需要明白，填报志愿只是一次选择，绝不是我们未来的全部，任何专业都不能成为我们人生的"保险箱"。

把未来攥在自己手里

从6月24日公布高考成绩，到今天最后一批学生的录取结果出来，一个多月的时间里，我的手机和QQ就没有消停过。所有的工作都围绕着填报志愿这个主题来展开。

各级各样的教育会议上，这项工作被反复强调：它是学校工作的重要环节之一，决定着学生的未来和前程，丝毫懈怠不得。报刊、网络等各种媒体上有着种种的方法和攻略，但学生在填报志愿时究竟该遵循怎样的原则，还是一头雾水。从以下两个方面看得极为分明。

一是高考状元的专业选择过于盲目。早在2007年，中南大学蔡言厚教授就带领他的课题组对1949年以后，特别是恢复高考以后的高考状元的专业选择和职业成就进行了对比分析研究，得出了"毕业后职业发展较少出类拔萃，职业成就远低社会预期"的结论。有调查显示，各地高考状元基本都选择了北大和清华两所名校，尤其是扎堆选择了经济管理、数理化、生命科学、电子信息等热门专业。蔡教授指出：状元们同样赶时髦、随大流，无视自己的兴趣、爱好，这可能高考状元以后成才的最大障碍。

二是一般学生对普通院校中普通专业选择的错乱。这段时间，最常听到的话语就是，"老师，你看我这个分数能填哪所院校？""你看哪些专业比较热门？""你看这所学校哪个专业最好？"面对这样的问题，真让人悲愤交集：悲的是，随着这几年高校扩招，就业形势愈加严峻，我们的学生不得不面对现实；愤的是接受过十多年教育的学生竟然没有发现自己有着怎样的兴趣爱好，他们把自己的前程和未来都交给了老师、亲戚或者朋友，而不是由自己来决定，这不能不说是我们教育的悲哀。

有人说，高考志愿填报是一门非常复杂而又深奥的学问。"复杂"是因为高考志愿填报涉及许多相关因素、环节、条件；"深奥"是因为高考志愿填报"变数"很多，其内在客观规律难以掌控。其实，只要我们能真正了解自己，尊重自己的兴趣爱好，并能下定决心为之奋斗终生，我们的专业选择就会简单得多。比尔·盖茨说："我之所以能够取得今天的成就，与我从小就喜欢电脑是分不开的。回想起来，我不过是选择了自己喜欢的事，爱做的事。"我们且不说这一生会取得怎样的成就，人能够为自己的兴趣爱好奋斗一辈子，那该是多么幸福的一件事啊！

高考中取得高分的同学们，我们务必要明白，这是高考给予我们的一次选择幸福未来的绝佳机会，我们比大多数同学有着优先的选择权，我们为什么要扎堆选择那些我们自己都不清楚也毫无兴趣的专业呢，难道仅仅就是为了四年后能带给我们一份稳定的收入和骄人的工作环境吗？小的时候，老师和家长教育我们一个人应该有理想，有志向。可在今天，当这种可能正在接近我们的时候，我们却丧失了自己的思考能力。

不错，那些热门专业确实能给我们勾画美好的就业前景，但我们不要忘记，我们在高考中能取得高分，至少说明我们在某些方面还是非常优秀的，有着不俗的学习能力和文化基础，我们应该尝试着拥有更大的发展空间和人生价值。如果未来我们的人才过于集中到某一特定行业，我们的未来就会极大地受到限制。优秀人才过于集中于某一行业，要想在这个专业站到顶尖位置的难度是可想而知的。对国家来说，这也是一种极大地人才和资源浪费。

我对学生说，你喜欢土木工程专业，读清华大学的分数不够，你可以选择同济大学啊，同济大学和清华大学的土木工程专业不分伯仲。即使这两所学校都不行，选择其他院校也是可以的，至少以后还可以去考研究生啊。你喜欢高分子行业，四川大学高分子专业就是极好的选择，它们的材料加工工程专业在全国的排名是很靠前的，为什么非要到沿海发达地区去扎堆呢？

从成才的角度讲，如果我们能理性选择一个稍微冷门一点的专业，我们成才的机会、概率就会大得多。如果我们真的做出了追寻内心的选择，也许我们将会面临许多的艰辛和困难，但我们未来的发展空间广阔无边。

怀揣理想，立志报国，实现生命价值，这绝不是一句空话！依照自己的兴趣爱好，选择一门并不热门的专业，把未来紧紧地攥在自己手里，无论对国家，对社会，还是对我们自己都是最好不过的，我们何乐而不为呢？

教育孩子带着"理想"出发

记者问一个放羊的小男孩："小朋友，你怎么不读书，却在放羊啊？"

"没钱呗！"

"那放羊为了什么呢？"

"赚钱呗！"

"那钱赚来干啥呢？"

"娶媳妇呗！"

"那娶媳妇为了什么呢？"

"生娃呗！"

"那娃生下来干什么呢?"

"长大了再放羊呗!"

这是我们有关"理想"教育的内容中最经典的段子,每次说起来,大家都会开怀大笑。因为与我们无关,我们也不会这样的活着。

有一天去逛街,女儿说,我长大以后就开家精品店,我和她妈妈就笑话她:"怎么这么没出息?"女儿问:"老爸你小时候的理想是什么呢?"一下子把我给问住了,是啊,我最初的理想是什么呢,四十不惑,当初的理想都实现了吗?

春节期间,高中毕业20周年同学聚会,看着在各地为生活打拼的兄弟姐妹们,真让人感慨万千。阿雯现在县城开有一片小店,其实早些年前她已在家做全职妈妈,要知道,当年她可是我们班的才女啊。所幸她女儿成绩优秀,上个名牌大学不是问题。我在想,这恐怕也是她这二十年来最大的心理安慰吧。阿兵呢,当年在班级里可是最洒脱倜傥的人物,现为单位"知客",迎来送往,谙熟官场的一切,整天被酒精浸泡,哎,不知这是不是他当初所愿。曾经胸怀苍生,志在天下,也曾经立马横刀热血沸腾;可如今,才发现花开花落,青春不再,理想依旧是那样的遥不可及,无情的生活刻刀早已改变了我们当初的模样。

临近高考,做教师,尤其是做班主任的,肯定有不少学生和亲友会来咨询填报志愿的事。前几年我也热心帮助别人,可最近两年,我不太愿意干这件事了。有些孩子,你问他喜欢做什么,他说无所谓;你问他能做什么,他说不知道;你问他将来有什么打算,他说,老师您说了算。真叫人无语!我曾给一个女孩子选了医学护理专业,一年下来,她埋怨死了:早知这么苦,真不该学这个专业。我越来越多地发现,现在不少孩子缺少对自己未来人生的规划。高中阶段还有一个目标,那就是上大学,上好一点的大学,选热门一点的专业;可上了大学以后呢,就不知道该怎么办了。这几年,就业压力不断增大,大学生就业问题成为社会关注的重要话题。有一位同事家的女儿,读完本科读研究生,读完研究生既不找对象,也不找工作,干脆,躲进小楼,变身啃老族得了。

早些年,我们的老师用张载的话激励我们:为天地立心,为生民立

陪着孩子,慢慢变优秀

命，为往圣继绝学，为万世开太平。现如今，为中华之崛起而读书，已经成了一个久远的传说，说起来都会难为情。但我还是固执地认为，一个年轻人，可以不必心怀天下，可以不必为国为民，但一定不能缺失理想。

这几年，因为有多次做评委的经历，对师范专业毕业生的就业压力，我是有切身体会的。我反复地告诫我的学生，尽量不要向这个"死胡同"里钻，但就有孩子偏不听。有一个孩子说：老师，从你的身上我看到做教师其实挺好，我就要做老师。于是乎，在填报志愿的时候，他填报的是安徽师范大学，安庆师范大学，淮北煤炭师范学院，清一色师范院校。上周，一个以前的学生到母校来实习，学物理的，我问她毕业后的打算，她说，先考研究生，做老师，做一个高中老师。我说，一个女孩子做高中教师很苦啊。她笑着说，老师，我看你不是每一天都是微笑着走进教室的吗？我有种莫名的感动，我为这样的孩子骄傲。我深知：就业压力再大，也不会缺少她的一双筷子；我坚信，她一定会成为一个好老师的。

年轻的时候，稀里糊涂的，没有理想，没有明确目标，没有方向，以至于今天老大无成，一无所获。我们的过往是孩子们最好的教材，如果能让孩子们少走弯路，那也就不辜负我写作此文的一片苦心了。

你们的人生刚刚开始
——写给那些高考失利的孩子们

再过几天就要高考了。和你们一样，我的心里也十分的忐忑，唯恐你们会在高考中失利，从而错过一次很好的求学机会。所以，我要祝福你们，希望你们都能梦想成真，希望你们一举成名；但我也知道，无论我有多么美好的愿望，多么殷切的期待，这中间肯定还是有不尽如人意，进不了理想学校的，甚至掉队的同学。

在成绩即将公布的前夕，我想要对你们说：高考的成功不等于人生的成功，高考的失利不等于人生的失败，因为你们的人生还没有真正的开始。

高考是人生路上的一道坎，对你们中间的大部分人来说，可能是第一次需要直接面对的人生考验；但你们一定要知道，漫长的人生道路上，比高考还要重要，还要悲壮，还要致命的考验还有很多。如果这一次，成功了，我当然要祝福你们；失利了，我要奉劝你们，千万不要一蹶不振，彻底崩溃。如果你要认为这是你的一次灾难，那我就要告诉你，灾难有时候是一次生命的恩赐，它原本没有我们想象得那么糟。

我有过两次高考经历，第一次是因为不学无术，荒废了学业；第二次是"大意失荆州"，填错了答题卡，所以我只能考进一所专科学校。我一直对自己的高考成绩耿耿于怀，于是工作之后又参加了成人高考，回到安徽教育学院读了本科。到了学校，我才发现，有那么多和我一样时运不佳的人；我也很感动，因为这样的人并没有屈服于命运，而是知耻后勇，迎难而上。我读本科时的同学，如今在他们各自的领域中，大多成就卓著。安徽教育学院的毕业生在省内绝对不可小觑，做教师的，成绩也非常突出。

时常有人对我说，谁是硕士、博士，谁毕业于重点院校，这样的出身自然好，但我更关注的是这些人在毕业之后，能做什么，做了什么。在这个意义上说，英雄不论出身！专科又怎样，专科毕业的曹勇军不是照样扛起了语文教学改革的大旗，高中毕业的唐江澎还引领了中国当代的基础教育呢！

2005届，我的一位学生，高考发挥不佳，填报志愿时只能服从分配，被安徽师范大学人力资源管理专业录取。他一度很彷徨，不知是应该选择复读还是入学。我告诉他，别在中学耗费时间，先上大学，然后再做选择，只要理想不灭，不懈奋斗，就不会被困死。大学四年，他孜孜不倦，没有虚度时光，大四临近毕业考取了北京师范大学的硕士研究生，再后来进了一家央企，留在了北京。2008届的学生中，我看好的一个孩子，成绩在校内一直位列榜首，但高考理综考得一塌糊涂，以至于最终距离一本的分数线还差两分。第二年复读，她走进了中国科技大学天文系，如今游学美国。

高考失利是一次挫折，但绝不至于将我们击垮，我甚至想，在我们一帆风顺的读书生涯中，这是给我们的一个善意的提醒呢：它告诉我们，人生之路原来不平坦；它警醒我们，其实我们的知识有缺陷，我们的智慧不卓越，我们没有那么强大，我们的一生需要勤勉踏实，奋斗不止。

　　在经济学上有个叫"资源诅咒"的概念，意思是一个国家如果过分依赖它的丰富资源，反而会限制这个国家的发展。在我们成长的经历中，这样的情况同样存在。有人专门对历年高考状元的职业发展做过调查，非常遗憾的发现，这些天资非凡、学业有成的人，大多并没在他们所从事的领域里，像人们所期待的那样，成为领军人物。

　　在高考中发挥不好，我们就没有了傲人的成绩，进不了理想的学校，没有了可依赖的资本，我们就会有一种危机意识，我们就会穷追猛赶。这说不定就成了我们鞭策自己，最终成才成功的最大动力呢。如果真的是这样，那我们还有什么遗憾呢？

考试不是我们学习的唯一目的

　　要求学生全文背诵《滕王阁序》，大家都面有难色，甚至口有怨言，W心直口快，说："《教学大纲》只要求背诵2、3两段，高考也只要求默写这两段，其他的段落背下来有什么用？"是啊，高考不考，背下来又有什么用？

　　这已经不是第一次出现这种状况了！

　　这几年，常常有学生问我："老师，这部分不考，你讲它们干什么？"曾几何时，高考成了教师教、学生学的唯一目标，我们也就在这样的过程中被高考绑架，毫无察觉。

　　一开始，音体美等课程不在高考范围之内，渐渐地，这些学科也就被边缘化了。接着是文理科分科，文科学生不考理化生，理科学生不考政史地，于是到高二，这些高考不考的学科也就从学生的视野中淡退。更有甚者，有不少学校在高一报名时就开始让学生分科，这还成了学校的特色经验之一了。即使是高考的考试科目，其相关的学科知识教学也大大缩水，只要不在考纲之内的统统被剔除出课堂教学之外，比如说，这几年部分省市对标点符号知识的考查弱化，有些学校的课堂中基本不涉及这个领域，也不管学生作文是否一逗到底，是否会出现文义不明的情况。问题的严重性在于，我们每个人都深陷其中，不能自拔。

一切以高考为旨归，教育过于功利化了，这与教育考核的衡量标准有直接的关系。如今，评定一个学校、一名教师是否优秀基本以学生考试成绩为主要标准，于是乎学校逼教师，教师压学生，无论教师还是学生均出现不同程度的心理问题：学生情感缺失，视野逼仄；课堂教学了无兴味，教师毫无幸福感可言。现在更令人担心的是，这种消极的情绪还会相互感染。

这还是教育吗？

想起英国的大哲学家A.N.怀特海的这段话：

理想的消失是人类努力失败的可悲证明。在古代学校里，哲学家们渴望传授的是智慧，而在现代学校，我们降低了目标，教授的是学科。从神圣的智慧——这是古人向往的目标，沦落到学校教材知识——这是现代人追求的目标，标志了多少世纪以来教育上的一种失败。

——A.N.怀特海《教育的目的》

我们的情况比这还要糟糕得多，一些学生连起码的学科知识也没有掌握，但他照样可以上大学，拿文凭，并自称为人才。这学期，我想引导学生做课外阅读。首先是选择读一本书，是不是名著并不重要，关键是喜欢，能读进去。连续四节阅读课，有一个孩子手拿的就是一本语文课本，我很不解，于是有了下面的一段对话：

"你喜欢阅读课外书吗？"

"没有感觉。"

"买过课外书吗？"

"没有。"

"除课本之外，以前读过完整的一本书吗？"

"没有。"

"那你为什么不找本书读一读呢？"

"我觉得没用。"

"每次考试，语文大约能考多少分？"

"一般能及格。"

"对自己以前写过的某一篇作文有印象吗？"

"没有，我作文都是瞎编的。考试时，老师阅卷基本也不看，一般都是40分上下（满分60分）。也不想在语文上花时间和精力了。"

"你对自己的高考有信心吗？"

"有，考上应该没问题，因为我在理科排名200名上下。我们学校每年理科大约能考取二本以上400名左右。"

天啦，这孩子的学习观念真是根深蒂固，坚不可摧，我实在不知应该怎样说服他。我找到这孩子的作文本，看了看他写的几篇文章，那可真叫"悲摧"——除掉空洞教条的大话空话之外，哪有半点趣味可言。我一直以为，一个孩子的作文，没有意义没关系，只要有点意思，有点趣味也是好文章啊。你想想，一个除掉课本、不关心现实、没有阅读的孩子，能写出怎样的文章呢？和这样的孩子在一起，难有情趣可言。

实际上，一切以"有用"为目的的学习，其趣味性也大打折扣，学习研究的动力也难以持久，自然以后也不会有着怎样的成就。上海市教育科学研究院傅禄建先生对一些奥数竞赛得奖者进行访谈，一些奥数竞赛得奖者表示，如果高考不考数学，他们不会去学数学；高考结束后，他们也不想学习数学专业。中国在国际奥林匹克学科竞赛中屡创佳绩，却鲜见这些获奖学生成为这些学科研究中的优秀人才。我们焚膏继晷耗尽青春苦苦追寻的"有用"之学，到头来，一无可用。相反，那些看似无用其实有着大用的学问才是真的值得我们去好好探究。

我的一位前辈是读过私塾的童生，读书的时间不长，但他背过许多的唐宋诗文。每次见到我，诗词歌赋，张口即来；偶有短札，满纸烟云，弄得我这个中文系的学生无比尴尬。上个世纪八十年代，马鞍山市组建了一所大专院校，还邀请他去做客座教授呢。感动我的还在于，这些"无用"的诗文使他原本平淡艰辛的生活充满着无尽的温暖与诗意。

说到这，我还是奉劝我们的老师和学生：高考不可回避，但我们的视野不妨开阔些；更何况，那些有限的"高考知识"不足以花费我们三年的时间和精力，不妨学点"无用"的东西。要知道，考试不是我们学习的唯一目的。

短视的教育把"大用"视为"无用"

下午去教室，正在上生物课，讲台上，老师很认真地在讲课，写板书，一丝不苟；下面的学生呢，睡觉的，做作业（显然不是生物课作业）的，看课外书的，不一而足，就是鲜见认真听课的。见此情景，我心里实在不是滋味。

眼下，文理已经分科，虽然这个班级是文科班，但学业水平考试还没有举行，所以学校还照常开设生物、物理、化学等理科课程。只是，这样的课堂，无论对学生还是对教师，都是一种折磨，哪里还敢奢谈能有怎样的教学效果。

中学时，我学的是文科，但在我的印象里，生物课是一门有趣味的学科，很多孩子应该喜欢这门学科才对。我女儿在幼儿园时，就喜欢花花草草、小猫小狗，家里养过各种小动物，鱼、虾、泥鳅、仓鼠、白兔，不一而足，甚至养过几只鸡，搞得五楼臭气熏天，但这些并不妨碍孩子的热情。有段时间她对生物知识十分感兴趣，我们还给她找了专门的生物老师，在学校借了一台显微镜，摆弄得不亦乐乎。也就是在这个过程中，她还真学了不少生物知识，至少对一些动物的识认上，绝不亚于我这个乡巴佬的老爸。

兴趣是最好的老师，是我们探究未知和隐秘最强大的动力，兴趣是可以慢慢培养出来的，可在学校，现实的情景是，只要考试不考的内容——老师不愿意教，学生也不愿意学。因为大家都觉得：学了没用！可有时候，只要我们眼光放得长远一些，就会发现：因为忽视了对这些"没用"知识的学习，我们未来多少个人生选择就可能被毁掉了啊！

我们家有一个亲戚，在大学做教授，教授的专业是专利法。每年在培养这个专业硕士研究生的时候，她真是伤透了脑筋：专利法属于法学，这个专业招收的学生基本都是文科出身，可涉及具体专利的时候，还真不能缺乏工科知识，纯靠死记硬背法律条款解决不了问题。她自己本科、硕士研究生时读的都是工科，工作之后才主攻专利法，并在国外公司有过多年的实践经验。可眼前教那些对理工科一窍不通的学生学专利知识，真比登天还难。

庄子说："无用之用，方为大用"，如此说来，真是至言！

身在学校，看到学生学习的知识越来越逼仄：先是非考试学科的淡出，接着是考试科目知识范围的缩小。所有的学习内容唯考纲是依，只要不在考纲范围之内，教师不教；就是教了，学生也会疑惑：不考的内容，学习是不是浪费时间？于是乎，有些学科和知识，学得反胃，教得伤心，学生教师都一样——苦逼了！这种教育的短视和功利，蔓延开来，铺天盖地，也不知何时是尽头。

在直面高考的同时，我们是不是可以稍稍超脱一些，教育的视野和胸襟是不是可以宽阔一些，教与学的热情度是不是可以提高一些。如果能做到的话，也许我们都会有意想不到的收获呢！我想起李叔同，这个在浙江第一师范学校教授音乐和美术的老师，不也是以一个"副科"教师的身份去影响和造就了一大批学有专长的文化人吗？

且不说古人琴棋书画、吹拉弹唱，样样精通，我们也一直提倡德智体全面发展。有人感叹，当代教育已经很难培养出广闻博见的通才，我们不追求那么高的目标，如果能够帮助学生们成长为心智健全、具有常识的人便算得上成功了。

艺术课"靠边站"的学校还好玩吗？

女儿回家，一脸的不高兴，说："下午的美术课改上语文课了，凭什么霸占我们的美术课？"女儿喜欢绘画，上美术课时她最开心的了。下午刚好到他们学校办事，遇见他们的语文老师，顺便提到这件事，老师说："怕期中考试前课文上不完。"

其实，作为老师，对这样的事情已经司空见惯了。我一直以为，音体美这些艺术类教育的缺失是导致现代人心灵无依、精神空虚的重要原因之一。早些年，我读书的时候，住在学校，每每夕阳西下，暮色四起的时候，校园里便会檀板轻拍，管弦呕哑。那时候，觉得校园是最惬意的所在了。可是今天，看看我们那些成年人，包括一些有文化的教师在内，不少人在工作之余，就是麻将、斗牛、酗酒、洗脚、按摩，哪里还有这份情致爱好？

学生时代是培养一个人健康情趣爱好的最佳时期，一旦过了这个时期，就很难挽救了。我一直说，做艺术老师是人生的一大福分，千万不要因为周围人短视的眼光而妄自菲薄。在所有的学科配置中，音乐和美术才是真正开启一个人美好情愫的学科，最接近人心灵的学科，我们完全能把这些学科上成学生最喜欢最有收获的课程。

我想起李叔同先生在浙江第一师范学校时的经历。1913年，经亨颐留他在浙江两级师范学堂任教，李叔同要求每个学生配一台风琴，以及专门的画室，获得经校长同意。开学时，学校有开天窗、有画架的图画教室和独立专用的音乐教室，置备大小五六十架风琴和两架钢琴。李叔同上课决不浪费一分钟，必用的板书，一定在课前写好，两块黑板写得满满的。点名簿、讲义、教课笔记簿、粉笔，全部准备就绪。然后自己解开琴衣，打开琴盖，摆好谱表，琴上放一只时表，坐在讲台上等学生。这样的认真和严谨，怎会有人迟到？怎会没有收获？据他的学生丰子恺回忆：

"我们上音乐课时，觉得比上其他一切课更严肃。同时对于音乐教师李叔同先生，比对其他教师更敬仰。那时的学校，首重的是所谓'英、国、算'，即英文、国文和算学。在别的学校里，这三门功课的教师最有权威；而在我们这师范学校里，音乐教师最有权威，因为也是李叔同先生的缘故。"

如果我们的教师也有这种风范，谁还能轻视你以及你的学科呢？当然，从学校层面来说，应该从培养学生全面发展的高度出发，遵循教育原理，拥抱教育理想，把艺体类教学当作学校常规工作来抓，绝不能把艺体课程当作素质教育的点缀。

只为拿证书的培训扼杀了孩子的兴趣

如今，各级各类的特长班、专业班遍地开花，看看小区门口和大街小巷的各个角落，书法、钢琴、街舞、跆拳道等各种兴趣培训班的小广告五彩缤纷，触目皆是；少年宫、文化馆、体育馆这些公共场所也被相关人等租赁，开设花样众多、层次殊异的培训班。小县城还好些，都市的孩子们整个周末和寒暑假都穿梭于各种培训机构中。但是很多孩子进培训班不是因为兴趣，而是因为父母需要，或是无暇顾及孩子教育时的省心之举。

我家楼下就有一个美术培训班，一进入楼道，就能看见培训机构粘贴在墙上的各种成绩布告。哪些同学以怎样的成绩考取了什么级别的学校，分门别类，一目了然。这样的培训广告很典型，也很实用，因为培训成绩是招揽学生的不二法宝，也是家长最看重的东西。

针对参加高考的艺术类考生的培训，有能帮助孩子升学的实用价值，那么，对于那些纯粹为了兴趣和爱好的孩子，如何去衡量一个培训班的业绩呢？目前常见的就是各类各级的等级考试，比如说音乐和美术，中国音

五、教育需要着眼于未来

115

乐学院和中央音乐学院都设有专门的考级机构，负责如器乐、声乐等的定级或晋级考试，这其中还分业余考级和专业考级。目前大多数培训班都是业余能力等级的培训。

以钢琴考级为例，每年的考级曲目就那么几支。老师为了让孩子们过关，差不多一年的时间就一直在指导学生练习这些曲目。为了通过考试，只有每天反复的练习考级曲目。这种单调乏味的练习，自然激发不了孩子学习的热情。没有了新鲜感和成就感，孩子从中也很难找到快乐，厌学就不可避免了。

有时候，我们过于看重和在乎成绩（直接的呈现方式就是各种证书），却忽视了学习最原始的动力——兴趣。当然，兴趣的培养不是一件容易事。家长把孩子送到培训班就是希望孩子在老师的引导下，发现这些新鲜事物的秘密，点燃他们深入探究的热情；如果一个孩子还能在动脑动手中获得成就感，他们就会走向深入，找到坚持下去的动力。这样的培训班就没有白上。可实际上呢，不少培训机构的老师由于受自身主客观能力条件的限制，他们不想也不能激发孩子们的好奇心和创造力，反而是把一些简单的问题烦琐化、机械化，孩子们仅有的一点兴趣和热情在几年的培训中消磨殆尽。中国作为世界范围内学科奥赛获奖最多的国家之一，这些年却较少培养出这些学科世界顶尖的人才，不能说与此无关。

一代宗师陈寅恪，在国外留学20年，潜心读书和研究，但对博士、硕士学位之类，却淡然处之，毫无追求，因此连大学文凭也没拿过。但没有人怀疑他学问的精深与博大。他靠的就是对新知识的不断探求和对研究的钻研精神，是兴趣让他心骛八极，求学不辍。

面对眼前各种培训的乱象，一位友人说："扼杀兴趣最好的方法就是送孩子进培训班。"此话说得虽然有些偏激，但不能不让我们警醒和深思。

培养对学校充满感恩的学生

澳门坊众学校建校40周年时，举办了一次大型文艺晚会，参演者都是校友和在校的学生。与内地的很多学校相比，澳门坊众学校只能算是一所微型学校；在澳门特区，学校的规模也只能排在中等，但这场演出的节目之多、品类之盛以及专业水准之高，都足以让我们惊叹。

这一年在澳门多所学校交流参访时发现，几乎每一所学校都特别重视学生文体艺术方面的教育熏染。在门厅或学校里最显眼的位置，都建有特制的橱窗，里面摆满了造型各异、大小不同的奖杯与奖牌。能够看出，参与活动的人数很多，活动举办非常频繁，获奖的种类极为丰富，包括歌咏、舞蹈、吟诵、征文、书画、摄影、竞技等。这些荣誉的取得，与教师们的精心培育和历届学子的努力是分不开的，学生的种种能力和情趣也就在这个过程中一步一步逐渐养成。

内地很多学校也喜欢在学校门厅里悬挂各种荣誉，诸如"文明单位""绿色学校""先进集体""示范学校"等。这些荣誉固然重要，但荣誉本身是集体的、笼统的、抽象的，绝不像那些奖牌、奖杯指向小众，甚至个人。这样的学生在校时，他们有足够的理由自豪，因为他们为学校争取了荣誉；他们走出学校，对学校充满感恩心，因为在争取荣誉的过程中也提升了自己的种种能力。在交流中，一位副校长非常自豪地告诉我：澳门的学生文化成绩可能不比内地，但学生多方面的综合素养、师生之间的深挚感情恐怕是很多内地学校无法企及的。

当下的内地学校，学校的社团活动、节假庆典、文体娱乐都删繁就简。有学生笑称，中学三年参与的学校活动就是每周一早晨在国旗下的训话。在这样的情景下，怎敢期望学子们对自己曾经生活多年的母校心怀感恩，想来回报？又有多少人能把自己的得失荣辱与母校的教诲扯上关系？

和欧美的学校一样，私立学校是澳门学校的主体，在私立学校的资金来源中，校友捐助占了很大的比例。要想校友回学校参加活动、捐赠资金，除掉加深学校与校友的感情之外，一个非常重要的前提就是校友对学校怀有感情，心存感激。如果学校培养的学生越优秀，学校对学生成功的影响越大，他们与母校的感情就会越深，校友的捐赠也就越多。内地的学校固然是国家出资，政府办学，但让学生在学校充分享受优质的教育资源，培养他们多方面的综合素养，让他们走出学校心怀感恩也应该是教育的应有之义。

六、用课堂传递生命的气息

Yong ketang chuandi shengming de qixi

教育的最终目的不是传授已有的东西，

而是要把人的创造力量诱导出来，

将生命感、价值感唤醒。

——斯普朗格

《边城》带给我们的温暖与感动

又到了和学生学习《边城》的季节。记忆中，已经无法细数，我究竟向我的学生说过多少次《边城》，随着一轮一轮的学生毕业，次数肯定是相当的可观。只是细想起来，没有一次让我刻骨铭心，那是不是说，我向学生宣讲的只是一些抽象的概念？

作者自己说，写作《边城》，想是要表现一种"优美，健康而又不悖乎人性的人生形式"，"为人类'爱'字作一度恰如其分的说明。"可"人性""爱"究竟是什么，又有多少人说得清？之前我没有这样的真切感受，否则就不会如此的困惑与局促。

再一次带学生学习《边城》，我还是小心翼翼的，唯恐亵渎了先生的思想和灵魂。我向我的同行取经，他说："《边城》有什么说的，一节课就给PASS过去了"。我想，他肯定和我一样，没有找到解读文本的入口，只能这样应付。

只是，我不甘心！

这么美的一部作品，无数次带给我温暖与感动的文字，我却如此的浪费与糟蹋，怎不令人愧疚和自责？！我在找寻，我在思考，我希望有一条通往《边城》的"官路"。

晚上回家，打开电脑，浏览网页，一则新闻蹦出来：

> 9月5日上午10时许，连霍高速公路兰州天一山庄附近发生一起交通事故，一辆拉运葡萄的大货车在急转弯处侧翻。事发后，闻讯赶来的当地村民开着汽车、骑着摩托车和自行车前来哄抢葡萄。货车司机欲哭无泪，保守估计此次事故损失30万元。

我想起了边城里的民风人情，第二天上课，我问学生：小说中人与人之间的关系如何？又是怎样具体表现的？你是如何看待的？

孩子们的发言热情踊跃，场面动人：

"'边城'中人与人之间关系自然、和谐、融洽，没有等级，人人平等。"

"老船夫简直就'人性善'的化身，他进城看龙舟比赛，一心记挂的是帮自己看船的朋友，觉得他'也应当来看看年青人的热闹'；人家醉酒后，又为了责任，不便离开，冷落了自己的孙女；整日坚守渡船，甚至在节日里还加班呢——'祖父静静地拉船过对岸家边时，要翠翠先上岸去，自己却守在船边，因为过节，明白一定有乡下人来城里看龙船，还得乘黑赶回家'；他摆渡撑船50年，他把固守渡船当作自己的天职，风雨无阻；他忠厚朴实，只靠公家的三斗米、七百钱过日子，从不收额外的渡钱，有时感情难却，还将收入的钱买草烟馈赠客人，买茶泡水给过路人解渴。"

"船总顺顺，虽然武家出身，家有巨富，但为人侠骨柔肠，济世救人，慷慨大度。文写他听到老船夫夸奖鸭子，就要大老把鸭子送给翠翠；小说中还写他对儿女婚事的态度，绝不嫌贫爱富，而是尊重他们；老船夫病逝，他帮忙料理后事，并要接翠翠到他家住着。"

"边城中的每一个人都充满着温情与善良。有送翠翠回家的喽啰，非给老船夫钱的买皮纸的人，我感觉就像《镜花缘》中的君子国。"

…………

是啊，这里简直就是一个世外桃源，充满着原始牧歌的理想图景！可是我们的现实社会呢？我把上面的新闻和现场的图片投影到大屏幕上，整整三分钟，我没有说一句话，我知道，此时此刻，任何的批判、谴责都是多余的，因为，从孩子们的眼睛里，我看到了他们的失望、愤怒和悲伤。

那么，上个世纪三十年代又是怎样的呢？

外敌入侵、军阀混战、民不聊生的时代，首当其冲的就是农民，他们"性格灵魂被大力所压，失去了原来的朴质，勤俭，和平，正直的型范以后，成了一个什么样子的新东西。他们受横征暴敛以及鸦片烟的毒害，变成了如何穷困与懒惰！"（《〈边城〉题记》）此时此刻，要想拯救和振兴我们的民族和国家，就要重新树立国民精神，把中华民族日益淡薄的高尚品德和民族精神重新建立起来，这就要树立高尚的人生标准，也成了一代精神领袖必须肩负起来的历史使命。

沈从文出生、成长在湘西，他成长的那个时代，那里虽然偏僻、闭塞、落后，但乡情依旧，古风犹存。他试图以这种原始淳朴、未被战争破坏的湘西社会为蓝本，重新构建一个理想的社会和精神乌托邦，以"边城"人的心理品格与优美健康的人性来重塑中华民族的精魂，用意可谓深远。

这就是文学。

我一直顽固地认为，文学需要给人温暖与感动，能够激起人的怜悯和宽容之情，能劝人向善并给人以希望和方向。《边城》的不朽和卓越也正在于此。还不止于此，王保生先生在他的《沈从文评传》后记中说："与现代文学史上那些优秀作家一样，沈从文也是一部写不完的书。这是一座大山，这是一个大海，里面贮藏着太多的人生经验和艺术宝藏。"诚哉斯言！

"游子思妇"不是历史的概念

行行重行行，与君生别离。

相去万余里，各在天一涯。

道路阻且长，会面安可知。

胡马依北风，越鸟巢南枝。

相去日已远，衣带日已缓。

浮云蔽白日，游子不顾返。

思君令人老，岁月忽已晚。

弃捐勿复道，努力加餐饭。

——《古诗十九首·行行重行行》

这是江南十校（指安徽省江南十所省示范高中自行组织的民间协作组织）高三期末联考选用的一首古诗，要求分析诗中主人公的感情和写作的手法。应该说，不为难学生，但从学生答题的实际情况看，并不令人满意。"男子而作闺音"——代女子立言的写法更是本诗的一大特色，单纯以"男女相思"来概括诗意反而显得套版而空泛。

《行行重行行》选自《古诗十九首》，最初见于梁·萧统的《文选》，作者不详，产生的年代大约在东汉末年桓、灵之际。《古诗十九首》虽各自成篇，但合在一起，又是一个息息相通的整体。它的主题无非就是游子思妇的深情悲叹，但写出了那个时代的哀愁和苦闷，早已成为古典诗歌的经典。南朝的钟嵘说它是：文温以丽，意悲而远，惊心动魄，可谓几乎一字千金。

可眼前的学生解读起来显得很"隔"，无法真正地走近，其原因，除掉语言理解的阻隔之外，还在于我们总觉得早已远离了那个动荡的时代，在主观上不自觉地疏远和漠视诗中现实生活的悲苦与艰难。

《行行复行行》以一位思妇的口吻写出了对远行丈夫的深切思念：从开始的别离到时空的阻隔，从深情的相思到绝望的哀伤，从当初的不舍到后来的怨艾，思妇的思念、埋怨、猜疑、自慰就在这样的叙述中展现得淋漓尽致。思念就像一条长蛇，静静吞噬着一个女人并不充盈的青春岁月。

"同心而离居，忧伤以终老"，这其中，既有思妇在家的刻骨相思，也同样有游子在外的深沉喟叹。

然而，这就是生活，一切无可改变，一切仍在继续。

"你耕田来我织布，我挑水来你浇田"，古戏文唱出了人们对生活的美好期盼，但在真实的情境中，实现起来是那么的遥远。

改革开放后，大量的农民涌进城市，成了中国特色的社会现象。"相

陪着孩子，慢慢变优秀

去万余里，各在天一涯"，这样的故事正在当今中国的大地上上演。游子思妇不是一个历史的概念，它联系着千家万户，你我都裹挟其中。这种夫妇双方或一方外出务工所带来的问题之多之重，远远超出了我们的想象。

最近几年，我对我所带班级学生的家庭情况都做过专门的了解，除掉在机关单位供职的家长外，大部分学生的家庭都会有一方或双方外出务工。我对2015届学生做过调查，全班56个学生中，有13个孩子的父母都在外，有的孩子从出生开始，一年中也只能在春节才能见到父母。

随着陪读现象的日益普遍，很多家庭更多地选择一方外出，夫妇两地分居极为普遍，离异、单亲家庭日趋增多，记得有一届我们班就有11个来自离异或单亲家庭的孩子。那些陪读的家长除掉需要忍受漫长的困苦与寂寞之外，如果碰上孩子顽劣而又不思进取的话，家长简直是苦不堪言。

每次读《古诗十九首》，都是感慨良多，我都会把我想到的这些告诉学生。这不仅仅是增进他们对诗文背后情感的体味，更希望他们能理解父母的悲苦与艰难。

用开放的心态来上课

1

《小辞店》是黄梅戏传统剧目之一，全本《菜刀记》中的一折。说的是生意人蔡鸣凤外出做生意，寄居在柳凤英开的旅店里。柳凤英的丈夫是个赌棍，整日在赌场厮混，夫妇感情不好。柳凤英不满于丈夫的作为，与忠厚老实的蔡鸣凤暗生情愫。但蔡鸣凤亦有家室，终究还是要回去，离别之际，柳凤英肝肠寸断：

来来来，来来来，上前逮住了客人的手，叙叙你我当初。

曾记得客人哥店前一走，肩背包裹，手拿雨伞，口叫投宿，我将客人迎进店口，我亲手倒杯香茶，我问哥哥的情由。

我问客人家住何所？你说道家住湖北省，贵府在黄州。

我问客人高堂父母可有？你说道你的二爹娘早把我的哥丢。

我问客人昆仑有几首，你说道无有弟兄独占鳌头。

我问客人妻房可有，扯谎的鬼耶！

你说道无有妻子，在江湖上漂流。

彼时间问我的哥，何事为路？你说道贩翠花在苏杭二州。

我问客人久住是就走？你说道只要生意好，久住我的店头。

在店房我看你为忠厚，瞒公婆和父母私配鸳俦，

实指望我们配夫妻天长地久，哥喂！未想到狠心人要将我抛丢喔哇！

你好比那顺风的船扯篷就走，我好比那波浪中无舵之舟；

你好比春三月发青的杨柳，我好比那路旁的草，我哪有日子出头。

你好比那屋檐的水不得长久，天未晴路未干水就断流。

哥去后我好比风筝失手，哥去后妹妹好比雁落在孤洲，哥去后我好比贵妃醉酒，哥去后妹妹好比望月犀牛。

哥要学韩湘子常把妻渡，切莫学那陈世美不认香莲女流。

哥要学松柏木四季长久，切莫学荒地草，有春无秋。

哥要做红灯笼照前照后，切莫学蜡烛蕊点不到头。

为我的哥哥娘家路三年少走，我为哥与亲戚朋友们作下了对头。

我为哥与公婆常常角口，我为哥亲爹娘打骂不休。

千诉万诉我诉不清楚，我好比搭上了强盗的船，失错在当初。

（摘选自徐高生主编：《黄梅戏经典唱段100首》，合肥：安徽文艺出版社，2014：73—78.）

柳凤英用了大段唱词，曲折哀婉的表现了人物撕心裂肺的悲愤，确实有

震撼人心的力量。别后，蔡鸣凤被其妻朱莲与其妻情夫陈大雷所害，两人反而栽赃柳凤英，柳凤英在被流放的路途中，路经鸣凤之墓，殉情而亡。

《小辞店》是我最喜欢的黄梅戏剧目之一了，没有被推广开来，这是很可惜的事。据说，原因就在于其主题不够健康，因为有人说，这是一段有妇之夫和有夫之妇的"不伦"之恋。

一夫一妻是现代文明进步的具体体现，体现了对婚姻主体的尊重，这是不容否定的，任何人也不能逆历史潮流而动。就是在民国时期，多妻制还没有完全被废除的情况下，公开宣扬多妻的学者辜鸿铭，也给后人留下不少的话柄。但我们不能以此来衡量文学艺术作品的价值和意义。

分析任何一部作品，一定要联系作品所产生的历史情境，要看作品在那个时代宣扬和歌颂的内容是否具有积极意义，对今天是否具有借鉴的价值。《小辞店》歌颂的是一种"真爱"，在偏僻落后婚姻不自由的村镇，蔡鸣凤和柳凤英是一种万般无奈的"苟合"；但他们之间的爱情，真挚纯真，尤其是柳凤英，为了爱情以身相殉。

听她临别的唱腔，动人心魄，偏偏要说不符合《婚姻法》的要求，甚至以此埋没这本戏，很可惜，也很荒唐的。

2

今天和学生们一道学习蒲松龄的《聊斋志异·香玉》，分析作品时，我们得出了"文章表现了黄生与香玉之间生死不渝的爱情"的结论。有个学生提出疑问，他说："黄生家中自有妻，他却琵琶别抱，爱上香玉，这怎么可以？"

我想，这就需要把这个爱情故事放进那个特定的时代，同时也要看到这部作品主要表达了什么中心思想。

小说中，我们看到黄生并不是一个从一而终，一往情深的人，比如对绛雪，他也有着非分之想——"欲与狎"，说明他不是一个完美的人，但正是因为这样，他才是一个饱满、立体的人。更重要的是，他对香玉真情一片，从一开始的邂逅香玉，"爱慕弥切"，感动了香玉，两人往来情感日深，有"一日之去，如三里之别"的感觉。香玉被人掘走，黄生作哭花诗50首，"日日临穴涕洟"，"冷雨幽窗，苦怀香玉，辗转床头，泪凝枕

六、用课堂传递生命的气息

席"，一往情深，一片至诚。十年之后，黄生履行了自己的诺言，化为无花牡丹，陪伴香玉左右。他甚至欣然面对死亡，把死亡说成自己的"生期"。留仙正是想借此批判那种"完美的爱情在世俗中不被珍惜的悲凉与无奈"的现实，歌颂这种"生死以之"的爱情。

当然，蒲松龄，无法解决这个停妻再娶的矛盾；在那样一个时代，这也许是一个不是问题的问题。

读书让我们明理

今天和学生一道学习《报刘一丈书》，其文曰：

且今之所谓孚者，何哉？日夕策马，候权者之门。门者故不入，则甘言媚词，作妇人状，袖金以私之。即门者持刺入，而主人又不即出见；立厩中仆马之间，恶气袭衣袖，即饥寒毒热不可忍，不去也。抵暮，则前所受赠金者，出报客曰："相公倦，谢客矣！客请明日来！"即明日，又不敢不来。夜披衣坐，闻鸡鸣，即起盥栉，走马抵门；门者怒曰："为谁？"则曰："昨日之客来。"则又怒曰："何客之勤也？岂有相公此时出见客乎？"客心耻之，强忍而与言曰："亡奈何矣，姑容我入！"门者又得所赠金，则起而入之；又立向所立厩中。幸主者出，南面召见，则惊走匍匐阶下。主者曰："进！"则再拜，故迟不起；起则上所上寿金。主者故不受，则固请。主者故固不受，则又固请，然后命吏纳之。则又再拜，又故迟不起；起则五六揖始出。出揖门者曰："官人幸顾我，他日来，幸无阻我也！"门者答揖。大喜奔出，马上遇所交识，即扬鞭语曰："适自相公家来，相公厚我，厚我！"且虚言状。即所交识，亦心畏相公厚之矣。相公又稍稍语人曰："某也贤！某也贤！"闻者亦心许交赞之。

好一个"厚我"！卑微又龌龊。

想起了阿Q。想当年，赵老太爷跟他说过一次话，就让阿Q激动得四处奔走相告，说是赵老太爷和他说话了。人家问赵老太爷说啥了，阿Q说：滚。

清人吴修龄在其笔记《围炉夜话》中也记载了类似的一则轶事：说苏州有一个叫"王阿奶"的老人家去世，出殡的时候，在"铭旌"上赫然写着："皇明少师文渊阁大学士申公间壁王阿奶之灵柩。"典型的拉虎皮扯大旗，令人捧腹。

当然，此中也有超然的：一位方外的朋友来，我介绍他去大九华拜访妙虚和尚，一听到妙虚是佛教协会秘书长，他就意兴阑珊，直接去福建平行寺去了。虽不免偏执，但心净可嘉。

"天下熙熙皆为利来，天下攘攘皆为利往。"置身于红尘中，绝对的众生平等，绝对的超脱谈何容易，更何况知易行难；但我们读书明理，能有廉耻之心，我们的行事就不会出格太远。

"小楼听了一夜的春雨"

我问学生："小楼一夜听春雨，深巷明朝卖杏花"，这句千古名句，好在什么地方呢？一个孩子说：这是拟人啊，你看，小楼听了一夜的春雨呢！

一语既出，"小伙伴们都惊呆了"，高二的学生啊，竟然会有这样的读诗境界！一直叫嚣着提高学生的语文素养，可是一个读了十多年书、做过无数本习题、经历过无数次考场锻炼的孩子还停留在这样的层次上，实在不知说什么好。

"不学诗，无以言"，老夫子说得是夸张了些，但读点诗，不为考试，不为有用，真的很有必要。就我的目力所见，我所见到的情况是，那些喜欢阅读、抄写或记诵的孩子，大多语文素养都很好。

我一直提倡孩子们读点诗的，总有一些孩子信。有些孩子甚至读出了感觉，读出了味道，尝到了甜头，有了收获。2008年，学校里举办了一次作文竞赛，我的两个学生张筱和郎传东脱颖而出。他们两个人，一个是柳永迷；另一个呢，整天抱着一本《席慕蓉全集》，晨记暮诵的。把他们的文章拿出来读，自有一股书卷气扑面而来。

读诗多好啊，孩子们也喜欢啊。"床前明月光""鹅鹅鹅"小朋友们信手拈来，可怎么一到了中学，没有几个孩子会说"我喜欢诗"？

是谁破坏了孩子们读诗的兴味，褫夺了他们读诗的权利？仔细想来，就是两个字——"功利"。

"熟读唐诗三百首，不会作诗也会吟"，那就背吧，一天一首，不知不觉中，兴趣成了任务，爱好成了负担。

我们这些为人师长的，说起读诗的理由，慷慨激昂的，可自己没有背；我们让孩子们在作文里引用些词句增添些文采，可我们没有写过。更有甚者，一首诗还没有读通，读准，我们就思想一二三，技巧ABC，侃侃而谈却没有诵读与背诵。要知道，没有记诵，我们就不能将诗歌打通，我们就永远只见树木不见森林，低效和重复不可避免。这就是真正的"入宝山而空手归"，暴殄天物啊。

其实，作为老师，尤其是做家长的，和孩子一道读背记诵，涵泳其中，哪怕就是耳濡目染吧，长此以往，也是必有收获的。

吴小如先生说："唐诗是嚷出来的。"我的理解是，诗需要读，大声地读，读得朗朗上口，读得抑扬顿挫，读得清韵悠长，读得齿颊留香，我们就真正地读懂了诗，我们就不会闹"小楼听了一夜春雨"的笑话了。

没有酒，就没有李白的高歌

今天和孩子们一道学习《将进酒》，有孩子说，没有酒就没有李白，酒把诗仙的心浸泡出一首首惊天地泣鬼神的诗，以至于今天我们还能从李白的诗中闻到酒的醇香。觉得这孩子有一颗诗心，真可谓诗仙的知音！

课堂上，我问孩子们，李白为什么那么喜欢酒。有孩子说，这是李白的性情使然，天生好酒，就像我父亲，每天晚饭前搞点小酒，那点惬意与享受便写在脸上了；有孩子说，李白好酒，是因为他愁啊，虽然他说"天生我材必有用"，可是写此诗的时候他已经51岁了，是生命"成雪"的时候了，说这话，不过是种自我解嘲而已，喝酒也不过是借酒浇愁啊。孩子所说甚是，有认知，有体验，我觉得孩子们渐渐读懂李白了。

当然，如果我们更深入地了解李白，我们就会发现，李白的愁，其实是自己内心深处的艰难挣扎。此话怎讲，听我细细说来。

检视李白的一生，我们会发现：一方面，李白想"安社稷""济苍生"，建立不凡功业；另一方面，又要追求绝对的个性自由，天高任鸟飞，可这二者真是难以调和。

建功立业，意味着妥协，与传统，与制度，与权贵，与庞大的不可知的力量妥协，融入"秩序"中，可是李白呢，自称"胡客"，出生卑微，一无依傍，企图以一己力量与庞大复杂的社会机器作斗争，这是多么的艰难。李白纵然有绝世的才华，超强的毅力，皇帝的信任，那又怎样，在他的前世不就有活生生的例子吗？像贾谊，像曹植，像陈子昂，哪一个不是黯然神伤，悲情离世。且不说一个小小的李白，后世如曾国藩，他力挽狂澜扶晚清王朝垂而不死，被封为一等毅勇侯，被誉为"晚清第一名臣"，可他内心深处的隐秘又有几人能知？

同治十一年（1872年）三月十二日，六十二岁的曾国藩临终前告诫孩子：我做官三十余年，官至极品，而学业一无所成，德行一无可许，老人徒伤，十分惶恐惭愧。今将永别，特立四条以教汝兄弟：一曰慎独则心安，二曰主敬则身强，三曰求仁则人悦，四曰习劳则神钦。曾家后裔恪遵先祖遗言，远离尔虞我诈钩心斗角的政界、军界，洁身自好，大隐于世，实现了曾氏"长盛不衰，代有人才"的遗愿。如果不是自己对官场的深习洞察，曾相国何有如此至言？

"力士脱靴，国忠磨墨"，也许只是后人的敷衍，但长揖王侯，飞扬跋扈肯定是有的，"天子呼来不上船，自言我是酒中仙"，连皇帝老儿也不放在眼里了，这是何等的张狂和得意啊！某种意义上说，李白是个文学天才，也是一个十足的政治盲流中的一员。这还是在唐朝，皇上还算仁厚和宽怀，还有着"赐金放还"的礼遇，换在此后的任何一个王朝，早就身首异处了。

"安能摧眉折腰事权贵，使我不得开心颜"，是啊，你蔑视权贵，反抗传统，你想超越等级秩序，对不起，一边歇着去！

当李白真正的自绝于那个等级制度时，那种失落和愁思就如同天上来的江水，滔滔不绝，永不停息。说到底，李白就是在这种内心的冲突与决斗中穷其一生，紧张和焦虑紧紧伴随，酒就成了他生命中最好的麻醉剂了。

最是多情杜樊川

史上一贯将李商隐、杜牧并称，号称"小李杜"。李商隐在很多诗文中，一再追根溯源，说明自己与大唐开国皇帝李渊的祖先同为西凉武昭王李暠的后代。虽然是有这回事，但到李商隐的时候，那已经是十几代开外的事了。

与李商隐相比，杜牧可称得上世代冠缨不折不扣的官二代。远的且不说，杜牧的祖父与父亲，也是响当当的人物。就在杜牧出生的那一年，祖父杜佑入为同中书门下平章事，历顺宗、宪宗二朝，均以宰相兼度支使、盐铁使，一直延续到元和七年（812年）六月，才获准以守太保致仕。其父杜从郁虽不及其父的能耐，但也官至驾部员外郎，堂堂交通部部长，四品的高官呢！杜牧自幼就为自己显赫的家世自豪不已，"我家公相家，剑佩尝丁当。旧第开朱门，长安城中央。第中无一物，万卷书满堂。家集二百编，上下驰皇王。"（《冬至日寄小侄阿宜诗》）这绝不是虚夸。想想他祖父杜佑，撰写的《通典》就足以把世人怔住了——号称"唐代的百科全书"啊！

出身名门，宰辅子弟，杜牧考进士没费劲，很多人巴结他还来不及呢，据说当年朝廷中有不下二十人推举他。大和二年（828年），杜牧以第五名的成绩考取进士。司年闰三月，又参加制科考试举贤良方正能直言极谏科，又被录取。一年之中两度折桂，那可真是春风得意！

大和七年（833年），杜牧应淮南节度使牛僧孺邀请来到扬州，在其幕中任推官、监察御史里行，转掌书记，颇受器重。扬州地处运河和长江交汇处，商贾云集，经济繁华，日日笙歌，宛若仙境。"腰缠十万贯，骑鹤下扬州"，在这样一个繁华之地，有着典型的世家贵公子习气的杜牧，"牧美容姿，好歌舞，风情颇张，不能自遏"（元辛文芳《唐才子传》）风流放荡，淫糜无度，好不快活。寻花问柳，四处流芳，那是最正常不过的事啊，以至于两年之后离开扬州，还搞得粘黏糊糊，难分难舍的：

娉娉袅袅十三余，豆蔻指头二月初。春风十里扬州路，卷上窗帘总不如。

多情却以总无情，惟觉樽前笑不成。蜡烛有心还惜别，替人垂泪到天明。

（杜牧《赠别》）

缠绵悱恻，情意不尽啊！

离开扬州后，依旧不能忘怀扬州那些曾经的人，曾经的事，曾经的风花雪月。下面这首《寄扬州韩绰判官》写得真够深情的：

青山隐隐水迢迢，秋尽江南草未凋。二十四桥明月夜，玉人何处教吹箫。

可这一切很快就变栏了。残酷的朋党斗争使杜牧依赖的那些高官显宦渐被边缘化，杜牧也毫无例外遭受排挤。弟弟杜顗的眼疾也困扰着杜牧，弄得他一度失官。

仿佛是一夜之间，曾经的一切就成了前尘往事。当浮华散尽，少年轻狂的杜牧同样要面对现实。开成二年（837年），杜牧再来扬州的时候，便有了幻若隔世的慨叹：

雨过一蝉噪，飘萧松桂秋。青苔满阶砌，白鸟故迟留。
暮霭生深树，斜阳下小楼。谁知竹西路，歌吹是扬州。

（杜牧《题禅智寺》）

国难家仇，齐压心头，想起当年的夜夜寻欢，酒色欢娱，梦醒追思，一片空虚：

落魄江湖载酒行，楚腰纤细掌中轻。十年一觉扬州梦，赢得
青楼薄幸名。

（杜牧《遣怀》）

"赢得"二字下得真好，自嘲与调侃之中，却包含着无尽的辛酸与沉痛。

有显赫的家世做资本，再加上自身的风流秉性，杜牧在扬州曾过着一段纵情声色，裘马轻狂的浪荡生活，这与此后的落魄潦倒形成了鲜明的对比。这也成了杜牧后半生最痛苦的情感之一。

大唐诗人中，杜牧算是我比较喜欢的一个，因为我觉得他活得率性、真实。

"世间无此最悲音"

大凡孩子能说话的时候，父母都会让孩子背诵的古诗中，《江雪》肯定是其中之一：

千山鸟飞绝，万径人踪灭。孤舟蓑笠翁，独钓寒江雪。

读书的时候，我很纳闷：这个冰天雪地里枯坐的老翁能钓到鱼么？作者为什么偏偏"看上"了这个翁？他想表达什么呀？

我们先认识一下这个"唐宋八大家"中排名第二的"柳柳州"吧。

"三十老明经，五十少进士"，柳宗元虽没有神童的传说，但十七岁就能登进士第，二十三岁又登博学鸿词科，也多少说明他还是有不俗的才华。这样一个意气风发、活力四射的年轻人，一旦热情被点燃，怎会没有生取义的豪情。

贞元二十一年（805年），王叔文、王伾发起了声势浩大史称"永贞革新"的运动，柳宗元被任命为礼部员外郎，摇旗呐喊，不亦乐乎。遗憾的是，仅仅五个月，这场革新运动便宣告结束。以"二王"为首的集团遭到了保守派致命的排挤和打击，纷纷被逐出京城，韦执宜、凌准甚至被迫害致死。柳宗元被贬为邵州刺史，赴任途中再贬为永州刺史。就在永州那个穷山恶水，四野荒寒的地方，一待就是十年。

直至元和九年（814年），他和刘禹锡等人才被召回长安，"疑比庄周梦，情如苏武归。"（柳宗元《朗州窦常员外寄刘二十八诗，见促行骑走笔酬赠》），真是感慨万千。纵然如此，柳宗元还是欣喜万分的，"诏书许逐阳和至，驿路开花处处新。"（柳宗元《诏追赴都二月至灞亭上》）可是好景不长，希望很快就破灭了，回京不到一个月，再一次被贬到比永州更远的柳州去了，瘴疠虫虺，几无生还的可能。五年后，四十七岁的柳宗元死在柳州刺史任上。

这样的人生经历，其一生抑郁不堪的心情可想而知，他给好友李建的信说："永州于楚为最南 状与越相类。仆闷即出游，游复多恐。涉野有蝮虺大蜂，仰空视地，尺步劳倦；近水即畏射工沙虱，含怒窃发，中人形影，动成疮痏。时到幽树好石，暂得一笑，已复不乐。何者，譬如囚诸圆土，一遇和景，负墙搔摩，伸展支体，当此之时，亦以为适，然顾地窥天，不过寻丈，终不得出，岂复能久为舒畅哉！"进退维谷，十足的惊弓之鸟。苏轼读柳诗，说他能和韦应物一样"发纤秾于简古，寄至味于淡泊"（苏轼《书黄子思诗集后》），其实那只是表象，哪里明白这文字背后的大悲哀。我们看看他的诗吧：

城上高楼接大荒，海天愁思正茫茫。惊风乱飐芙蓉水，密雨斜侵薜荔墙。

岭树重遮千里目，江流曲似九回肠。共来百粤文身地，犹自音书滞一方。

（柳宗元《登柳州城楼寄漳、汀、封、连四州》）

寂寞苍凉，一腔悲愤。这样的怨情愁绪铺天盖地，朝朝暮暮，你看：

海畔尖山似剑芒，秋来处处割愁肠。若为化作身千亿，散向峰头望故乡。

（柳宗元《与浩初上人同看山寄京华亲故》）

零落残魂倍黯然，双垂别泪越江边。一身去国六千里，万死投荒十二年。

桂岭瘴来云似墨，洞庭春尽水如天。欲知此后相思梦，长在荆门郢树烟。

（柳宗元《别舍弟宗》）

愁肠百结，却又无以排解，哪里还有丝毫的"简古""淡泊"？还是周昂说得对："开卷未终还复掩，世间无此最悲音。"（《读柳诗》）回头再读读《江雪》：

千山鸟飞绝，万径人踪灭。孤舟蓑笠翁，独钓寒江雪。

我似乎明白，这个"独钓寒江雪"的"蓑笠翁"不就是柳宗元自己么，遗世独立，孤傲耿介，绝不屈从与妥协，"千山鸟飞绝，万径人踪灭"的淡泊境界背后不是掩藏着柳宗元的无边孤愤与寂寞吗？

陪着孩子，慢慢变优秀

树是学校的精魂

每到一个学校，我都喜欢看看学校的树。树是学校最真实的年轮，做不了任何假的，绝不像陈列室的影像和档案室的材料展示的那么辉煌和灿烂，在这个意义上说：树才是学校的精魂！

从20世纪90年代以来，随着高校规模的不断扩大，中学也在不断地膨胀，重建新校区成了许多中学的共同选择。我工作的学校也是这样，2005年奠基，2007年暑假搬进新校区。所有的校舍、场馆整齐划一，远看过去，颇有规模，很是气派。但走进去仔细一看，似乎缺了什么，百思不得其解。

暑假，我去河海大学，一进校门，两边合抱粗的法国梧桐一路延伸过去，隐天蔽日，风吹过去，沙沙有声。徜徉在偌大的校园里，神静气清，不由你不静下心来。做学问，就应该是这样的环境。我忽然明白，我们学校缺的就是树。

这两年，学校加快了校园的绿化建设，无奈这是一块新辟的土地，整个就像断了奶水滋养的孩童，显得那么寒酸和贫瘠。校友们走进这样簇新的所在，很难找到心灵的归宿。

以前在老校区，看学校成林的杂树，高高低低，毫无章法，却有一种错落的美。一位同事，在五楼的屋顶，用相机拍摄下校园里这一地的秋色，我给照片取了一个名字：层林渐染。

每个清晨，林中的鸟雀，成群结队，叽叽喳喳，一下子就把沉寂的校园叫得生动起来。我就在想，一所学校没有了这些小生命，哪里还有什么生机与活力？一所学校如果没有树，那简直就是荒芜！

有一次上作文课，学生们讨论，说：生活如此平凡，岁月如此单调，我们的思想怎样才能深刻起来呢？我说，那就去看看树吧！树能给我们的生命带来启迪。这些树，你没来的时候，他就站在这里了；你走了以后，他还会站在这里。他们在这里已经站了多久，又将站到何时呢？你想过没有，从柔弱纤细的树苗到如今的几人合抱，其间又站过多少人呢？站在树下，你心怀忐忑，焦躁不安；树呢，昂首挺立，寂然无声。一个漂泊已久，身心俱疲的游子回到母校，站在校门口欢迎他的，首先是那些树，那些沉默而真诚的树，他们让你想起你的青春和师友，回味起人生最温情的一段时光。树是有情感的！

智者总是与树为伍，他们能从树的身上感受到生命的短暂和岁月的永恒。"诗家清景在新春"，是的，绿柳才黄，就被那敏感的眼睛触摸，"惜春长怕花开早，何况落红无数"啊！读书的时候，每次值日扫落叶，看层层叠叠的秋黄，一地的无奈和忧伤，不禁也学着古人吟唱——梧桐一叶天下秋啊，也能从中感受到时不我待的悲怆。

可是今天我们走在新校区里，一律四季常青的植物，孩子们从中已经无法感受到时光的流逝和季节的变换，他们就这样大把大把地挥霍着并不充裕的青春，毫无察觉。

人生不如意事常八九，每当我们山穷水尽，无处可遁的时候，我们才发现，不能人言的树才是我们最最真诚的朋友。

"下雨的作用是什么？"

2013年的高考期间，全国大部分地区阴雨连绵，气温极低，QQ群里，有好事者便拿这天气幽默一把：

问：高考期间下大雨的作用是什么？
答：1.交代故事的背景。2.渲染凄清的氛围。3.暗示凄苦的社会环境。4.暗示人物的悲剧命运。5.为下文端午节投江成功埋下伏笔。

令人哭笑不得！在佩服作者才情的同时，也让我沉思现在所从事的工作。这些年的毕业班生活里，我们传授给学生的不就是这些"有用"东西吗，每天带着孩子们重复着所谓的备考训练，机械而反复，毫无趣味可言。

但我们却无法回避，因为高考模式渐趋稳定，其考查的内容和方式，难有突破。我们的学生也知道这其中的"奥秘"，有孩子对我说："老师，你就给我们一个答题的模板，就像数学公式一样，我们记住了，考试时，我们就依葫芦画瓢，随便让点，相信分数也不会太低。"

天啦，什么时候，我们把语文学习中那鲜活的阅读和独特的表达从我们的课堂里剔除干净的呢？

这几年，在授课之余，我也为几家教辅图书公司和出版社命制各种试题。每次试卷做出来，我都会反复地审读。我在想，在符合高考试题模式的基础之上，我们的孩子在做题的时候是否有除掉应试技巧之外的收获，比如文本带给他们以理性的思考、心灵的感悟和境界的提升。我希望，孩子们在做完试题，获得分数之后，还会有重新阅读，甚至对这些文质兼美的文本有诵读、抄写的冲动。这也是我每次模拟测验之后，与学生分析试卷特别慢的原因。只可惜，现在的管理者们早就把以练代学作为应试备考的"不二法宝"。这也许是我们不能培养出顶级学生的原因之一吧。

本学期，我参与命制了几次大型模拟测验的试题，在审核阶段，我有着这样的担忧，但各种现实条件的困扰，我很难改变。问题还在于，我们的高考试题也陷入了这样的困境。

高考为了避免被押题，就会尽可能地避免那些经典篇章。就现代文阅读来说，要么选择一流作家的二流作品，要么将长篇删改；文言文阅读更是糟糕，《古文观止》《古文辞类纂》中的经典篇章早就从高考试题中绝迹，现在连《二十四史》中的传记也很难见到了；古诗鉴赏也是，那些朗朗上口、传承久远的名篇佳句在高考试题中难得一见……高考命题如果还是这样的亦步亦趋，不思改革，必然是死胡同一条。它不仅不能考查学生的语文能力，也使学生学习语文的兴趣消失殆尽，那还谈什么文化传承呢？

爱因斯坦说："用专业的知识教人是不够的，通过专业教育，他可以成为一种有用的机器，但是不能成为一个和谐发展人。"所幸有一批有识之士已经深刻认识到问题的严重性，他们开始在有限的范围内进行探索。

2013年"综合性大学自主选拔录取联合考试"的语文试题引起了社会各界的广泛关注。争议的焦点是三道题：一是用"北大、清华、高考、状元"4个词编一段150个字的笑话；二是以"北京雾锁车迷路"为上联对下联；三是将《刘三姐》的一段歌词"山中只见藤缠树，世间哪见树缠藤，青藤若是不缠树，枉过一春又一春"扩充为一个500字的故事。除掉写对联在以往的高考中偶有一见外，另外的编笑话、讲故事在高考中可谓闻所未闻，怪不得被人吐槽为"神题""怪题"了。

有人说：在全球化、国际化的氛围下，学生知道《哈里·波特》，却不知道《刘三姐》；能流利地背诵伊丽莎白·巴雷特·勃朗宁夫人的十四行诗，却对不上一副简单的对联；能熟练地弹奏约翰·塞巴斯蒂安·巴赫的作品，却听不懂壮族的山歌——那些同样也是优美的旋律啊。只要我们心平气和地想想，再联系一下我们当前中学语文的教育现状，我们就会发现这些"无厘头"试题背后命题者的良苦用心和美好愿望，就能感受到他们试图利用高考指挥棒来改变走进死胡同的中学语文教学所做的巨大努力。

我们的孩子都成了实实在在的考试机器，再优美的文字，一到了我们的教师和学生手里都被割裂成一道道僵化无趣的试题、答案。我们的学生不再需要课外阅读，在很多学生、老师，包括语文教师的眼里，阅读就是一种浪费。学生们除掉教材上的文章，其他的一律不看。学校的图书馆、阅览室形同虚设，或者压根儿就不开放，除非有上级领导来检查，有新闻媒体来做节目。有人专门对每年考入北大、清华的学生的阅读做过调查，其阅读量一样的十分寒碜。一所每年向清华北大输送几十名学生的学校里的教导主任，对着《南方周末》的记者说：我们这些人是会受到惩罚的！这背后有着怎样的无奈和深忧，我们不难感知。

伟大的中华民族历来重视人才选拔，古代的科举制就有"抡才大典"的美誉。今天的高考同样担负着这样的职责，命题者如何通过考试内容引导中学语文教学，其责任重大；当然，作为一名普通教师，也并非一无可为。

七、教育需要着眼于未来

凡是教师能够讲述的，

能够传授的知识，

多半是死的、凝固的、无用的知识；

只有学生自己发现、探究的知识，

才是活的、有用的知识。

——卡尔·罗杰斯

每一次上课，都像一次约会

2015 年，我的重要转变就是走下讲台，从课堂的实施者转变为观察者。这给了我一次难得的观察别人、审视自己的机会。

来澳门之前，各级培训课程和当地同行的种种介绍，给了我一个对澳门教育的初步印象——澳门的孩子们不爱学习，没有学习的热情和动力，因为他们的升学和就业毫无压力。我看到的景象也印证了我的这种判断：每次从教室门前走过，讲台上，教师滔滔不绝；孩子们呢，并不买账，稀里哗啦的，睡倒了一大片。

因为主管局的安排，我有机会走进了课堂。一学期下来，几十节课听下来，我渐渐地认识到，孩子们学习缺乏热情和动力并不能完全归结于没有升学和就业压力，而是因为教学本身。

我看到的一些课堂，不说学生，就是作为一个观察者的我也一样的难以忍受，我想授课教师本人，也不一定就有多好的感觉。

梁启超的《敬业与乐业》这篇文章，老师用了 5 个课时；有一节课学《祝福》，前后共播放了 60 张 PPT，平均约一分钟 1.5 张；《荆轲刺秦王》，教师说译文，学生做记录，一节课两个段落都没有完成；学习《诗经》，一节课教师讲了 15 首，可是高一的学生跟不上啊！……

我想起自己每一次上课，尽管已经站在讲台上 20 多年，每次走进课堂，就像奔赴一次约会，我的心里还总是惴惴不安，总是反复地问自己：这节课学生会学到什么，40 分钟，几十个人耗在一起，值得吗？学生会喜欢吗？上完之后，我还在想，我的表达是否准确清晰，是不是有更好的讲授方式？

对于教师，每一次备课和上课就是一部作品的创作过程。对于那些我很有把握的课，我就自在多了，我知道怎么调动学生的热情，勾起他们学习的欲望，我知道这堂课真正的价值所在，序曲、高潮和尾声，舒缓有度，不温不火，——都在我的掌控之中。这种课堂创作中享受到的大快乐，可与知者言，不足为外人道也。

坊间有句俗语说：前世杀了猪，这辈子来教书；前世杀了人，这辈子教语文。如果老师真是这样认识的话，无论对学生还是对教师本人，都是一件非常残酷的事。

培训的时候，我和老师常讲一句话：我们的语文课可以不给学生知识，但不能不给学生快乐；如果偏偏还要用课堂折磨学生的话，那简直就是我们的罪过！反过来说，如果学生都盼着上语文课，享受我们的课堂，学生的语文水平和能力就不会差到哪里去。语文课堂本来是培养孩子读书的能力和习惯，遗憾的是，很多孩子学完语文就再也不想读书了。

每一次上课都像一次约会，发自内心的喜悦也溢于脸上，所以每次走进教室，学生都能看到我灿烂的笑脸，哪怕他们有再抑郁的心情能不为之一扫而尽吗？在我的课堂上，如果有孩子趴伏在桌上，我想，那肯定是我的教学出了问题——连约会都没有兴趣的课，不上也罢。

教材无非是个例子

1

"教材无非是个例子"是叶圣陶先生1978年提出来的。来澳门交流，看到各校使用教材的"乱象"，才感觉到重提"教材无非是个例子"的理念是何等重要。

与内地不一样的是，澳门的学校在教材选择上有很大的自主权，每个学校使用的教材都不一样，有使用"人教版"的，有使用"台湾版"的，更多的学校使用香港"启思版"教材。多样化的教材选择赋予了教师更多"自由裁量权"，但处理好教材不是件轻而易举的事。"教材无非是个例子"，说起来容易，做起来很难。

我在听课的过程中发现，老师们上课的课型、方法、手段没有多少差别，几乎都是按照教材课文编排的顺序，一篇一篇地讲下去，对教学篇目的选择、教学内容的确定和教学重难点的把握都很模糊，更不要说对教材的重新提炼整合了。因为教学任务重，很多老师都在赶课。课件一张接着一张地放，学生们目不暇接，老师也觉得累，这样的课堂教学效果可想而知。

然而，很多优秀的教师是不需要教材的，他本身就是教材。特级教师陈日亮先生说："我即语文。"这样的教师对教材不苛求，什么教材都能教得很好，完全能够做到"用教材教"，而不是"教教材"。

我在教学培训的时候，说过一个我的专题作文指导的例子——

> 　　学校食堂的浪费很严重，我希望学生结合这个现象就"饥饿"这个主题进行一次写作训练。现在的孩子大都没有感受过饥饿。无论是家庭还是学校，教育孩子们"一粥一饭当思来之不易"似乎有些荒诞，总被孩子们讥为杞人忧天。
>
> 　　但我不这样看。我让学生讲述自己一次挨饿的经历，请他们描写挨饿的感受，表达对饥饿的认识。从学生的发言来看，他们都有过饿的经历，但没有那么刻骨铭心。于是，我和学生一道看电影《1942》，阅读纪实文学《夹边沟记事》和小说《在困难的日子里》。整整一周的时间里，我们都沉浸在"饥饿"的氛围里，学生对饥饿的认识逐渐深刻起来，写的欲望和冲动也就有了，最后很好地完成了一次写作训练。这样的一次写作经历，不仅让学生了解了写作技巧，还极具教育意义，学生定会终生难忘。

当我说完这个例子的时候，不止一位老师问我：那你怎么能够保证教学时间？你的"课"怎么能上得完呢？很显然，有些教师还停留在唯教材是依的阶段，不敢越雷池半步。

这几天观摩课听一位老师讲《祝福》，她花了五节课还觉得有很多内容没有讲，问为什么，她说："升学考试要考啊。""教材无非是个例子"，再经典的文章也只是教师指导学生学习语文的一个凭借。

2

语文出版社的新版教材将于今年秋天开始使用，因"删掉了南京大屠杀"的文章，引起广泛讨论。

语文出版社很快发表声明：南京大屠杀题材未被撤掉，只是将温书林所写的《南京大屠杀》一文换成张纯如所写的《南京暴行——被遗忘的大屠杀》一书节选，课文标题为《死里逃生》。更换的原因主要是片段《死里逃生》，不仅写了南京大屠杀的惨无人道，而且刻画了中国妇女李秀英的英雄事迹，更有教育意义。

实际上，无论是编者还是舆论，对教科书的讨论还是停留在思想教育层面，而不是从语文学科的课程理念，培养学生语文素养的角度出发。从阅读的层面来说，相对于温书林的《南京大屠杀》，历史学家和人权斗士张纯如的《南京暴行——被遗忘的大屠杀》对整个事件的叙述更为具体详尽，更具有典范性，更值得深度阅读。

这件事让我想起港澳台地区教材的编写。1968年，台湾地区开始实施九年义务教育，由台湾编译馆编写一套新教材，董理其事的是齐邦媛教授。当时面临的困境在于：一方面，舆论对之前的暂定本教材口诛笔伐，批评其有太多的政治文章，学生毫无兴趣，不足以培养学生的活泼人格；另一方面，"政治正确"的利剑时刻在头顶悬挂。最终，在陈立夫、黄季陆、王世杰等开明人士的支持下，她与屈万里、洪为溥、柯庆明等一批学者排除万难，编写出了一套陶冶心灵的优秀教材，受到了社会各界的赞誉。

2001年，香港课程发展议会编订的《"中国语文"课程指引（初中及高中）》明确指示，固有的"教科书"观念必须拓宽为灵活多彩的"学习材料"。也就是说，只要能配合学习重点，达成学习目标的材料，如古今经典、报章杂志、科普读物、视听材料等，都可以使用，并且，语文学习的材料需要不断更新。为了照顾教育的实际情况，香港教育局发布《学校选用课本及学习材料须知》，要求学校根据自己的实际情况，在教育局

陪着孩子，慢慢变优秀

认可的十余套不同版本的教材中自由选择。可以说，教材的编制、选择与使用是香港语文课程最活跃的部分。

澳门至今没有统一的教材，学校使用的教材更为多样，有使用"人教版"大纲教材、课标教材的，有使用"台湾版"教材的，更多的是使用香港的教材，包括《中国语文》和《中国文学》——学校的教材选择、教学安排高度自由。为了确保不同学校的教学质量，澳门大力推行《基本学力要求》；2007年，澳门大学、澳门理工等四校采取联考的形式统一招生。

无论是课程理念，还是教材的编写、选择和使用观念，大陆和港澳台地区都有了根本改变，为什么删减一篇文章还能引起这么大的争论？我想根本原因在于，我们在现实教育情境中依然存在"唯教材是依"的教学观念。

无论是大陆还是港澳台地区，还有很多教师依然在"教教材"，而不是"用教材教"。相对于人教版教材，香港的《中国语文》篇目少很多，但提供的相关材料和训练非常丰富，因此，在港澳地区的课堂上，三课时学《一剪梅》、六课时学《六国论》、八课时学《祝福》的情况非常普遍。这样敲骨吸髓式的课堂教学枯燥而无趣，极大地挤压了学生的阅读时间，不利于学生语文能力和素养的养成。重是"教材不过是个例子"的观念在今天依然必要。

教材早已不是获取知识和信息的唯一渠道，没有广泛的阅读，仅仅几册教材已经不足以培养学生的语文能力。在港澳台以及大陆的一些大城市，学生差不多已经人手一部手机了，网络信息素养显得越来越重要。对于教师来说，如何在课堂教学和课外阅读之间架构桥梁，引导学生积极健康地阅读，培养其批判性思维，显得更为迫切和重要。

从教材编写的层面来说，语文教材不仅具有工具功能，还需要传承民族精神和中外文化，把握时代脉搏，学习经典篇章。从学校教育的角度来说，最重要的其实不是教材，而是教师的理念——在落实过程中，教师才是关键。"站在讲台上，我就是语文！"这才是教师需要的能力，也是教师应有的底气。

知识传授不能照本宣科

今天观课的内容是元杂剧《窦娥冤》，老师在课堂上出示的学习目标是：了解元杂剧都体制；掌握元杂剧的特点；学会欣赏元杂剧。

但课堂实际的教学内容都没有涉及"欣赏"这一层面，用三维目标的标准来说，只实现了"知识和技能"目标。有关元杂剧的知识，教材上有相关的文学常识普及，包括四折＋楔子的体制、末旦净杂的角色分工、科白演唱的表达形式、宫调曲牌的音乐程式。课堂的内容，就是教师通过PPT带领学生阅读了解了一下，基本上是教师一个人的自说自话，学生被动地接受，参与度极低。

我很不理解，问及老师们何以有这样的课堂形式，老师说，如果不带着学生看，学生是不会自己阅读的。但问题在于，老师希望学生记住的这些"知识"，通过这样的讲述方式，学生是否就会记忆"深刻"？我看很难。

讨论时，我抛给大家三个问题：元杂剧的四折＋楔子的体制是谁规定的？元杂剧为什么有旦本、末本之说，何以就不能旦末同唱？元杂剧的这些角色分工为什么会如此复杂？

老师们一脸的茫然，因为教师用书上没有说，也找不到答案。其实，这些问题是有答案的。课堂上，哪怕是"知识教学"，换一种方式，可能就会激发学生探究的热情。上述问题，不是没有答案，只不过是我们没有更加深入地了解而已。在这所学校，学生使用电子课本，网络也是完全覆盖校园，只要和学生一起上网搜索，或借来图书资料，很容易会找到答案。我们希望学生掌握的知识，不是靠死记硬背得来的，学生通过了解这些知识的来龙去脉来理解和记忆，印象会更加深刻。

教师不一定非得对元杂剧有所研究，我想告诉授课老师，即便是"知识传授"，也不能照本宣科，过于教条。变换一下形式，和学生一道查找、探究，把课堂盘活，即便不去深究，也比教师一个人言说要好。

经典篇章的阅读教学需要多做减法

今天观课的内容是辛弃疾的《青玉案·元夕》，从教师提供的教学设计看，整个教学过程有五大步骤，16个环节，够繁复的。果不其然，课堂上教师就像打战似的：说话像连珠炮，能听清楚都不容易；PPT几十张，一路点过去，都是预设好的内容，学生看看记记就行；也安排了讨论，但教师在黑板上写了两个字，转身就要学生展示讨论结果。

我不知道学生是不是很适应，最终学习到了多少内容，但作为听课者，我觉得累。评课的时候，让我提建议，我就说，课堂安排太满了！其实很多内容完全可以省略，不用讲的，比如说"济南二安"的比较，"苏辛"词风的辨析，与陆游的关联以及王国维"三重境界"说，等等。

作为一篇经典的篇章，解读的资料多，通过网络搜索也非常便捷，像这首词，你在百度上键入"《青玉案·元夕》教案"，就会出现39万条网页链接；键入"《青玉案·元夕》教学设计"，有80万条；键入"《青玉案·元夕》赏析"，也有58万条。丰富的资料能帮助我们解读词作，但很多教师在资料中迷失，如何选择切合学生的教学内容真是一个难题。常见的课堂就是，教师通过多媒体，把看到的资料——呈现，唯恐遗漏了什么。有一次去听课，课堂上讲的是鲁迅的《祝福》，一节课下来，PPT有68张之多，阅读完都困难，哪里还有什么思考时间，真恐怖！

这样的情况非常普遍，看似教给学生很多，其实呢，我们恰恰缺少阅读过程和阅读方法的指导与提炼；以别人的解读先入为主，缺少元典阅读的自身体验。我认为问题的症结可能在于，我们很多指导者自己不能、不会、也不愿读书。

对于这些经典篇章的教学，我们不妨回到阅读的起点，教学内容上多做做减法，简化教学环节，让课堂节奏慢下来，课堂留白让学生自己读读、谈谈、问问、背背：读一读，读准字音，读懂文义；谈一谈，何地何时，何生此情；问一问，既为经典，理据何在；背一背，熟读成诵，内化于心。

"所谓教育，就是一个人把在学校所学全部忘光后剩下的东西。"此句深得教育真谛。可是我们的课堂呢，容量看似很大，其实内容繁复；环节看似严密，其实过程杂沓。一节课下来，一首不足百字的小词都没有背下来，能说这样的课堂有效，我不信。

很多文言文的课堂教学效果堪忧

在文言文教学中，教师可能都有自己的教学方法。至于学生的文言文阅读能力是否因课堂教学而提高，不好一概而论。但是，很多文言文课堂教学的效果，在我看来很值得探究。

具体到《荆轲刺秦王》这一课，一位老师仅分析语法、总结词汇就耗去了三节课，据他说，还要分析课文的叙事特色、人物的形象特点、刺秦的历史评价，估计再上三节课，才能完成这篇课文的教学。

无独有偶，上周五下午，一位老师找到我，说他将开设一门公开课，选择的课文是清朝人彭端淑的《为学》，向我寻求出彩之道。他说："学生的基础差，已经和学生分析了四节课，但学生还是不懂。"用这么多的课时讲授一篇不足300字——哪怕是字字珠玑的小品，至于吗？这样的教学节奏，还要课堂出彩，可能吗？文言文教学的"少、慢、差、费"由此可见一斑。

事实上，文言文教学的现状真的不容乐观。很多老师的文言文教学就是文言知识整理：通假字、古今异义、一词多义、偏义复指，倒置、省略、疑问……一个一个地来，一篇一篇地来，从初一到高三，高度雷同，学生阅读文言文的兴味就在这样的机械重复中消失殆尽。难怪文言文成了中学生学语文的"三怕"（另外两怕是"周树人"和"写作文"）之一了。

不仅学生怕，教师也怕。眼前中学教师能过文言阅读关的人并不多。

每次模拟测验，如果选择的文言文文本没有附录译文，很多教师都会叫苦连天。喜欢阅读的语文教师已经很少了，阅读文言原作的教师更是凤毛麟角，最后的结果就是越难读越怕读，越怕读越难读。

没有阅读的经历和体验，教师的阅读能力不可能提高，自然也就找不到文言教学的"奥秘"，只能借助教参和练习反复地训练学生，这么做，课堂也就成了学生阅读的终点而不是起点。

其实，文言文学习大可不必如此。

已故的语文前辈章孝纯先生，曾经为了激发学生的阅读热情，创作了《乌有先生历险记》，这篇文言文几乎囊括了高中语文文言知识的全部内容，让教师和学生受益不尽。

我读中学的时候，葛文焕先生是我的语文老师。他上课喜欢写繁体字，于是，我就抱着一本新华字典，学习了一学期，攻下了繁体文字关。葛老师很"懒"，从不给我们做什么宾语前置、介宾结构后置这些语法分析，也没有实词、虚词这样的词汇积累，只是细细地讲解经典作品中吸引人的地方，如此，我们的阅读欲望就被不知不觉地激发出来了。一点一点，由浅入深，先短后长，文言文阅读能力慢慢就有了提升。

今天的语文课堂太在意"知识"的讲解和积累，强调讲深讲透，而忽视对学生阅读兴趣的培养。试想，如果学生不阅读，必然会大大削弱课堂的功能。可以说，学生的阅读量没有保证，阅读能力就不可能有提高。

法国作家圣-埃克苏佩里说："人若是想要造船，不是应该给他的船员造船所用的锤子和钉子，而是应该唤起他们对辽阔大海的渴望。"我们的文言文乃至语文教学，不也是这样吗？

无视方法和习惯的教学难以有效

近日，我连续听了三节课，涉及不同的老师、不同的年级和班级，但他们讲的都是课外阅读指导，只是体裁不一样，分别是戏剧、人物传记、评论。

我观察到一个细节，三个班级的学生手中，除去老师派发的阅读材料外，没有笔记本和摘抄本；也没有一位老师提到，阅读需要积累，需要记录。

我们常常说语文学习需要积累，做阅读笔记就是最好的方法。可惜的是，很多人都没有养成这个习惯。我年轻的时候读书，看过不少好文字，也曾热血沸腾或扼腕叹息过，倚着好记性，随手抛掷，如今站在课堂或写作时想重提旧事，但早已忘到"爪哇国"去了。

当代学者中，要说记忆力好，钱锺书肯定榜上有名，但据说为了写《管锥编》，他还是做了几大麻袋的笔记。钱老去世后，杨绛先生整理他的笔记，分出三类：第一类，外文笔记，共187个大小笔记本，34000多页；第二类，中文笔记，和外文笔记的数量差不多；第三类是日札，也就是读书心得，共23册，2000多页。

自古以来，不少作品都是学者们坚持阅读并勤于记录的结果，像明末清初杰出的思想家顾炎武的《日知录》，还有明末著名诗人学者吴与箕的《读书止观录》，现当代著名小说家孙犁的《耕堂读书记》等，无不如此。这些书见解深刻独到，论证翔实，正是得益于作者们随读随记的良好习惯。

古人读书讲"三到"——心到、眼到、口到。"心不在此，则眼不看仔细，心眼既不专一，却只漫浪诵读，决不能记，记亦不能久也。"三到之中，心到最急，怎样做到"心到"呢？写读书笔记就是最有效的途径之一，所谓"眼过千遍，不如手过一遍"，读是写的基础，写又可促进读，二者相辅相成，互相促进。古人倡导"不动笔墨不读书"即为此意。

学生阅读没有记录的习惯，学习效益也就大打折扣。翻阅一些学生的作文，在列举论据时，最常见的表达方式就是"很久很久以前"，"有一个外国人"，这就是不知道具体的时代、国家和人事的结果。如此，不知闹出了多少"关公战秦琼"的笑话。

这些年，我努力践行"不动笔墨不读书"的做法，我的办公室、书房都有很多统一批发的簿本，读书的时候，随手记录，读写结合，效果很好。有一段时间，我还试图按照自己的分类做过读书卡片。现在有了电

陪着孩子，慢慢变优秀

脑，记录就更容易了。

我不仅自己这样做，在课堂上，还把我的"成果"和学生一道分享，学生可从中知道我的阅读喜好和关注的话题。有的学生也循着这条路径或借或买，去读去写。同学们也喜欢把他们的抄写本拿给我欣赏，有的同学还在本子上配有自己的铅笔或钢笔插图，这中间肯定就夹杂着一些优美的词句、精彩的句段和他们紧紧包裹的小心思。我觉得这么做很好，语文素养和品质，不就是从这一词一句的抄写记录中渐渐培养出来的吗？

意大利哲学家托马斯·阿奎纳说："教学是教师试图借以尽快摆脱学生的一个过程。"真是至理。"教是为了达到不需要教"，叶圣陶先生也这样说。我们的课堂教学，比知识传授更重要的是要教会学生学习的方法并养成习惯，坚持写读书笔记就是其中之一。

关于作文教学的"冷思考"

我们是在进行应试作文的教育。纵然如此，每个教师指导作文写作的观念差别也很大，有的甚至相互抵牾。

这两年我在无数的场合宣扬我的作文指导思想，那就是通过了解一个人、读通一本书、关注一个热点三条途径将阅读引向纵深，以此来改变学生作文眼界逼仄、思维低幼化的倾向。有学生找到我，说他们的老师指导写作时，要求同学们关注身边的人和事，写出自己的真情实感。

可以肯定地说，这位老师写作指导思想是绝对正确的，因为，所有的文学都是直指心灵的，作文也是。问题在于，"关注身边的人和事"，每次学生作文时写的就是那些鸡毛蒜皮的杂碎：主题为"为自己鼓掌"，他就写他一次又一次考试的失利，他是如何战胜自己找到自信的；主题为"在路上"，他就写自己在上学路上，和同学谈论昨晚挑灯夜战也没完成作业的烦心事；主题为"每个人心中都有一个春天"，他就写邻居家的小妹妹如何帮老太太过马路、拎东西，替别人让座的好人好事……这样的作文实在无法激发我们读下去的兴味。尤为让人担心的是，这样的孩子往往忽视通过阅读去拓宽自己的视野，增强自己的见识，提升自己的写作能力。

在我看来，没有丰富的人生经历，又没有过真正阅读的学生，很难写出给人启迪、打动人心的东西。高考作文评分发展等级中的深刻、丰富、有文采、有创新四条标准无不与阅读紧密相关。

所以，近几年，我在指导学生作文时，更注重把阅读和写作结合起来。当然，阅读的内容并不一定非得是文学名著。有孩子喜欢体育，我就让他关注那些体坛巨星的成长历程，写"为自己鼓掌"时，他就写科比·布莱恩特如何从一个坏小子成长为篮坛一代天骄的艰难过程；写"团队才是一种真正的力量"，他就写乔丹如何从得分最多到助攻最多的转变，七年之后，终于带领公牛队戴上了总冠军的戒指。在作文时，将自己的爱好与写作成功嫁接。

眼前的教育环境下，升学压力巨大，学生已经很难有充裕的时间进行广泛而全面的阅读，但要想了解一个人，读通一本书，关注一个热点，我认为不仅可能，而且十分必要。去年有个孩子在作文竞赛中获奖，他在发表获奖感言时说，我给他的方法非常实用，整个高中阶段他特别爱阅读、诵读席慕蓉的诗。席慕蓉的诗给了他无尽的写作灵感。今年有几个学生告诉我，说他们已经在读北岛的诗，了解北岛的创作历程，试图走进诗人的心灵世界，我真高兴。

一个人，一本书，往往是提取不尽的写作资源。我自己从事教育，又喜欢读《红楼梦》，一直试图从这本书中找寻一个教育的视点，"香菱学诗"一节把黛玉高超的教育艺术展现得淋漓尽致，这已是世人皆知的故事。前段时间一直想写一篇《坏孩子是怎样养成的》的文章，就是找不到合适的角度，那天翻阅《红楼梦》，偶然看到"宝玉挨打"一节，看到贾环在整个事件中上蹿下跳的猥琐表现，我忽然大悟：这不就是我期待已久的材料吗？贾环虽是庶出，但也是一贵族的翩翩公子啊，可在处处摧残打压的环境中，尤其是与宝玉的对比，使这个还没长成的孩子渐渐丧失了自我。这不就是我们眼前所谓"差生"形成的空间环境吗？读书，有这样感受的时候，真好！

鲁迅说："遥远的地方，无数的人们，都与我有关。"关注一个时事热点，同样不会耗费一个学生多少时间和精力，但要做个有心人，能动手，肯思考。今年国庆前夕，我对学生们说，我们对热点事件不能只是看热闹，抓皮毛，而是要深入这些热点的背后，做出自己的评判和思考。说到这，我想起南京第十三中学的曹勇军老师，他是把这个想法做得最实在、最有实效的人。

在《语文学习》和《中学语文教学》中，曹勇军老师多次提到在课堂上"时事演讲"的做法，他让学生关心公共问题，有批判精神，培养学生的公民意识。一年中，"乔布斯之死""小悦悦事件""强拆梁思成故居"等热点事件，进入孩子们的视野里，被展现在课堂上。他们不仅演讲，还整理成2000字左右的演讲稿，这让一些以前连800字作文写起来都困难的学生，开始关注社会问题，学着找找角度，努力地去表达。2012年高考，这群理科班孩子的语文平均分有113分，比省均分高出20多分。孩子们演讲的结集《高三（10）班在六楼——一个理科毕业班的"时事讲坛"故事》也在江苏教育出版社出版。

一个孩子的写作才华不是我们能教出来的，但我们教师可以教会学生锤炼自己的方法，能如此　也是我们教育的大幸。

作文教学是一笔糊涂账

晚自习的时候，语文课代表到办公室，问我：老师，开学一周了，我们的周记作业是否要布置下去？我心里美滋滋的，心想啊，她真负责而知事，把老师要做的事都提前想到了，真是个好学生！

刚到这所学校，对孩子们还不是很熟悉，趁这个机会，我们就聊起来了。

"你们以前写周记吗？"

"写啊。"

“你喜欢写吗?”

“谈不上喜欢，但老师布置的任务，我们必须完成啊。”

“那写了这么多年的周记，你觉得有收获吗?”

“也没觉得有什么长进，不写老师会责怪我的；何况我还是课代表，我得带头写才对啊。”

“平时在写作的过程中，有过快乐吗?”

“也不能说没有，但很少，更多的情况下，觉得是一种负担。”

“那你平时有心思，有想法，或者是有不平、委屈和愤怒的时候，有表达的冲动吗?”

“才不呢! 周记是要上缴老师的，同学们也会看到，谁会把自己的心思公之于众啊。”

“其实，写作是一种真情表达啊，要不然，怎么会有写作的冲动呢?”

“如果不是老师要求，我是不会写的。”

…………

静静地坐在办公室，细细琢磨孩子的话，试图回忆起我在学生时代，是怎样进行写作训练的呢?

非常惭愧，我对中学时代写作的记忆一片空白。

我高中的语文老师是葛文焕先生，先生毕业于安徽师范大学。听其他的老师说，葛先生是师大的四大才子之一，才华横溢，古文根基扎实。他不仅能说，还能写。印象中，他写过一篇《戒烟赋》，用毛笔誊写，贴在自己的房间里，很是自得，我们也着实佩服。听他的课，我们热血偾张，全神贯注。遗憾的是，先生疏于对我们的写作指导。记得毕业的时候，我去他房间抱回同学们的作文本，一一分发，每人六本。我们的作文本中如能有先生只言片语的评价，简直是如获至宝。

我真正的写作训练开始于大学时代。

这得说说我们的写作学老师王子龙先生。王先生现在已经是全国著名的诗人、散文家。他带我们的时候，非常年轻，但他对诗歌写作的热爱和对文字的悟性，让更年轻的我们佩服得五体投地。在他的影响下，我们寝室的几位兄弟每人出资五十元，成立了池州师范专科学校（现改名池州学院）第一个文学社团——青杏文学社，创办了第一份学生刊物——《城南诗报》（现在已经是校刊，改名《声音》）。我们的写作热情就这样被点燃，阅读也有了动力，有了方向和目标，宿舍里，《星星诗刊》《诗刊》《诗歌报》随处可见，我们甚至为当年的《诗歌报》停刊忧伤落泪。在池州师专，我在《池州报》上发表了平生第一篇文字，一首小诗。我们的大哥大德和兄甚至把诗歌发到了《中国教育报》。

这样的生活单纯而明净，这样的记忆青春又美好。只是，毕业之后，残酷的现实将我们的文学梦想击得粉碎。但我坚信：种子已经埋下，就会有萌发的一天。

2002年，我30岁，而立之年啊，我才发现，除掉教书，我一无所能，做教师是我的宿命。

一个偶然的机会，遇见师专同学华斌兄。在他的援引之下，重新拾起我锈蚀已久的笔；再后来，我们家买了第一台电脑，TCL的。心中一直对华斌兄心存感激，是他一遍一遍地修改着我的文字，才有了后来一篇篇文章的发表。三年时间，我在《中学生学习报》《语文报》《考试报》《出彩作文》等刊物，发表各种学习指导类小文章100多篇；再后来，在《师道》《语文月刊》《语文教学之友》《现代语文》《学语文》等教育教学类刊物上发表文章数十篇；渐渐地，我发现我的文章竟有刊物转载了。

真正的走进学校，融入学生，深入课堂，我们就会发现，潜藏在教育光环下有着无尽的困惑。我们日复一日，按部就班的工作，可有多少人去思考：我们为什么要这样做？有效吗？有更好的方法吗？怎么去改进？有成功的经验吗？等等。

而这些，成了我思考和写作的源泉和动力。

关于写作，我们还有许多的理念需要澄清，还有很多的事要做，这些都需要建立在一切有利于孩子发展的前提之下。

我们为什么不能用英语

杜老师去美国，下了飞机叫出租车，毕竟是英语老师，拿起电话就开始了。

"Taxi?"

"Yes.Where are you from?"

"China."

"Sorry，we can't do that!"

"Why?"

对方挂了！杜老师很困惑：有什么不对的地方吗？他问我从哪里来，我说"China"，没错啊，一直也是这么学这么教的！他和接机的美国朋友说，朋友笑了：人家问你从哪儿乘车，你说"China"，人家当然载不了你啊！原来这么简单的问话在不同的情景中意思是不一样的。

杜老师很郁闷，教了一辈子英语，还闹了这样的笑话，真丢人。

强调答案，注重记忆，过于关注考试而不讲究实际运用，这是我们学习英语的一贯观念。这种观念，除了获得分数之外，语言学习的本质和初衷都忘了。

我的一位同事，自诩英语已经过了专业八级，可是有外国人来学校，他大气也不敢出，唯恐说错了什么被别人笑话。几年过去，每天做题讲题，如今就是想说也愈发困难了。

在澳门的一所学校学习交流，我看到很多孩子跟在老师的后面呜哩哇啦地说着，说的都是英语。我好生奇怪，那么小的孩子怎么英语能说得这么流利。学校老师说，这里是双语学校，学校非常重视英语教学。

从幼稚园开始就聘请了外籍教师，小幼阶段外籍教师多达8名。中学目前有初中7个班，配有三名外教。这些给学校带来极佳的外语学习环境和氛围。其实，比这更重要的是，学校要求所有的本埠英语老师无论课上

陪着孩子，慢慢变优秀

还是课下，一律用英语交流。此外，地理、科学、物理等科目也是英语教学，听不懂，对不起，多听多说呗，时间久了，自然就会了。

老师说，也不是说这些孩子都是英语天才，学习都有一个过程。开始的时候，很多孩子只能蹦出一个一个的词，言语之中，漏洞百出，不过没关系，坚持说就好了，表达的机会和场合很多，说得多了，便成习惯，就自如流畅了。更重要的是，孩子们因此养成用英语的思维习惯。下午在校园里，我遇见一个黑人小孩，四五年级的样子，他去办公室，找不同的老师，一会儿英语，一会儿粤语，一会儿普通话，真有一种时空穿越的感觉。

我想起内地的英语课堂，从小学到高中毕业，近十年的外语教学中，有多少老师能坚持在课堂上说英语呢，更不用说课下了，很多老师差不多是用汉语讲英语。有老师抱怨考试要考，没办法；有老师说学生听不懂，没办法。是的，考试是要考，讲英语学生可能是听不懂，可是一味地迁就考试和学生，久而久之，学生就有了依赖——老师说英语的时候，他不用心听，他知道老师会用汉语解释。老师自身的口语能力呢，也在不断地退化，毕业几年之后，自己也不会说了。

另一个现实的问题是教材的内容脱离现实生活。无论人教版的教材还是新概念版英语，这些教材内容的选择都很经典，但与现在的实际生活有点脱离，早些年我们还有《英语九百句》这样的口语教材，可是今天，很多孩子学完教材，依然不知道怎么淘宝，怎么订餐，怎么看医生，教材上的那几句话实在不够使用，只能闹出杜老师叫出租的笑话。

是到了核计学习成本的时候了。十多年的英语学习中，我背过那么多单词，做过那么多笔记，做过那么多试题，高考中我英语成绩全县第二名，我一度能通畅地阅读 *China daily*，甚至迈进原著阅读。可是，我去国外，我说不出，说不准确，无法交流。上半年我去缅甸蒲干，在一家美国人开的青年旅舍里，我想洗澡，却说不出盥洗室这个单词，幸亏一名台湾的大学生帮了我。

那么多年轻人为了学习英语耗尽心血，到头来还是没学会用英语说话。眼前国内否定英语学习的呼声一浪高过一浪，最直接的反应就是高考中英语分值的变化，与语文数学学科的对比中，大有日渐式微的趋势，很多人拍手称快。其实，这完全是逆潮流而动，世界已经是个地球村，我们选择了开放，时至今日，我们的国门和心门都已经关不住了。只要你想走出去，英语学习就无可避免，毫不夸张地说，能说英语，你就能走遍世界。

我的另一个深切感受就是，不懂英语，我们认知的世界就要逼仄得多。我一度自诩是个读书人，有一定的阅读面，可是，当海峡两岸的读书人坐在一起的时候，我惭愧不已，感觉自己就是井底之蛙，一直觉得世界只有井口那么大。朋友和我聊乔治·奥威尔、安妮·普鲁、奥尔多·利奥波德，聊诺贝尔奖，竟然有那么多我不知道的东西。可是人到中年，再来补课，还有救吗？

我想告诉同行们，在我们的教育过程中，不要忽视英语的学习。眼前我们亟须做的就是，来一次英语学习方式的革命。学习语言的规律都一样，要先学会说，再学会读和写，给学生也给自己创造更多的说的空间和环境。这一点我们能做得到，只要用心，也一定能做得很好。如果把教育比作播种的话，高考成绩、四六级证书、托福、GRE其实就是植物所开出的花朵。

跟着先生学作文

1

写作能不能教，是个全世界都在争论的课题。

理论上说，写作应该是语文教学的"半壁江山"，但在实际的教学过程中，写作一直被轻视。期刊上有关作文教学的课例屈指可数，实际的课堂教学中，很多人传授的所谓秘籍都是应付考试的雕虫小技。

这两年的访学交流中，观课不下于200节次，极少发现有关作文教学的课堂。有时候差不多是"点课"了，但听到的依然是论点、论据和论证，抑或是说明的对象、顺序和方法这样的内容，老生常谈。坐在课室里，老实说，真有些沮丧。

写作能不能教，眼前课堂的真实状况有力地表明：很难！大多学生作文成绩仍是靠运气。

作文教学不力，有很多原因，归根结底还是教师。如果教师自己不写作，没有写作的习惯和能力，自然也就不能洞察写作的奥秘和诀窍，指导起来只能是隔靴搔痒。教师写作不一定要能下笔千言，文采飞扬，但自己有过真切的写作体验，无论是艰难的还是享受的，对学生的作文指导都是有百益而无一害——因为他知道写作的起点和过程，知道思维的关联和展开，知道写作的艰难所在。这对指导写作刚刚起步的孩子来说极为重要。

2

我们去球馆看球，一个人有没有经过专门培训，从他基本的握拍、挥拍动作一望可知。学生作文有没有经过专业的指导，其实也很容易判断。有时候甚至不用看完整的一篇，随便读几句话就知道了。很多人轻视低年级的作文教学，认为不必教，可我看到羽毛球教练把一个简单的挥拍动作分解成几个部分的时候，我就震撼了：看似机械，但就是这样的机械组合，一旦熟练起来，就让一个孩子的动作变得规范而精准，美观而有力。

作文教学也是这样，需要放大细节，让学生明白其中奥妙。钱穆教小学生作文，题目是《今天的午饭》，有学生写道：

今天午饭，吃红烧肉，味道很好，可是咸了些。

好在哪？钱穆说：说话须有曲折，如此文末一语。

钱穆口述林纾《技击余谈》中一故事，让学生记录。大意是有五兄弟，大哥披挂上阵，二哥又披挂上阵，三哥亦披挂上阵，四哥还披挂上阵，五弟随之仍然披挂上阵。学生如实记下。钱穆说：作文本来和说话一样，但说话可啰唆一些，作文却宜求简洁。一语可尽的话你们却写了五句，太啰唆了！

想起几天前《端午的鸭蛋》教学。教师让学生重写最后一段，有学生写道：什么时候才能吃到家乡的鸭蛋！教师说："好！"好在哪？教师没说。我就在想：这节课教学的重点是分析汪曾祺作品的语言风格，浅浅白白的一句话，含蓄蕴藉，情味无尽，正与全文风格一致，教师要是能当堂说出来，自然是课堂的一大亮点。

3

有时候学生思维打不开，更需要老师的点拨，这才是真正作用于学生写作的过程，也能见出教师的功力所在。

有一天下雨，钱穆让学生看雨作文，虽然看了，但没有感觉。钱穆就启发学生：今日是何种雨。诸生竞答，黄梅雨。问，黄梅雨与其他雨有何不同。学生又如何如何回答。这就打开了眼前与过往的通道，学生的思维渐渐活跃起来。这让我想起自己之前的作文教学。

那天我带学生去看树，我说："这些树，你没来的时候，他就站在这里了；你走了以后，他还会站在这里。他们在这里已经站了多久，又将站到何时？你还想过没有，从柔弱纤细的树苗到如今的几人合抱，其间，又站过多少人？站在树下，你心怀忐忑，焦躁不安；树呢，昂首挺立，寂然无声。一个漂泊已久，身心俱焚的游子回到母校，站在校门口欢迎他的，首先是那些树。树是有情感的！"

钱穆也让学生去看树，学生据实说来之后，他说："其实还有一景大家没有注意，那就是头上的风声。"学生又听，又与平日风声比较，如此逐层写来。想想看，这不就是我们所说的多角度描写吗？

当我们的思维拓展开来，写作就有了深入下去的可能，也就不会那么困难艰涩了。

4

沈从文先生说，教作文主要是让学生自己"写"。"讲"要在"写"之后。就学生的作业，讲他的得失。而不是像我们今天这样：先讲一通，让学生照葫芦画瓢。平时的作文教学中，有经验的老师很少命题作文，往往注重的是片段，是局部。

前年我去济南大明湖李苦禅纪念馆，看他的习作，可能就是一片叶子，一条藤蔓，三两只昆虫……我很欣喜地发现他创作的痕迹，平时着力所在，了解到大师是怎样练成的。按照沈先生的说法，这叫"先得学会车零件，然后才能学组装"，大师如此，我们亦然。

很多教师作文教学往往是一个题目，三两篇作文，自去临摹。很多题目布置下去，教师只是"知道"怎样写，但就是不去写，学生虽不敢说：老师，您先来一篇！但时间久了，学生心里还是很难认同这样的老师。其实这也是实情：做学生的时候就没有写过一篇好作文，忽然摇身变成教师了，也不必然成了写作的高手。说实在话，写作的淬炼过程少不得。

记得有一年寒假，我让学生就"春节"做些观察和思考，完成一篇习作。有学生说，话题太老了，写不出新意，也写不深刻，不如老师给我们示范一下。说话的语气之中就有了"挑衅"的意味，我就老实写了一篇。

汪曾祺先生说：写作也不是不可教，问题是由什么样的人来教，用什么方法教。我很认同。

八、共读让灵魂天天旅行

Gong du rang linghun tiantian luxing

我能接受这样一个现实，

那就是自己可能永远也抵达不了"教学天堂"，

但只要我始终保持对阅读的热爱，

并向学生展现一名读者真正的生命内涵，

那么我将越来越接近这个"天堂"。

——唐娜琳·米勒

把学生领进阅读之门

1

这几天参加了一场名为"开展学校主题教研,提升教师专业水平"的讲座,主讲者以阅读为例,具体剖析了一些学校是如何围绕阅读展开主题教研的。为了激发学生的阅读兴趣,很多教师给学生提供了具体的阅读策略,并带领学生参观图书馆、书展,去图书馆做义工,开展亲子阅读活动,推选阅读之星等。

阅读的重要性无需赘言,尤其是在注重兴趣和习惯培养的小学阶段。小学阶段的阅读能力是成人阅读的基础,往往能决定一个人一生的高度,不管教师为推动孩子阅读做怎样的努力都是值得的。

坐在会场里,我想到的是如何把这些学校的成功做法推广开来,形成风气。随着电子产品的普及,中学生差不多"人手一机",学生虽然有阅读行为,但阅读的品质和层次都不高,不少学生阅读的内容很低俗,很随意,这让我感到非常遗憾。

在当下的教育环境中,有两大因素制约着我们去推动阅读:一是教师自身没有良好的阅读兴趣、能力和习惯;二是课业负担过重,耗费了孩子们太多的时间和精力。

如果教师自身没有阅读的美好体验,那么首先他推介的阅读书目就很难吸引学生。我在班级建设图书角时,为了使阅读的范围更开阔一些,咨询过相关学科的教师,希望他们能提供一些吸引孩子的图书。遗憾的是,他们的阅读视野依旧是四大名著之类,对不同学科的经典图书知之甚少,更不要说了解学科发展的趋势和出版动态了。很多教师大学毕业后就再也没有读过书,研究书了。

其次，其传授的阅读方法也不一定切实有用。单纯的阅读固然美好，但真正的读书人都有一套与阅读配套的方式方法。比如说，做读书卡片、写读书笔记、查阅相关资料、开展主题阅读、读写结合等。课堂上，我喜欢把我阅读的书目、摘抄的笔记、提炼的观点、写出的文章，一一呈现在学生面前，让学生对阅读能够收获直观的感受。在主题阅读上，我也做过一系列尝试，受到学生的欢迎。

在应试教育背景下，过多的作业耗费了学生的时间和精力。一个中学生基本每天需要3小时以上的时间来完成家庭作业，课外阅读对很多孩子来说是一件非常奢侈的事情。另外，教辅用书泛滥，学生乐于依赖那些百科全书似的教辅资料，很少动手去查阅，这就容易养成他们学习的惰性，大大削弱了他们主动探究知识的热情。在这种情况下，孩子们的创造性大打折扣，推动阅读也就更难了。

除去解决这些现实困境之外，推动阅读还需要教师和家长转变观念，需要更多的有识之士投身其中，用热情和智慧探索出有效的方法，让阅读更加深入。我们要坚信，让学生变聪明的方法，不是补课，不是增加作业量，而是阅读，阅读，再阅读。

2

在澳门的学校里，每间教室都配有很多图书，这是政府采购计划之一：每年由学校选择数目，然后统一购买，摆在教室里供学生阅读。在听课的间隙，我问孩子们是否阅读过这些书，大部分孩子都说是偶尔翻翻，没有什么印象，更谈不上喜欢。

午休和课间，孩子们都在拨弄着自己的手机，拿书阅读的人很少。这里的老师告诉我：澳门经济富裕，很多学生的手机都是最新款；学生的课外作业少，课余时间比较充裕，但课余时间基本都被手机"绑架"。

很多为师者都感叹如今的学生"不读书"，却少有人反思：我们为推动学生阅读做了些什么。

这些年，为了推动学生阅读，我做过种种尝试，其中一项就是在班级里布置"小书架"。我们没有政府阅读采购计划，学校也没有这方面的预算，于是，我就带着孩子们"攒书"。全班60人，每个人带来两本书，也有120本，如果每个学生每学期能选择其中的几册，交换着读一读，收获也不小。

可当大家把自己的"藏书"带来的时候，我很不安。因为这些书，一是视野逼仄；二是印刷质量低劣，有的书连出版社都没有；三是品质不高，有学生竟然把《灵域》《剑圣》这类网络小说书都带来了。当然，也有《十万个为什么》《一千零一夜》之类的，但很难吸引其他人的阅读兴趣。这就是不少学校学生阅读的常态，学生的阅读视野和品质就是如此。

其实，在阅读起步阶段，教师的引领至关重要。尽管引领的方式方法可以不同，但有一个前提，那就是教师必须有足够广阔的阅读视野和兼容并包的阅读趣味。唯有如此，教师才能给学生推荐那些值得看且能看得下去的书。

阅读，是能给人的精神打底子的，而真正的阅读应该是有温度和泪水的。作为学生阅读的引领者，教师给学生推荐书目，最好带着自己的生命体验和情感记忆。

读大学时，我最喜欢王小建老师阅读课的"神侃"：听他介绍最近读了哪些书。课后我肯定会走进图书馆或书店找来一读，我的阅读视野就是那个时候开始逐渐开阔起来的，也渐渐养成了阅读的习惯。做了教师以后，我把我的阅读体验告诉学生们，传递阅读的温度，他们的趣味也或多或少因此而改变，每一届学生中总有一些人渐渐喜欢上了阅读。

我们常说，要培养学生的阅读习惯，但前提是老师要有美好的阅读体验和持久的阅读习惯，并和学生一道努力践行，一起去感受阅读带给我们的美好感受。让一个没有阅读习惯的教师去培养一群爱读书的学生，简直是痴人说梦。

可以说，教师推动自己就是推动教育。想要让孩子们喜欢阅读，教师自己就要先读起来，做好引领者，让这些书不再是外在摆设，而是真正的精神食粮。

晚自习我到班级的时候，一个孩子正在看压在课本下面的一本书，全神贯注，兴味十足，连我走到他面前都毫无察觉。我拿起他的书，是一本儿童漫画。说实在的，这让我很意外。我一直鼓励孩子们课外阅读，甚至在教室里开辟了一个图书角，其中的好书也有不少，从中找到一本既适合自己又喜欢的书不是难事；更何况，作为高二的学生，心智已经渐趋成熟，花6块钱买这样一本低幼读物，真的很掉价。

有孩子在我的QQ上留言：

> 您上星期收了一本漫画。我想说，学校不是我们长大的地方。大学生不会吃鱼，高材生还用硫酸泼熊呢……面对现实，不要以为我们情商有多高，我们情商的高度只能达到您手头的那本漫画。我们的想法幼稚而激进。面对现实，请叫我们孩子。学校不是我们长大的地方。

这就是温室里长大的孩子们的现状。

这很糟糕。

这需要改变。

我们要做的还有很多。

"一个人的精神发育史就是他的阅读史，一个民族的精神境界取决于这个民族的阅读水平。"中国是世界上有着最悠久阅读传统的国家，可放眼世界，在我们的周围，已经很难见到能安静地读一本书的人，更不用说，还保持着阅读习惯、情怀和信仰了。对于很多人来说，那种沉浸书海，忘却世界，与作者一起在彼此创造的世界里快乐、悲伤、愤怒、冲动，这种无可替代的生命体验，已经很久未曾体味到了。

成人世界的阅读状况每况愈下，令人杞忧。

实际上，一个人阅读习惯和能力培养的黄金时间就是在他的学生时代。在这个阶段，我们的心灵世界如一张白纸，单纯而明净，容易吸纳各样的信息，阅读就是扩大视野、丰富精神、修炼情致最好的手段；再加上学校生活相对简单纯粹，没有成人那么多的工作压力和烦琐杂务，为我们养成阅读习惯创造了良好的条件。趁这个时间多读点书，就等于在我们的心里种下阅读的种子，总有一天它会生根发芽。

当然，阅读也有层次的高下，我们看到很多成年人，几十年如一日做《读者》杂志的拥护者，这没有什么不好，但阅读的质量、阅读的收获，尤其是阅读的美好体验就会大打折扣。在学生阶段（尤其是大学），时间完整充裕的情况下，我们要学着阅读整本的书。那些经典之作带来的心灵抚慰、生命感动和精神震撼，会让我们永世难忘，这是《读者》之类的心灵鸡汤类的快餐阅读无法给予的。我对孩子们说，可以把《读者》之类的读物当作我们阅读的起点和导引，但绝对不是我们阅读的终点和全部。

提升自己的阅读层次，我们还需要"啃"点难懂的书。这段时间我带领孩子们学习《史记选读》，孩子们嗷嗷直叫，苦不堪言，他们宁愿听我搞一家讲坛，说故事，就是怕自己阅读。是的，这种"元典"的阅读是很困难，尤其在起步阶段；但没有这样的阅读经历，我们的阅读就永远停留在一个很低的层次，只能看别人翻译、改写甚至戏说的东东。这样的阅读就像鸠摩罗什说，"嚼饭与人，非徒失味，乃令人呕哕也"。一个人在学生时代没有培养出这样的苦读精神和阅读能力，毕业之后就很难再有长进了。

网络对阅读，尤其是对人类精神的侵蚀已经是一个全球化的现象，年轻人对这些现代媒体和科技情有独钟，有人沉迷其中不能自拔，所谓手机控、QQ控、微博控者七，有人发展到一顿饭的时间里也要拍两张菜饭的图片，刷两条微博。片刻离开网络就会惶恐不安，唯恐自己被这个世界抛弃。网络提供给我们海量的信息，看似内容丰富，应有尽有，但这些信息碎片无序，提取吸收很难。更何况，有些网页还充斥着夸张的色情、暴力、游戏等种种诱惑，这对年轻人来说是巨大的考验和挑战。网络阅读也是一种阅读，但对人的意志品格的要求很高。

在经济发达，物质丰富的今天，我们缺少的不是集体的热闹和狂欢，而是缺少那种让人独处而不寂寞、与自己的灵魂对话的空间。就像现在，在这个阳光温暖的午后，泡一壶茶，燃一炷香，捧一卷书，坐在自家的阳台上，好好享受这一段短暂的"关机"时间，学着与自己相处，阅读写作也好，发呆狂想也罢，要紧的是，把灵魂解放出来，重新整理好再放回。

我始终相信，每一个生命都是一粒神奇的种子，蕴藏着不为人知的神秘，而阅读，则能够给种子以美好滋养，并唤醒其所蕴藏的伟大和神奇。

都是教辅泛滥惹的祸

1

中午回家吃饭，女儿说，老师要求他们买一本教辅用书——《小学教材全解》。我问她：为什么呢，难道四年级的课文还有看不懂的地方？再说了，就是看不懂，还有老师呢。女儿回答：老师说考试的内容全在这本辅导材料上。我一时不知说什么好。

其实，对这样的辅导材料，我很熟悉。这些年，我先后为几家出版社写过几十本教辅用书，什么《教材三级讲解》《教材讲义》《名校课堂》《同步练习王》等等，版式微殊，内容基本一样。这些教辅用书的一个基本特点就是资料详尽，应有尽有，就像我给一家出版社做的广告：一书在手，无需他求。

在中小学，学生自己购买，学校集体订购，教辅市场一度火爆。这两年，伴随着激烈的市场竞争，教辅市场已经渐走下坡路了。但学生依赖教辅资料的习性基本养成，学习的主动性和创造性消失殆尽。在课堂上，教师要想引导学生理清文章的层次结构，你会发现学生们在抽屉里噼里啪啦地翻阅着那些所谓的"葵花宝典"，寻找标准答案。当然，再好的资料也有知识点覆盖不到的地方，比如说，有一个字不认识，教辅上没有，鲜见有学生去翻阅字典。

问题的严重性还在于，很少有学生在使用百科全书似的教辅用书后继续去思考，去进行别的阅读，以至于这些资料成了应付教师课堂提问、课后作业的制胜法宝。那天学习完课文《逍遥游》，布置学生回家完成课后练习二：下列文言词语有不同的意思和用法，这在过去所学的古诗文或成语中都出现过，你能举出一二例来说明吗？交上来的作业都是教辅用书的答案，哪里还需要批阅。

说实在的，扭转这种局面十分艰难。这学期，我们本想不再订阅这种资料了，但管理者受教条的思想观念和经济利益的驱使，无视普通教师的良苦用心，一意孤行，最后还是每个学科人手一本。真是荒唐！

身为一线教师，我充分感受到我们的学生为教辅所累。这两年我"金盆洗手"，已不再给教育公司或出版社做这类读物了。这不是良心发现，一方面因为编写这些资料虽得到了一定的经济回报，但也耗费了很多的精力和时间。另一方面我渐渐明白，一味依靠教辅资料，依靠大量做练习是很难有效提高学生成绩的，更不用说提高学生的语文素养了。

其实，学好语文，不外两途：一曰阅读，二曰写作。五年前，我写了《让阅读和写作成为你生命中的一部分》一文，可是这几年，我并没有在这两方面探索到切实管用的方法，更不用说什么成绩了，但我还是坚持在做。这中间难度很大，差不多是对现有教学程式和方法的一种颠覆，就像教辅资料，不是还有无数的教师无法抛舍这根拐杖吗？

当然，探索是需要勇气的，需要投入更多的时间和精力，它不像现今的教育现实，已经有了一定的套路。按照这种"套路"去做，也许没有大的起色，但在应试教育的目标之下，也不会产生太大的偏差，至多不过扼杀孩子们终生阅读的兴趣而已。

眼前更大的困难是，要改变家长和学生既定的思维模式。让家长给孩子买一本教辅资料，他们毫无怨言。但要是给孩子买一本小说、传记、地理、艺术史之类的课外读物，那可就难说了。同样的，一些从事教育的老师，对孩子们的阅读也是极度忽视甚至否定的，不是有孩子在晚自习看《读者》无端被班主任没收，还加以训斥的吗？

不去广泛阅读，完全依赖教辅是学不好语文的，这是最简单不过的道理，可就有那么多人不愿意接受。

2

高三学生高考结束，我看到很多办公室还有成堆的试卷没有做完，被当作废纸处理掉，这并不奇怪，我也有近十套试卷没有发完。试卷太多了，每年都一样，我供职过的几所学校和我熟悉的同类学校，都存在这种试卷泛滥的情况。

其实，除掉试卷，各种习题册、报纸（相关报纸现在也都以习题为主）也是铺天盖地，从高一到高三，每一个老师和学生都会遭遇到。通常的情况是，教育主管部门为各学科配备一套；教师根据自己的课程规划和设计给学生订一套；家长呢，还要给孩子加压，另外再买一套。很多学生高中三年，就这样被教辅的三座大山挤压着前行。

那些成绩优秀的学生，会主动挤出点滴时间，完成这些作业；而程度一般的学生呢，大多疲于应付，囫囵吞枣，很难做到举一反三，融会贯通。虽然耗去了大量的时间和精力，但并不一定能提高自己的成绩。在不同学校从教的经历，让我看到我的同事们对这些成绩状况完全不一样的学生并没有真正区别对待过，因材施教不过是口头说说而已。

我读书的时代，是没有这些教辅的，学生手中只有几册教材，习题就是在黑板上抄写的几道题。学生课下复习，要么就是不断整理听课笔记，要么就是反复研读教材。关于这，有两件事我记忆深刻。

高中时，我的英语成绩一直很好，高考得了91分（满分100分），全县第二名，之所以如此，完全得益于我三年详尽的听课笔记。高一时，我把上课听到的内容整理成册；到高二的时候，我发现不够完备，就买了另一个更"豪华"的本子，重新整理；高三的时候，在反复抄写整理中，掌握了基本的语法概念，熟悉了词汇，提高了英语成绩。读大学的时候，我得到一本张道真编写的英语语法书，才发现，我的笔记本与他相比毫不逊色呢！当然，现在的孩子在高一时，就能人手一册语法书，资料详尽而完备，所以上课反而没有了我们当年认真了。尽管有了这些系统完整的资料，但很多学生只是把它当作字典来查看。

关于教材，给我印象最深的是章安甫老师。章老师是教历史的，我很佩服他的一点，就是他上课从来不看我们，两眼总是盯着天花板，但他能把教材的内容背给我们听，无论你指出第几页第几行，统统难不倒他。那个时代，他就是我们的"男神"啊！后来我们也拿教材做要子，有一次，我的同桌上课要考考我对教材的熟悉程度，他问：教材的封面设计是谁？当我说出"刘承汉"三个字的时候，他的眼睛都瞪大了。现在的孩子们，到了高三复习的时候，在黑板上写下稍微冷僻的几个字，他们都会一脸的惊奇，那意思是告诉我：真的学过？

必须承认，教辅泛滥，挤占了我们越来越多的教学时间，很多教师越来越发现课时不足，教师和学生都掉进了教辅的汪洋大海里，一时总找不到方向。

这些年，我们一直强调"轻装减负"，回归教材，但喊了很多年，效果并不明显。这其中的原因固然与多方利益作祟、学习观念盲目有关，其中还有一个重要的原因正是教师的"懒教"。

眼前的县级中学，开发教辅和编制试卷的层次都不高，很少有学校拥有自己编写的教辅资料和完备的教学理念。向各家教辅中心征订试卷是很多学校和年级组的共同选择。而这些试卷除掉良莠不齐的自身局限外，还有针对的学生群体的差别，需要一线的教师加以甄别，但这最重要的一环往往被省略了。高三时，我们经常听到教师在评讲试卷的时候发牢骚：这是什么烂卷子，做了有什么用？我总是想，在给学生做之前，为什么不自己先做一遍，看看哪些题可以换一换，哪些题完全可以不做……实际的情况就是，呼啦啦地试卷散发下去，学生做得痛心，教师讲得心痛，时间精力耗去不少，收效却甚微。说到底，不就是我们的备课工夫没有下足吗？

仔细考察这些年的"高考大户"，从当初的黄冈、后来的启东和现在的衡水，在应试教育这一块，他们大多有自身的理论系统和教学模式，有很多东西是值得我们借鉴的。如果我们这些普通的县级中学，只能用教辅拼命地挤压学生时间，让他们在学校痛苦地过三年，而不能帮助他们顺利升学，你不觉得我们这些老师愧对孩子吗？

窃书真的不算偷

"窃书不能算偷……窃书……读书人的事，能算偷吗？"以前读《孔乙己》，每次看到这里，我就想笑；每次和孩子们说起这个事，大家也都笑：这个读书人啊，不知哪里来的荒唐逻辑？

我给孩子们买了一个书架，就放在教室的讲台旁边，全班60人，每个人捐出两本书，摆在上面，就算是班级图书角了。几十本书放在上面，整整齐齐的，看起来很有诗意。我就想着，阳光温暖的午后，一个个孩子捧着一本心仪已久的书，坐在那里享受着饕餮大餐，那该是多美的一件事啊。

可这样美不胜收的场景，至今没有出现。

前两天，有个同事跑过来对我说：在你们班监考的时候，看到你们班的图书角，感觉真好；只是，你不怕这些精美的图书被人给偷走么？我说：那敢情好啊！你想想，一个孩子看到一本好书，一直想方设法得到它，如今终于逮着机会弄到手，日夜摩挲，口诵心记，那我真是做了一件功德无量的好事呢，如果真是这样的话，那我觉得他窃的不是书，而是智慧。

我读高中的时候，因为班主任是葛文焕老师的缘故，我喜欢上古典文学。我向他借过一本《桃花扇》，每天阅读抄写记诵，书上面记着密密麻麻的笔记和心得，所以临近毕业的时候，我再也不愿把这本书还给他了。也许，他早就忘了这本书，这件事；但这本书却对我后来的读书选择有着深刻的影响。

读大学的时候，学校里正是言情、武侠小说风靡的时候，我却偏爱《牡丹亭》《西厢记》《长生殿》之类，读起来津津有味；我差不多把合肥书店里有关戏曲的书都买了一个遍。至今还记得，当初在一个旧书摊买到完整的《六十种曲》和《中国古典戏曲论著集成》时的那种幸福与欢乐！

再后来，学习戏曲，研究戏剧，不亦乐乎。我在学校读书的时候写就的论文《戏曲本体的研究才是戏曲史研究的关键》《论黄梅戏的世俗文化品格》，就被《安徽教育学院学报》和戏曲专业刊物《黄梅戏艺术》刊载。

曹文轩先生说："青少年时代的读书会给我们的一生打下精神的底子。"此言不虚！我觉得中学时代的读书生活深刻影响着我的人生情趣。所以，能够静静地坐在阳台上，被温暖的阳光围抱；或在书房里，有平仄有致的雨韵相伴；如果还能手握长卷，吐纳烟霞，就觉得人生的大欢乐不过尔尔。

眼前孩子们读书的状况真不令人乐观，很多的孩子，你就是把一本书放到他的桌上或他的手边，他宁愿选择的却是用手机搜着散碎的信息和八卦的新闻，或者就是拨弄着没有止境的游戏。相反，如果这些书中，他真的是爱上了其中的一本，拿回家，占为己有，反复诵读，那我也很真诚地告诉他：窃书真的不算偷！我对孩子们的读书没有多高的期望，我就想，如果我所做的努力，能够在一个孩子的心灵里埋下读书的种子，那我就很满足了。

谁把学习变成了苦行

我经常憧憬这样的图景：在早晨的阳光中，孩子们哼着歌向学校走去，有时能停下来看看太阳；学生能经常地向教师提出有意思的问题，课堂上经常能有愉快的笑声；中午，他们能吃上一份由政府提供的、全国城乡同一标准的营养餐；学生能保有自己的爱好，下午4点起，他们在球场上奔跑叫喊，或者在图书馆查阅资料，在实验室研究自己感兴趣的问题；晚上，做完作业后，捧起一本诗集，轻声地读给妈妈听……

吴非老师的文字，每次读来，温暖的感觉都会涌遍全身。学习原本就是一件快乐的事，可如今在众声喧嚣中，学习被挤压得只剩下苦行了，以至于我们说一个孩子学习"刻苦"就成了对他的最高评价。开学前一天，我在"说说"中兴奋地提醒学生：孩子们，开学啦！收到的两条回复是：

1. 无数孩子在哀嚎："NO！！！"

2. "呵呵，这句话该是有多残忍，晴天霹雳！"

自古以来就把读书学习当作苦差事，那些"头悬梁、锥刺股""囊萤映雪"之类的苦读被当作佳话口耳相传就是最好的说明。学习苦，学习累成了社会的共识，于是教室里悬挂的标语就有"苦战一百天，幸福一辈子""只要学不死，就往死里学"……终于有一天，我们上了大学，毕了业，苦日子熬到头，我们再也不需要学习了，这个时候，我们就开始"鼓励"我们的孩子要刻苦学习，考个好大学，找个好工作，娶个好媳妇。这种功利的读书观念循环往复，无穷无尽，我们常常看到的荒唐事就是：不学习的家长要求孩子学习，不读书的教师指导学生读书。

且不说在学校，同学少年，意气风发，相互砥砺与促进，探究智慧与真理的幸福与快乐，就是一个人，拿起一本书，读读写写想想，那其中的妙趣真是难以言说。

上学期，我看电视剧《贞观长歌》，同事涛哥向我推荐《贞观之治》，比较着看，高下不难发现，但哪一部剧更接近历史真实，就难以辨别了。于是乎，找来《资治通鉴》《新唐书》《旧唐书》《剑桥中国隋唐史》《说唐演义全传》《隋唐五代史讲义》《读通鉴论》《廿二史劄记》比照着读，一个全新的世界就这样在我的眼前铺展开来，我能渐渐辨析那些史剧情节的虚妄与错讹，我才发现前段时间热播的《武媚娘传奇》不过是戏说而已。这样的学习充满着新奇与挑战，能够这样居高临下地审视眼前的一切，其快乐是自不待言的。

也因为这段时间的阅读与学习，我开始发现，我此前的唐诗阅读教学，其所谓的背景知识、知人论世不过是现炒现卖，挂一漏万的。当我们把这些历史梳理打通之后，再与文学比勘阅读，才能真正理解"文学是凝固的历史，历史是文学的注脚"这句话的深刻内涵。寒假期间，重新阅读陈贻焮《杜甫评传》，悠然心会，妙处难与君说。

我从没有把读书当作一件苦差事，我阅读，我学习，是因为我喜欢，

陪着孩子，慢慢变优秀

所以我愿意夜以继日，秉烛达旦，我就想，这就和很多人打牌、赌钱、泡吧的快乐是一样的。

在家中，看到孩子和妈妈并肩而坐，读书、写字、聊天、写博，笑声不断，写意又抒情，很是满足。

学校就是师生一起读书的地方

今年十月，我和同事被学校安排到安徽宣城出差，参加商务印书馆和中语会举办的"为中国的未来而读"主题会议，有幸分享了各位专家教授有关读书的经历、收获和快乐。

同事和我一样，感触很深，他说：在我们周围，已经很难见到在教学之余还在读书的人了；没想到，一走出来，却发现有那么多人还在孜孜矻矻，勤勉发愤做着读书人的事业。尤为震撼的是，南京第十三中学的曹勇军老师，一个普通的中学教师，以一己之力，点燃了他周围的师生读书求学的热情，让我们看到中国教育未来的美好前景。曹老师出身和我一样，都是安徽教育学院中文系毕业，算是我的大师兄，我所在学校还有他的同学，可就在短短十几年里，他创造了一个又一个的教育奇迹，着实令人惊叹。我听过他的课——《我的一位国文老师》，绝无一丝的花哨和造作，平实自然，入情入境入理入味，真正的大家情怀和风范，佩服之至！

我一直在想：是什么造就了他如此的教育境界，听了曹老师在宣城的演讲，我豁然开朗——读书。

一个很好的朋友因为教育科研成绩突出，代表本市去北京参加一次颁奖会议。回来的时候，他给我发来一条短信：没想到，我获奖竟然是对落后地区的照顾；到了北京，才发现，真正是高手如林！我想起了那年去南京学习，我的居所正面对着南京大学的图书馆。酷热难耐的八月里，图书馆里座无虚席，此情此景让我此生难忘。

这几年，通过网络的平台，我看到了那么多热衷于阅读、思考和写作的同仁。虽然他们只是普通的教师，但他们赋予自己所做的一切以意义，所以这原本寡淡乏味的教书匠生活也就有了快乐和感动，有了诗意和意义；他们甚至发现，自己所做的一切有了一点不朽和崇高的意味。

因为耳闻目睹了这些场景，这些年虽然有这样那样的变迁，还好没有丢掉读书人的根本。尤其是看到那些搔着我痒处的文字，那种兴奋与感动，真有"虽南面王不与易"的豪情。偶尔写点小东西，觉得不错，四顾踌躇，心底也有了一点不敢忘形的自得：这小子还行！

我也愿意和我的师友们分享我的快乐和幸福，渐渐地，我发现，周围有不少人在繁杂庸常的生活里，重新捧起了泛着或墨香或霉味的书籍，有的人甚至拾起了他们抛掷已久的文字，贴在网络空间里，诗性而温情。我也常常告诫自己：之所以很少看见还在坚持读书的人，那是因为我的视野还不够广远。

在经济高速发展的大环境下，这个时代的人们对金钱和利益比上一代人敏感得多，欲望也直接得多。当大家把教育视为一种投资，读书不再是修身养性、怡悦自我的时候，这个时代真正到了最危险的时候。

不宜采取运动式阅读推广

2012年11月，中共十八大报告历史性地写入"开展全民阅读活动"。

2015年2月，习近平总书记在俄罗斯索契接受俄罗斯电视台专访时称："读书已成了我的一种生活方式。读书可以让人保持思想活力，让人得到智慧启发，让人滋养浩然之气。"

3月，国务院政府工作报告提出"倡导全民阅读，建设书香社会"。

4月22日，世界读书日前夕，李克强总理给北京三联韬奋书店全体员工回信，充分肯定创建24小时不打烊书店这一创意，指出这是对全民阅读的生动践行，希望三联韬奋书店把24小时不打烊书店打造成为城市的精神地标。

4月23日，《人民日报》将"让读书成为干部第一爱好"定为今年的世界读书日主题，发出了越是关键时期，越要读书学习的阅读倡议。

5月，习近平总书记在上海考察时要求领导干部："要增强学习的紧迫感和自觉性，力戒浮躁，少一点应酬，多用一些时间静心读书、静心思考，使自己才不枯、智不竭。"

在我国历史上，一直有着读书向学的优良传统，但高调地倡导全民阅读还是首次。

一场自上而下的阅读推广运动轰轰烈烈地开展起来了。

1995年联合国教科文组织将每年的4月23日定为"世界读书日"，提出"让世界上每一个角落的每一个人都能读到书"。

2006年，原国家新闻出版总署会同中宣部等11个部门，联合发出《关于开展全民阅读活动的倡议书》，提出"全民阅读"。

2013年3月，国家新闻出版广电总局开始组织起草《全民阅读促进条例》。

2015年1月1日起，《江苏省人民代表大会常务委员会关于促进全民阅读的决定》正式实施，《湖北省关于促进全民阅读的决定》也将于2015年3月1日起实施，《深圳经济特区全民阅读促进条例》于2016年4月1日起正式施行……

全民阅读活动遍地生花，如设立全民阅读公共服务平台"书香江苏""书香上海""书香荆楚"等，开展"三湘读书月""天山读书节"等阅读活动。2013年，深圳市还被联合国教科文组织授予"全球全民阅读示范城市"称号。

2014年开展的"百社千校书香童年"阅读活动，共举办各类读书活动3000多场次，捐赠图书200万册。

除却眼前的这些宣传和报道，在我们身边，有关阅读的种种宣传铺天盖地，接踵而至。书香城市，书香社区，书香校园，书香家庭比比皆是。从中央到地方，从城市到乡村，从社会到校园，有关读书的宣传标语、推介流程、活动方案完备而详细。让我们感觉到：一个全民读书的时代已经来临。

这项盛大而热烈的运动之后，是否有一些人从此爱上了书，走进了阅读，养成了习惯，肯定有，但未必可观。

很多学校在开学初的教职工大会上，在工作计划中提出努力打造书香校园，但遗憾的是采取实际行动的寥寥无几。

学校里也能见到各式各样的宣传标语，有的学校甚至向主管部门上缴了书香校园活动方案，但往往都是从网络上复制粘贴过来的东东，没有可操作性。

应该看到，我国的国民阅读仍处于起步阶段，还有很长的一段路要走。这中间除掉政府对公共阅读实施加大投入之外，一个非常关键的问题就是要改变"知识的无力感"，让国民在阅读中能寻求到价值和尊严，体会到成就感和荣誉感，并让这种观念落到实处，深入人心。唯有如此，才不会使这场浩大的读书推广活动来去匆匆。

不要怀疑推动阅读的价值

教师应该读书已经成为许多教育管理者的共识。最近这两年，很多学校在每个学期结束之前，都会购置一批教育类图书供教师选读。书可以拿回家，只要提供一篇读后感即可。按理说，这也算是教育管理的一大进步，可从实际的情况看，并不被教师看好，有老师说："忙了一学期，放假了也不让我们消停！"

一位校长对我说起这事的时候很委屈，觉得自己做了件吃力不讨好的事。我倒不这样看，我的观点是：在今天的教育场中，做任何一件事都不会被所有人接受，也别指望计划被百分百落实。

推动阅读这样的事遭到抵制，一点也不意外，因为不少教师在应该读书的时候，拼命地在刷题、打网游，根本无暇读书，更不要说养成阅读的习惯和兴趣了。俗话说"强按牛头不喝水——勉强不得"，但推动阅读这件事的意义就在于，一批爱读书的教师因此有了更多的资源补给；想读书却没有付诸行动的教师被推了一把，从此拿起了书

陪着孩子，慢慢变优秀

本；当大部分人都在阅读的时候，学校就有了阅读的风气和氛围。对于校长来说，要做的就是带头读书，做教师阅读的典范。在我心目中，理想的教育就是一个爱读书的校长带着一群爱读书的教师，领着一群孩子去读各种各样的书。

一位朋友总结教师一生的四个层次：读书—教书—写书—被写成书。不要说写书和被写成书了，很多教师连起码的读书都不做了，想想挺荒诞的。

这两年在学校里我的办公室都被安排在图书馆的旁边，可以方便随时进图书馆取阅图书，可有的同事从来不拿起一本书，问起他们，他们会说"我们又不是教语文的，读书有什么用呢"。真让人无言以对。想起之前我做班主任的时候，我让授课教师推荐几册适合学生阅读的书，有教师显得很局促，因为他真没有想过，在他的学科领域里，除掉教材之外，不知还有哪些书值得一读。

其实，一个优秀的学科教师没有一个不是爱读写的。我的朋友圈中，书读得最多、文章写得最好的并不一定是语文教师。从某种意义上说，学理科的人更需要阅读。物理学家吴健雄当年留学美国时，胡适写信给她："希望你能利用你的海外住留期间，多留意此邦文物，多读文史的书，多读其他科学，使胸襟阔大，使见解高明。我不是要引诱你'改行'回到文史路上来，我是要你做一个博学的人……凡第一流的科学家，都是极渊博的人，取精而用弘，由博而反约，故能有大成功。"在我的印象中，华罗庚、谷超豪、苏步青等人都写得一手好诗词。试想一下，没有广泛的阅读，他们怎会达到如此境界？

一位老师经常在他的朋友圈晒自己的阅读：《春觉斋论文》《中国史乘中未详诸国考证》《培育良知——良法如何造就好人》《湖上闲思录》《复辟半月记》《蒋畈六十三》……一位读者留言：冷而不避俗！是的，这"避俗"背后其实是很高的读书境界，这中间的很多书一般人是读不下去的，这中间的很多乐趣是非"俗人"所能体会到的。习武的人都追求功力，阅读又何尝不是这样呢？

当然，也别奢望一下子达到这样的境界，一口吃不出一个胖子。

那天和一位同事聊天，她说，以前学校一说发书我就烦；现在呢，每次发书我都广而告之——不愿阅读的交给我，我承包了。听到这样的话，我真高兴。我也想为那些推动阅读的管理者"点个赞"，我想告诉他们："你们做的事其实有成效"。

真正的阅读者从不依赖"必读书单"

刚入职不久的唐老师在微信上跟我说，他想在寒假静下心来读点书，希望我能给他开列一个阅读书目。听到这样的消息，我的心里既高兴又为难。

高兴的是，在大部分年轻人读书越来越少的今天，唐老师还有这样的热情，真的很难得；为难的是，我虽然读过一点书，但自己都嫌杂乱无章，没有头绪，也没做出什么成绩出来，凭什么给他开列书单呢？

我不禁想起一则轶事。1923 年元旦，胡适应清华大学学生的邀请，为他们写了《一个最低限度的国学书目》。梁启超见了之后，写了一篇两千多字的文章批评他"不顾客观的事实，专凭自己的主观为立足点""把应读书和应备书混为一谈"，然后极为自信地另写了一份《真正之最低限度之必读国学书目》，开列书目有几十种之多。我仔细对照了这些书目，自己通读的实在不多，非常汗颜。

我一直认为阅读是很私人化的事情，每个人都有自己的阅读路径和地图，有自己的崇尚与偏好，强求不得。早年我特别喜欢戏曲，尤其是中国古典戏曲，做过很多匪夷所思的事情：手抄中国古典四大名剧，包括王季思、徐朔方等人的注释；我走到任何一个地方都会搜集有关古典戏曲的各种图书和资料，至今犹记得在旧书摊以极便宜价格入手《中国古典戏曲论著集成》《六十种曲》等丛书时的悸动；我甚至拿着收录机跑公园、进剧团，跟着大家后面学唱各种地方戏，等等。

去年我随香港中联办（全称：中央人民政府驻香港特别行政区联络办公室）去广东花都，在公园里看到一众爱好者在练习京剧，胡琴响起，我就忍不住来了一段"海岛冰轮初转腾，见玉兔又早东升……"同行者无法理解，大家都以为这是退休以后才干的事，其实，我是在享受退休以后的生活呢！戏曲阅读欣赏很小众，但我喜欢，我的阅读也就"走心"，也就能享受到阅读的愉悦。

这几天，有人无偿把自己几千册私人藏书送到学校供师生选取，一摞一摞地堆在那里，但仔细翻阅才发现有那么多我不愿读也读不了的书，才发现我和这位学者的阅读经历和领域有如此大的不同。

既然读书是非常主观的事，那么所谓的必读书单，大多是不可信的。就像国人不吃肯德基汉堡包，不也一样活得很滋润？所以，耗费大量时间和精力制定所谓的《中学生必读书目》《中小学教师基础阅读书目》，都是吃力不讨好的事，也很难落实，再怎样科学筛选、专家论证、反复修订都无济于事。

对"开书单"这个问题，我有两点基本的认识：

一方面，我非常认同"流动的经典"这种提法。一说到经典，大家就想到"四大名著"，前段时间甚至还有对中小学生是否应该读四大名著的讨论。其实，在我看来，这样的讨论意义不大。对于现在的孩子——网络时代的原住民来说，再好的作品首先是要能吸引他们读下去。我在澳门粤华中学，看到海峡两岸的一个读书活动推荐的作品，很能打开我们惯常的思维：这些书中已经没有四大名著这样的经典之作了，有些书甚至老师都没有见过，但仔细审视，我们会发现组织者有着自己选择的标准。

另一方面，读书也是讲究机缘的。有些书尽管是名著，是经典，但在一定的时期，就是读不进去。我家有一套苏联著名作家肖洛霍夫所著的《静静的顿河》，大学时候买的，四本，无数次拿起又放下，很惭愧，但那也没办法，机缘未到吧。还有一本《百年孤独》，二十年前就买了，只是一直没有读通。前段时间我读中学的女儿来信告诉我，这本书真好看，我很惭愧。《资治通鉴》十年前我就买了，二十册整整齐齐地摆在书架上，没动过。三年前，看完电视剧《贞观之治》，我掏出其中的一册，随手翻翻，结果就"黏"上了。这几年我最大的快乐就是读《资治通鉴》、聊《资治通鉴》、写《资治通鉴》。

对于爱读书的人来说，阅读根本就不用劳烦别人指导。一本书读着读着，就对另一本书或几本书滋生了新的阅读渴望，这有点像滚雪球。有位大学者说他读完了清华大学所有的书，其实我是不信的，因为在很多情况下，书是越读越多。读得越多，你越觉得自己的偏狭与逼仄，你就会更加勉力而读。

我读大学的时候，有一位名为方小教的先生，以敢言著称，他读的书很多。方教授最喜欢在课上分享他的阅读，这样的教学方式也培养了我的一大嗜好，就是听完他的课之后去图书馆或书店翻找他课上所提到的书。这样的阅读让我的大学阅读生活丰富而充盈，带来的收获比单纯在课堂上获得的要多很多。更重要的是，方教授的做法对我今天做教师有着深刻的影响——我也喜欢在课堂上和学生分享我阅读中的幸福与快乐，这是另一种形式的熏陶渐染。

大学毕业之后，偏安一隅，在乡镇和小县城工作，早期没有网络，阅读受到很大的限制。只有电视的时代，我喜欢看一些读书栏目。中间最值得一说的是凤凰卫视梁文道主持的《开卷八分钟》。梁文道的阅读范围既有广度又有深度，推荐的书籍也都不错。

网络普及以后，阅读更加便捷，但要寻得一本好书实在不易。微信普及以后，公众号无所不在。恍惚之间我们发现，现代科技如此直接地入侵了我们的领地，深刻地改变着我们的阅读方式，但真正的阅读者是不会满足于此的。快餐可以救急，但不能解决深远的精神需求，要想获得心灵的富足，还必须有经典的纸质阅读。

培育一代读书人，路长且远

2017年4月22日，到达酒店已是晚上6点半，此时的北京已经暮色四起，夜风吹寒了。迅速地办好入住手续，放下行李，找个地方认真地吃了顿饭。

转过街角，眼前就是众声杂沓、熙熙攘攘的王府井大街了。走过天主教堂，街灯黯淡了很多，手机导航显示，前方就是商务印书馆。这里也是举行"中国教育报2016年度推动读书十大人物揭晓仪式"会议的所在地，我受邀明天来此参会。

当确定眼前的这幢小楼就是商务印书馆时，我还是有些恍惚：这就是出版了那么多中外经典图书的文化中心吗？小楼只有六层，灰白色的瓷砖外墙，显得凝重肃穆。一楼大门已经关了，但"商务印书馆"的牌子肃然挺立，郭沫若的字，一副不苟言笑的样子。我决定明天再来。

旁边的涵芬楼书店倒是灯火明亮，在这样的夜晚，显得格外温暖而宁静。一百多年历史的涵芬楼见证着一个多世纪文化的兴衰变迁，名气很大，但店面并不气派。

一层是店面，三两个店员，坐在一起，喁喁私语。七八个读者，置身其中，随手翻阅，各取所需，一派悠然自在。书架上也不全是商务印书馆出版的书，也有许多其他出版社的，但没有教材全解、考研必备之类的书，很纯净。

楼体的照壁上，悬挂着商务印书馆16位先哲的15幅照片：夏瑞芳、张元济、王云五……沉甸甸的名字，每一个都足以让我辈折腰。左右是一副对联：涵宇内大智慧，与吾邦共芬芳。这是商务印书馆的追求，也是他们的担当。

二楼摆放着一套影印的《四库全书》，煞是壮观。每一函都是独立的包装，看到我好奇的样子，服务员取出其中的一函，让我翻阅、拍照，四周弥漫着樟木和油墨的芬芳。尽管我买不起，但我以为，这样的文字值得这样的包装。正在我这样感叹的时候，一扇门打开，传出一阵读书声。循声望去，看见十来个人围坐在一起，服务员告诉我，那是夜读小组在一起读《庄子》。走过去看看，都是成年人，每人一卷在手，读读写写画画，这样的阅读方式值得尊重。在这样的地方，以这种方式传播、传承文化，想想都很美好。

我忽然想到在商务印书馆举办"推动读书年度人物"颁奖的意义所在。

在近代中国，商务印书馆承载了救亡图存的历史责任。甲午海战之后，中华民族风雨如磐，民族存亡悬于一线。夏瑞芳、鲍咸昌等读书人以集资入股形式成立商务印书馆，出版新教材，改编蒙学读物。再后来，看到列强不仅瓜分领土，还大肆掳掠文物秘籍，竟然还发生将皕宋楼藏书售于日本静嘉堂文库的事件。"全国学子动色相告，彼此相较同异，如斯世有贾生，能无痛哭。"张元济等人，着力抢救文化遗存，不惜一切代价购买古籍善本，创设"涵芬楼"。

他们从收集善本古籍开始，继而兼收中外图书，凡遇珍本秘籍，总是极力搜罗；各国新书，亦尽量购置；到1924年，涵芬楼藏书已经达到46万多卷，成为当时最大的藏书楼，并对民众开放；1926年建成"东方图书馆"，对开启民智起着不可估量的作用。

1932年，爆发了"一·二八事变"，日本侵略军轰炸了商务印书馆，并纵火烧掉了商务印书馆所有图书，想从文化上摧毁中国，铲除中华民族的历史记忆。但这些倔强的"商务人"，在灰烬瓦砾堆中绝地重生，他们将原有图书尽量重印，并且"日出新书一种"，绝不做文化上的亡国奴，让国人振奋不已。

读书是一种担当，是一种责任，是一种图存的手段，是民族自强的必然选择。读书是民族自救最好的方式，让我们古老的中华文化得以赓续、发展和复兴，这就是那一代一代读书人最朴实的理想。

中国教育报选择在商务印书馆举行"推动读书年度人物"揭晓仪式，是不是也寄寓着今天的阅读人这样的深远考虑呢？

站在商务印书馆的礼堂里，感慨万千：我想，在今天还需要通过褒奖来推动阅读这一行为本身，是不是也映射出一种尴尬？

百年前，列强肆虐，生灵涂炭，劳苦大众，活下去都是一件艰难的事，遑论读书求学。纵然如此，我们的先圣明哲们还能担负责任，筚路蓝缕，星火燎原，出版，发行，办学，带着年轻人读书，求生图存，发展国力，力量虽微弱，但他们终究实现了读书救国的崇高理想。

有人说，今天的中国人不读书，是因为受到手机等电子产品的诱惑，分散了时间和精力。但在我看来，国人不读书的根本原因是，他们在成长过程中，没有得到老师和父母的引领，没有真正走进阅读之门，养成阅读的习惯。

站在商务印书馆，面对百年来那些开启民智的文化先知，我很羞愧。这样的忧思提醒我，培育一代读书人，路长且远，吾辈当学先人精神，努力，努力。

我们需要阅读经典

上周末，邵老师做了题为"回归教育传统，建设本色语文"的讲座。两个小时，邵老师引经据典，妙语连珠，把听课的老师都给征服了。有老师感叹：句句有出处，字字有来历；知道邵老有学问，没想到这么有学问！年轻的韩老师还专门给讲座援引的材料做了一个统计，书文有33种之多。我根据提供的文稿仔细地核对了一下，剔除重复的不计，也有27种；当然，演讲中还另有征引，实际远不止此数。

平常时候，总喜欢和邵老师坐在一起叙话，天南海北任意西东。如果正好有安老师的加入，那就热闹了，三个男人一台戏，肯定是精彩纷呈，高潮跌宕。记得有次在演艺学院，我们就这样，从早到晚，聊了一天，临下班，依然是情味无尽，流连忘返。

何以至此，那是因为我们仨都算是读书人，而对于真正的读书人来说，阅读本就有大致相同的趋向。我们聊得欢，正是因为在我们彼此接近的阅读里，藏着共有的'灵魂密码"。

邵老师在朋友圈晒自己的阅读书目，有人说他的阅读"冷而避俗"，可在今天讲座中，我们看他引述的这些书和文，应该是一个文史爱好者或者说是一个教育者基本的阅读内容吧，不信你看看他征引的这些材料来源：《论语》《孟子》《礼记·学记》《荀子》《汉书·艺文志》《诫子书》《颜氏家训》《朱子语类辑略》《焚书·童心说》……

作为一名文科教师，或者说学过教育史的人，对这些书应该不算陌生，这些也都算是教育学的经典论著吧。

每个人都有自己的阅读偏好，有自己的学科专攻，这是不错的，但现在很多人以此作为不能和别人分享的理由，这其中的原因，要么是他们根本不读书，要么是他们没有真正的阅读经典！

钱锺书参观美国国会图书馆，管理员因其藏书丰富而骄傲，同去参观的人也无不为之惊叹，只有钱锺书一个人默不作声。问及钱先生有何观感，他说："我也充满了惊奇，惊奇世界上有那么多我所不要看的书！"

钱先生的阅读选择有自己的眼光和智慧，令人佩服！只是，当这种情况出现在我们面前的时候，我们能正确面对吗？

几十年前出版物是稀罕物，阅读不需要选择。而如今，根据中国图书进出口总公司的统计，世界每年出版的图书有64万种，中国已经高达30万种，以绝对的优势独占鳌头。我们有足够的理由为今天中国出版业的繁荣昌盛而骄傲；但我们也不得不承认，"繁荣昌盛"的背后其实也存在着大量鱼龙混杂、泥沙俱下的现象，这对今天的阅读者来说真是一个巨大的挑战。叔本华说："有无数的坏书，像蓬勃滋生的野草伤害五谷那样使读者浪费时间、金钱和精神，可恶又狡猾的文人巧妙地引诱人来读时髦而平庸的作品。"这绝不是虚言，因为我们看到，有太多的人在这样的现实情景中迷失了阅读方向，毫无察觉。

有朋友感叹：自己也读了不少书，但扪心自省，发现自己既没有练就阅读的"功力"，更没有感觉自己收获满满。我想，这其中一个重要的原因就在于：无效阅读消耗了我们太多的时间和精力，我们没有真正触及阅读的内核。

眼前能守住一张书桌静下心来做学问的人真是不多了，我们都追求利益都最大化，我们夸古人著作等身，有人就笑了：那算什么，他们一年就能出几本，甚至几十本呢——道理很简单，他不是一个人在作战，而是有着一个庞大的团队。这也是书越来越多，可读的书却越来越少；出版的图书越来越丰富，可选择的书却越来越少的原因——我们制造了太多的文字垃圾。

看老一辈学人的回忆录，心生无限感慨：那时候的生活很艰难，获得书也不容易，但那时绝少出现今天这么多注水的"著作"。更重要的是，只要想读书，都能受到不错的阅读引领和指导。这其中一个重要的秘诀就是对"元典"阅读的重视。

经史子集，古今中外，看似汗牛充栋，但真正需要阅读的并不多，也不能多。就中华传统文化而言，享有"元典"之尊的其实很有限：儒家的"五经"和《论语》《孟子》《荀子》，道家的老庄，墨家的《墨子》，法家

陪着孩子，慢慢变优秀

的《韩非子》等，史家的前四史和通鉴……如此而已。这些元典中的任何一部，注家何止千万，有限的时间和精力，绝不能遍览，那就读读这些有限的"元典"吧。毕竟，《道德经》五千言，《论语》一万多字，《史记》130篇，也不过52万字而已，细细读，也耗费不了多长时间。

外国人的东西，也是这样。一次在苏霍姆林斯基阅读分享会上，专家为与会者开列了一个推荐书单：《教师要学苏霍姆林斯基》《追随苏霍姆林斯基》《跟苏霍姆林斯基学当老师》《跟苏霍姆林斯基学当班主任》《苏霍姆林斯基谈怎么教学》……

交流的时候，我说："在阅读时间和精力都不充裕的情况下，不如就读读教育科学出版社出版的《给教师的建议》，杜殿坤先生的译本，明白如话，流畅易读，也算是苏氏著作的'元典'阅读吧。"

当然，很多中外的"元典"，阅读起来并不容易，尤其是起步阶段。有段时间我和孩子们学习《史记选读》，孩子们读得嗷嗷直叫，苦不堪言。他们宁愿我搞一家讲坛，说故事，就是怕自己阅读。其实何止是孩子，我们教育者自身也没有跨过这道坎。这些年，给各地编写高考模拟试题时，如果文言文阅读文本没有配译文，就会遭到很多教师的抱怨。真令人担忧。

作为教育者，真的需要"啃"点难懂的元典。要知道，如果没有阅读元典的经历，我们的阅读永远只能停留在一个极低的层次，只能看别人翻译、改写甚至戏说的东西。这样的阅读就像鸠摩罗什所说："有似嚼饭与人，非徒失味，乃令人呕哕也。"我们再贩给学生的时候，就不知变成什么了。

有人说，只要太阳照常升起，地球上就不会有什么新鲜事，至多不过是换个名头和花样出现而已。元典的意义就在于，其直指宇宙生命、人世百态等根本问题，解决问题的方法既立足现实又能超越时代，具有永恒和普遍的价值。也唯有阅读元典，我们的交流才能寻求到更多的"灵魂密码"。

九、请把我的爱带回家

父母是有有效期限的。

小孩儿是老天爷(或上帝)给我们的礼物，

当你不珍惜的时候，

老天爷(或上帝)就把

这份甜蜜的礼物收回了。

——龙应台

把孩子的教育交给谁

20年前，我刚走上工作岗位，常有家长把孩子领到我身边，看着我说：老师，这孩子就交给你了！眼睛里有着无限的虔诚和庄重。那时的我还有着年轻人的冒失和懵懂，一听到这样的话语，一种莫名的责任感就腾腾腾地升起来了。如今，时过境迁，虽然我们也还能听到这样的话语，但言辞之中已经没有了当年家长对教师或者说对学校教育的信奉和尊崇，反而多了一层客套和奉承。

我们必须承认，世人对教育不再是那样盲目仰望，取而代之的是一种平视甚至俯视的态度，或者说渐趋理性，家长渐渐要求和教师的关系变得平等。然而，只要我们仔细审视一下，就会发现，更多家长要求的只是一种结局的平等，却没有积极主动地参与到孩子的教育过程中去。

从把孩子送进学校的第一天起，家长就甘心"退居二线"。这时，把孩子培养成怎样的人，如何培养成心里所期待的那种人，等等，仿佛就成为老师应考虑的问题，而与家长无关了。

常常见到的情景是，许多孩子不配合家长的管教，都会遭到诸如"我要和你们老师说""这是老师布置的"之类的恐吓话语。此时此刻，其实谈不上任何的教育平等，教师处于绝对控制的地位，不仅仅是在知识传授和教育方法上，更重要的是在心理上，学生和家长都处在屈从的位置。

一旦家长对教育一无所知，把权力完全交给教师时，从心理上也把责任交给了老师，从而获得了暂时的解脱和轻松。可是有一天，当家长发现孩子各个方面都没有达到他们的心理期待时，教师和学校在家长心目中的形象就会轰然倒塌，他们固执又偏执地认为，学校和老师没有兑现他们的"诺言"，没有尽到教育的责任，于是乎，一种对教师的怨怼甚至仇恨情绪油然而生。我们常常听到的声音是：悔不该当初进这××学校，某某害了我的孩子，等等。可家长们有没有想过：任何一个孩子的成长都不是一朝一夕的事，在这漫长的过程中，孩子的教育出现了偏差，作为家长，为什么会浑然不觉？

应该把孩子的教育交给谁？除掉老师，还有家长和孩子自己呢！

可很少有家长能够意识到自己应该去承担的那份责任，他们对与自己密切相关的教育常识都不愿去了解，这必然导致自己不能与教师形成平等的对话。其实，教育原本就是一些具体的行为，并不高深，其关键在于能否积极地研究和不懈地践行。现在的家长，基本都接受过教育尤其是基础教育，应该说对学校的教育方式和过程并不陌生，要想了解今天学校的教育现状也并不困难。一个有智慧的家长就在于他能主动介入，在整个过程中都与教师处于平等位置去对话和沟通，与教师一道并肩作战，这样的教育即使出现偏差，也不会出现太大的问题。

事实上，并不是所有的问题都需要求助于教师的；更何况，在眼前应试教育的大环境下，如果一个教师的眼中只有分数的话，这样的教师并不一定比家长高明。

如果孩子期末考试数学没有考好，老师对家长说：我觉得孩子的数学能力有欠缺，需要给孩子另外补课。而此时这个孩子才上小学一年级，作为家长，稍有教育常识的话，就不会慌张，甚至根本就不应该在意。在这个时候，家长就应该担负起自己应该承担的责任，重新去考量、评估和肯定我们的孩子。

如果孩子对老师说，我的语文成绩一直不好，从小学到高中都是。老师说，跟上我的节奏吧，没问题。于是乎，从周一到周日，从寒假到暑假，就有了做不完的试题，打印，复印，报纸，试卷，无穷无尽。作为家长，如果我们学习过基本的教育理念，应该明白，这不是学好语文的方法。如果在这个过程中，老师没有让孩子喜欢上阅读并养成写作的良好习惯，这个老师的做法就很让人担心。

就拿成绩来说吧，孩子的考试成绩有波动，很正常。可能是这一段时间学习状态比较糟糕，也可能是因为考试的瞬间大脑暂时"短路"，甚至可能是考试的内容与阶段所学的内容完全无关，一切都有可能。我们做过学生，都经历过成绩波动的情况，但为什么还是有那么多家长要求我们的孩子一定要做常胜将军，百战百胜呢？更何况，今天学校的考试是如此频繁。

如今我们获得信息的途径已经大大拓展，在网络上甚至有一些专门的网站对孩子在不同时期所出现的问题有着专门的讨论、分析，都能让我们从中可以借鉴。作为家长，只要我们愿意投入时间、精力和情感与孩子相处，发现问题，我们完全可以运用自己的智慧，和教师一起面对孩子的教育。可很多家长还是习惯于从教师那里获取孩子的相关信息，而对于如何去分析这些信息，依然茫然无助，仿佛不关我的事。有些家长甚至还认为，孩子送进了学校，教师就应该担负起教育的全部责任。

最后，我还要说，对于一个教师来说，一个孩子可能只是他工作的一部分；可对于一个家庭来说，一个孩子就是他们的全部。

培养一个贵族需要几代人的努力

无论是在小学课堂还是中学课堂上，每次说到陶潜（陶渊明）或者王勃，我们都会不厌其烦地诉说他们的家史。

陶潜母亲乃当时名士孟嘉的女儿，孟嘉乃陶侃的女婿；而陶侃呢，从县吏起家，再为郡守，终至侍中、太尉、荆江二州刺史、都督八州诸军事，封长沙郡公。他一生东征西讨，战功赫赫，为东晋政权的稳定立下汗马功劳。陶潜少年就树立大济苍生的志向，所谓"猛志逸四海，骞翮思远翥"，心怀天下是也。

王勃的家族更是了得，祖父王通是隋末大儒，号文中子；叔祖王绩称得上初唐第一诗人；父亲王福畤诗名虽不盛，但官至太常博士，也相当于今天的省部级干部呢。王勃可谓真正地出身名门。

我一直不知道对孩子们这样言说，可曾在他们小小的脑海里留有什么印象，他们是否认识到，没有这样的先祖，是很难萌生出这样才华横溢、旷古绝世的大诗人的。

我们说陶潜、王勃，说杜甫、苏轼，说曹雪芹、孔尚任，说鲁迅、钱钟书，很多大家的身后都有着整个家族的绝世荣华。某种意义上说，这些家族的爵禄和文化的累积正是他们后代成才的重要条件。

一个家族的崛起与振兴其实是一个慢慢累积的过程，它需要几代人的坚持不懈地努力。我们常说的世代冠缨、百年旧家，其实是一个家族多少代人同心协力，相互扶持，用智慧和汗水共同铸造出来的。

可在我们的眼前呢？

在我们村子里，读书走出村子的人很少。20年前，我幸运地上了学，分配了工作，改变了身份；就是在今天，即使我的收入不如其他在农村的兄妹收入的情况下，我的兄妹还是很羡慕我作为一个读书人的自在和轻松。最近三年，几个侄子陆续考进大学，一个比一个优秀，这真让人欣慰。从这个意义上说，我的经历在一定程度上坚定了他们读书的信念。

我常对孩子们说，我是第一代"移民"，从农村走进了城市，尽管我只是一名普普通通的教师，但我很幸福，因为我坚信我的孩子不会再像我当年那样的懵懂无知，她一定会比我走得更远。这其实就是一个文化累积的过程。

伴随着社会的不断发展，那些潜在的和不断累加的矛盾日益凸显。"读书改变命运"的信念在现实面前正遭遇空前挑战。现如今，"读书致贫""读书无用"等言论甚嚣尘上；金钱至上，笑贫不笑娼的观念深入人心；整个社会浮华又躁动，早就无处安放我们焦躁不安的心灵。在一个家庭或家族没有享受到读书所带来的回报和收获时，再让他们义无反顾地投身教育，真是一件很艰难的事。

作为教师，我不断向我的学生和他们的家长鼓吹呐喊：眼前的教育可能还有诸多弊端，但我们要相信知识会改变一切。自古以来，凡是摒弃文化的朝代，最终还是会向知识和文化屈服。只怕文化和知识至上那一天真的来临的时候，我们已经整整耽搁了一代人，更谈不上文化的累积？

有人说：由于缺乏耐心，我们被逐出了伊甸园；又由于缺乏耐心，我们再也回不去了。我时常默念这赫卡忒咒语似的文字，算是一种自我警示吧。

培养孩子的自立能力

晚上到超市购物，遇见以前的一位学生。看到他带着一个女孩子，就随口问道："你女朋友？可结婚了？"谁知他声音一下子提高了八度："还说呢，就怪我家那死老头子，把钱紧紧抓在手里。我没钱，怎么结婚？"我说："你不是毕业两年了吗，还没找到工作？""是啊，考了两年编制都没考上，现在还赖在家里。"我心想，那你还有什么权利和资格埋怨父母。

其实，这孩子的父亲我认识，和我同行，是一位乡下小学教师，收入并不高。这几年孩子读大学的花费很大，家里很难有多少积蓄。听完他的话，我非常寒心，也非常气愤：辛辛苦苦培养的一个大学生，找不到工作，连自己都养不活，还想着结婚，难道父母养你还不够，还得为你再养一个人？

回来后，我一直在想，如果不是小时候父母对他百般溺爱，千般顺从，万般迁就，一个受这十几年教育的人，如何会养成这种依赖、自私甚至无耻的性格。

眼前在很多家庭的教育中，只要孩子成绩优秀，做父母的什么都能够付出，"儿老子"的情况极为普遍，衣来伸手饭来张口更不是什么新鲜事。这几年，有家长晚自习时到办公室来找我，想了解一下孩子的学习情况，大多数来的时候都是偷偷摸摸像个贼似的。临走时还一再告知，千万不要让孩子知道他来找过我。去年，甚至发生过有孩子以不读书要挟父母的怪事。

如今的生活条件已经有了很大改善，为孩子创造良好的读书条件本无可厚非，问题在于，不少家庭对孩子的要求是成绩至上，一切以升学为目的。"孩子，你好好学习，把成绩搞好就行，其他的事情交给我们。"这是我们最熟悉的家庭教育话语。爱心、宽容、正直、责任等都淡出了我们的视线，很多家长几乎彻底放弃了对孩子的成"人"教育。这种畸形的教育观后果很严重，有时甚至会引发悲剧。2011年4月1日的"上海机场刺母案"就是一个典型案例。

有天下晚自习后回家，看到一位母亲到公交车站接她的孩子。公交车到站，孩子接过母亲递过来的伞，随手把书包塞给母亲，然后兀自撑起伞就走，掏出手机按起来，全然不顾身后弱小的母亲。而此时，空中正是细雨迷离，寒风瑟瑟。

做父母的，无论富有还是贫穷，都不能忽视对孩子自立自强价值观的教育和能力的培养，只要有利于培养孩子的生活能力，让他们受点苦又算得了什么。如果总是溺爱孩子，无论对孩子还是对自己，都必将是一件糟糕的事。

不能以爱的名义伤害孩子

班级里有一个孩子，每天我上课他都睡觉。这件事让我很忧虑，我怕是因为我上课不够精彩，不能激起他学习的兴趣。再后来，我发现，他从早读的时候就开始睡觉，并且是每节课都睡。我很吃惊，找到班主任，想了解一下具体情况。班主任说，孩子是一名借读生，基础很差，上课几乎听不懂，他也不想读书，但他父亲非逼着他来，他父亲还说，不管他愿不愿意读书，家里把他送到县城比较好的一所学校，也算是尽了做家长的义务了。天啦，还有以这样的理由来学校读书的。这孩子很温顺，除掉睡觉，从不捣乱，真令人心疼。

有一天下课，下着雨，本来是课间操的时间，改为大家自由活动。我正好站在这孩子的旁边，我们就顺便聊起来，我说："你不喜欢读书，你对其他的事情感兴趣吗？"孩子说："初中毕业，我准备去学汽车修理，但我父亲说，同村和我一般大的孩子，都读大学了，不读大学，有什么颜面。这几年，父亲在外做一点生意，效益还不错，非得让我读书。如今我在学校，觉得实在没意思，现在是什么想法都没了，只希望早早熬过这三年，好让父亲死了让我读书的心。"

听了孩子的话，实在不知说什么好，我只是想，都什么时代了，做父母的还有这样的思想。再说，大学扩招已经好多年了，毕业后的就业问题也很令人忧心。今年全县应届大学毕业的师范生有几百人之多，一起争取那有限的几个教职岗位，想想就知道有多难！一个年轻人，不掌握一技之长，只想着凭一纸证书找一份工作，简直是天方夜谭。想起以前看过的一个段子：

> 其实文凭不过是一张火车票。研究生是软卧，本科是硬卧，专科是硬座，民办的是站票，成教的在厕所挤着。火车到站，都下车找工作，才发现老板并不太关心你是怎么来的，只关心你会干什么。

真是一针见血！想想眼前的这个孩子，就是那一张毫无用处的证书可能也捞不着，却要为此起早摸晚，无谓地耗费几年的青春。说现在的孩子读书很苦，其实，在我看来，每天坚持到校，却又没有奔头、没事可做的孩子才是真正在接受煎熬。

那天开校会，一位领导的发言让我唏嘘不已。他说，有的家长之所以不惜一切代价把孩子送进省级示范高中，存在一个想法：即使孩子读书不成，将来上不了大学，但他能在高中建立良好的人脉关系（相对来说，省级示范高中的孩子会更有前途），对将来进入社会有很大的帮助。我想，这种高论，也只是在眼前现实情境中的一种怪现象吧。

简直是谬论，一个充满无限可能的生命个体，就这样被他们"高明"的家庭教育以爱的名义彻底地摧毁，还有比这更令人悲哀的吗？

"陪伴" 才是最好的教育

月考结束，同事说：这段时间太忙了，也顾不到自家的孩子；今天天气这么好，我们不如带着孩子一道去爬山。我一口答应了。四辆车，八组家庭，近20人，浩浩荡荡就往太湖山去了。等着吃饭的时候，男人们就围着桌子掼蛋（是一种在安徽地区广为流传的扑克游戏）；女人们呢，依然围着孩子，抱的，牵的，跑前跑后的，忙个不停。

我找个借口离开桌子，陪着女儿和她的表妹在大院子里转悠。恰好院子里有些健身设施，旁边有个同事家稍大一点的男孩子，我们就凑在一起比赛，三个孩子玩得不亦乐乎，直到吃饭的时候才恋恋不舍地离开。

吃过饭，有人提议，在饭店里继续玩掼蛋，我不太愿意，就是掼蛋也应该在山上的树林里，找个空地，也算是接地气啊。同事们很不情愿地开车走人，很快就到了山下，车一停稳，我们家的两小姐妹就脱了外套，迫不及待地自行出发了，我也是匆匆忙忙，尾随其后。她们在前面大呼小叫的，好不快活；还给我找根棍子做拐杖，时时提醒我，注意脚下，别摔着；又不断勉励我，很快就到了，别泄气。天啦，我觉得是她们在带我玩呢！

太湖山不高，四十分钟就到了山顶。放眼远望，四野茫茫，都匍匐在自己的脚下，自有一种豪情在孩子们心头回荡。孔子"登东山而小鲁，登泰山而小天下"也是这样的体验感受吧。

在山顶休息了一会，我们很快就下山了，看到和我们一道来登山的人，有的半途而返；有的呢，干脆坐在山脚的树荫下，继续玩掼蛋。孩子们有的在玩手机游戏，有的百无聊赖地四处闲逛。等我们一下山，就匆匆爬上车，打道回府了。心里挺替他们可惜的，这么好的一次机会，真是探宝山而空手归啊。

女儿和她表妹，爬得尽兴也劳累，坐上车，开始还在回味这一路的风景，车子一颠一颠的，五分钟不到，就东倒西歪地睡着了。

这样的周末很值得。

眼前，大家都很忙，父母为工作，一天到晚有干不完的事；就连小学生，一天到晚也有做不完的作业，考不完的试……天天如此，忙忙碌碌，我们已经不知道，城外的桃花，是红是白；不知今年春燕，又落谁家；很少见过城市夜空里，也有皓月当空。适当放下心来，陪孩子出去走走，真是不错的选择。

好在现在大家的生活条件有了很大的改善，不少家庭都买了车，如果周末天气晴好，带孩子出去踏青觅幽，寻芳探胜，即便是搞搞野炊，也算是很好的亲子活动。只是今天的出行让我觉得，参与这样的亲子活动，作为家长，需要做的是陪伴和参与，用一个心理学的概念来说，叫"共情"，也就是共同体验这些活动的艰难与快乐，而不是把孩子向野外一抛，自己去玩手机或打牌，还美其名曰"陪孩子"。

其实，出行也不一定要呼朋引伴，一家人也行。上一周去褒禅山，我们越过水库，爬过山冈，穿过村庄和田野，孩子和母亲一道采摘野菜，一样非常快乐。

想起了此前读过的一篇文章，感慨万千。好在孩子还小，我还有机会弥补，将文章附在后面，算是自我警示吧。

有些事不能重来

有一天，我的儿子出生了。

他很可爱，但是我没有时间陪他，我要挣钱养家，我要出人头地。我不在他身边时，他学会了走路；我知道他会说话时，他已经能说长句子了。

那一天，我夹起公文包往外走时，儿子抱着他心爱的猫，抬头问我："爸爸，你什么时候回家？"

"哦，说不准。不过，爸爸有空一定陪你玩，我们一定会玩得很开心的。"我回答说。

有一天，我的儿子十岁了。我送给他一个篮球作为生日礼物，他说："谢谢爸爸！我们一起玩吧？你能教我打篮球吗？"

我说："今天恐怕不行。我还有许多事情要处理呢。"

"那好吧。"他说，然后转身离开，脸上没有显出失望。他很坚强，越来越像我了。

有一天，他从大学放暑假回家了。嘿，他魁梧挺拔，生气勃勃，完全是一个男子汉的模样。我对他说："儿子，你让我感到自豪！你能坐下来和我说一会儿话吗？"

他摇摇头，笑着对我说："暑假长着呢，我约了同学出去兜风，你能把车子借我用一用吗？谢谢，再见！"

我退休了，儿子也结了婚搬出去住了。有一天，我给他打电话。我说："如果可以，我想见见你。"

他说："爸爸，我很想去看你，但是今天恐怕不行。我还有许多事情要处理呢。"

我忽然感到这些话是那么熟悉。是呀，儿子长大了，他真的很像当年的我。我抚摸着怀里的猫，最后对着话筒问道："儿子，你什么时候回家？"

"哦，说不准，不过，我有空一定会去看望你，我们一定会谈得很开心的。"儿子说。

但愿不要让这样的事情在你的生活中发生，因为人生只有一次，不能重来。

（摘选自贤才文化选编：《成长·我思我在》，长沙：湖南文艺出版社，2008年版）

陪孩子度过"那些寂寞的日子"

安徽省中考语文的作文题目是《那_____的日子》，典型的半命题作文。我在监考的时候，有个孩子提前一小时把试卷送到讲台上，交卷离开了。

翻开他的试卷，看到他在题目中间空格上的两个字——寂寞。我心下一颤：这么小的孩子也会寂寞？

孩子写到，在他还不记事的时候，他的父母就外出打工了，幼小的自己只能与爷爷奶奶相依度日，每年只有春节的几天，能看到陌生的父母。小小的自己被那无边的孤独与寂寞包裹得严严实实，自己的性格也一直很孤僻。这样的日子一直坚持到小学毕业。升入初中的时候，母亲回到故乡，说是要陪他读书（准确地说只是一种看守和监督，因为他的成绩一直不好），但他怎么也找不到那种母子之间的温馨与甜蜜，依然过着属于他一个人的寂寞生活。直到有一天，他的同桌出现了。同桌是一个开朗、活泼又风趣的女孩，他感到生活里的每一天都是从她的笑声里开始，在她的笑声里结束。因为她，那孤苦寂寞的生活开始变得生动起来。眼前，毕业在即，他才发现，他已经离不开她了，这也许就是人们所说的爱吧。他发誓，绝不会放弃这个陪他一同走过那些寂寞日子的人。

孩子的书写很潦草，还有不少的别字，但不难发现他内心的澄澈和真实，只是觉得在中考这样的情境中他也把自己的心思袒露，真是单纯得让人忧伤。试卷中他题目答得也不好，连名句默写这些基础题都空着，这样的状况实际也宣告了他美丽的读书时光差不多到此终结。

有人说，好妈妈是一所好学校，可因为生活，这些年轻的父母们必须抛家别雏，背井离乡，在一个孩子最需要父母陪伴的岁月里，留给他的记忆恰恰是一片空白。我一直在想，这些留守的孩子们，他们是怎样数着那数以千计的日出日落，是怎样挨过那数以千计黑暗寂静的漫漫长夜的呢？在这个并不缺衣少食的时代，孩子们最怕的就是寂寞，无边无际，铺天盖地。

这样的孩子不是个案，据国家统计局公布的数据，2016年外出农民工达1.69亿人之巨，父母双方外出的也不在少数。更令人担心的是，计划生育政策下成长的家庭中独生子女偏多，一些孩子连玩伴都没有。

这些问题在高中阶段表现得更为明显。每天和高中的孩子们在一起，我发现，那些行为习惯，尤其是学习习惯良好的孩子，不仅成绩优秀，性格心理也十分健康。一个孩子能否健康成长、成绩优秀，绝不是初高中阶段能够改变的，其关键是他的幼儿园和小学阶段。到了初中，特别是高中，大部分的孩子习惯已经养成，性格差不多也已经形成，很难有大的改变。

遗憾的是，很多的家长，认为小学不是孩子读书的关键时期，认为孩子还不具备起码的情感认知能力，于是把幼小的孩子交给老人，这真是大错特错。反过来，读初中或者读高中的孩子正处在青春叛逆期，完全有能力照顾自己的生活，并且家长选择"关键"时期回来陪读，所起的作用往往是适得其反。

在眼前的现实情境下，如果我们真的迫不得已，必须离开孩子，我还是奉劝家长们，在孩子心智渐趋成熟的高年级阶段，也许更适合些。切切不可选择孩子最害怕孤独与寂寞，最渴望相拥相抱，最需要心灵抚慰的幼童时期，要知道，错过了生根发芽，一个人的春天也就过去了。

陪着孩子，慢慢变优秀

先看一个案例：

19：40

"老爸，你在做什么呢？……妈妈吃饭去了。"

语音链接，不通。

"我用妈妈电脑呢，没有麦，也没有音箱，听不见。"

"好悲摧！"

"老爸，我作文写不出来。"

"哦，写啥呀？写不出来？什么类型的作文？"

"不知道，不想写。"

"哦。给我一个不写的理由。"

"你试试，背那么多历史课文。……三课，死人了！……还有物理，英语三课！"

"知道你很辛苦呢！……作文就写《为什么有那么多作业》?"

"'泥垢'了。"

…………

"(⊙o⊙)?"

"嗯，我在呢，说。"

"我还是写不出来。"

"老师有任务吗?"

"有。"

"那咋办?"

"明天写。"

"那你先看电视吧。"

"你先和老妈微言下，问她是否可以让我看电视。"

"你看吧，就说老爸让你看的。"

"好，你打个电话，我不放心。"

"她在吃饭，总打电话不好。"

"你打嘛，不然回来我要完蛋的，你不懂的痛!"

"但你明天必须完成作文哦！不然老师也不会放过你呢!"

"我就说没带，大不了打板子。"

"那不好。作文还是要写的。我给妈妈留言了。"

…………

"我很久没看见你写作文了。暑假之后就没看见过。"

"都是因为作业多，不怪我。"

"作文展示你的才华。我希望你是一个有主见，且会表达的人。"

"我写了很多诗啊!"

"哦，只是我没见到。"

…………

21：11

"发生的佛教佛教佛奥奇偶房间爱搜附近搜附近欧式机大佛撒娇哦房间爱搜附近时……"

"这是什么呀?"

"不要在意,我在练习打字速度。"

"你不如去看一本书或写一段话,都很好。"

"两者有关联吗?"

"读书有助于思考,促进写作啊。"

"我今天看了两本书,然而……"

"你看书蜻蜓点水,没看进去。"

"哪有?"

"你把今天读的书简要概括一下,发给我。"

21:48

"我在打游戏。"

"不喜欢你这样。"

"为啥?"

"妈妈不在家,你就打游戏,好像管不住自己的样子。"

"O(∩_∩)O~"

"好像没有自制力。"

"游戏对我已经没有吸引力了,只是玩玩而已。而且我也玩完了。"

"你写个今天的读书感悟或简介啊,推荐一下,我也来看看这本书。"

"扫兴。《沉默的羔羊》。"

"我等你啊。"

"这是一个套路。"

"我想看完整的一篇。"

"这是一个套路,套路,又让我写作文。"

"你还没有写读书笔记的习惯。"

"'泥垢'了。打游戏好不容易打死一群人。"

"等你啊。"

22:28

"妈妈回家了吗?"

"明天给你，好不？……我在背书。"

"嗯，好。"

"可怜的英语，明早就上课了。"

"哦。"

……………·

这是我们父女的QQ对话。一个平常的周末，我出差在外，孩子妈出去应酬，留下女儿一个人在家。

女儿今晚是有任务的，那就是要完成一篇作文。这既是老师布置的作业，也是妈妈的要求。但从晚上七点半一直到十点半，作文仍没有完成。女儿显得百无聊赖，她先准备写作，只是无从下笔；想看电视，又很矛盾，担心妈妈批评；选择练习电脑打字，最终堕入网游；估计妈妈要回来了，又开始准备英语了……

这样的一个晚上，她看上去什么都做了，但实际上，她什么都没有干。她不能专注一事，收获有限；玩得不投入，自然也就很难开心，更不用说获得完成任务的成就感了。有人说，孩子是要看管的，就像今晚，如果家长一旁盯着，孩子也许就完成了任务。

眼前的这个孩子，有了具体的做事目标，又有了父亲的积极引导，此时如果还有父母的"约束"，其贪玩的天性就会受到抑制。一旦她真正静下心来，完成任务应该不是难事，而不是东一榔头西一棒子。

良好行为习惯的养成不难，但绝不是一蹴而就的，应该有一个过程。案例中这个孩子应该是一个知事温顺的孩子，正确适宜引导的话，她会发展得很好。但错过了这个成长的关键期，也许就会发展成为一个遇事拖沓、意志薄弱的人。

其实，何止是孩子，我们成人又何尝不是这样。有多少个日夜，我们不也就是手握鼠标，毫无目的，视线被一条又一条链接牵引，最终在纷繁的信息海洋里淹没，等我们回过神来，早已白驹过隙，悔之不及。

一句话，没有谁的内心天生强大，自制力是需要培养的，在诱惑无处不在的今天，尤其如此。孩子如此，父母亦然，对于"无人管束"的父母来说，也许，培养孩子集中精力做事的同时正是我们修炼自己的最佳契机。

　　家长正确的做法，首先是陪伴。"人在江湖，身不由己"，种种应酬自然也少不了，偶尔参与并不可怕；只是如果频率过高，家庭教育的质量就会大打折扣。好的家庭教育应该是"向内"的，最直接最简单的做法就是父母把时光留在家中，留给孩子，学会陪伴。为了孩子，我们必须做出"牺牲"，有所取舍。

　　其次是做好孩子的榜样。我常说，孩子需要的不是看管，而是陪伴。遗憾的是，我们看到很多家长自己打手游，看电视，自甘堕落，却要求孩子读书写字，天天向上。

　　前几年有一位家长，原本是教师，后来转行做了警察。日夜忙碌，忽视了孩子的学习，最终孩子连三本都没有考上，总分150分的英语只得了60多分。想起自己以前还是个英语教师，他非常自责。孩子复读的时候，每天晚上学校晚自习结束，他也按时回家，与孩子同步研究高考，复习英语，一年后，孩子考上二本，英语也考了100多分。作为父母，我们能静坐孩子身旁，或读书，或工作，能集中精力做自己的事情，往往就是孩子最好的榜样。也许我们自己没有这样的性情，但因为责任，我们必须努力做到。积极地想，这不也是重新塑造自我的一个极好契机嘛！

奥巴马的儿女情结

　　当年米歇尔·奥巴马为丈夫连任美国总统助阵的激情演讲稿曾在网上疯传。

　　当人们问我，入主白宫是否改变了我的丈夫的时候，我可以诚实地说，无论是从他的性格，他的信念，他的心灵来看，巴拉克·奥巴马都仍是许多年前我所爱上的那个男人。

　　……

他仍是那样一个人，当我们的女儿刚出生的时候，隔不了几分钟就急匆匆地查看摇篮，确认她们仍在好好呼吸，并骄傲地向我们认识的每个人展示自己的宝贝女儿。

他还是那个几乎每晚都会坐下来陪我和女儿们吃晚餐，耐心地回答她们关于新闻事件的问题，并为中学生间的友谊问题出谋划策的人。

奥巴马浓厚的儿女情结让我感动。

奥巴马是一位杰出的总统，但他首先是一位合格而称职的父亲。对奥巴马来说，"日理万机"绝不是夸饰，但他没有忘记做"父亲"的责任，他能做到"几乎每晚都会坐下来陪我和女儿们吃晚餐，耐心地回答她们关于新闻事件的问题"，这是多么难得啊。正是因为有了"父亲"的角色，他时时刻刻想到为那些和他孩子一般的中学生"出谋划策"，可以说，孩子成了他幸福的全部和奋斗不息的永恒动力。奥巴马写信给自己的孩子说：

当我还年轻的时候，我认为生活就该绕着我转：我如何在这世上得心应手，成功立业，得到我想要的。后来，你们俩进入了我的世界，带来的种种好奇、淘气和微笑，总能填满我的心，照亮我的日子。突然之间，我为自己谱写的伟大计划显得不再那么重要了。我很快便发现，我在你们生命中看到的快乐，就是我自己生命中最大的快乐。而我也同时体认到，如果我不能确保你们此生能够拥有追求幸福和自我实现的一切机会，我自己的生命也就没有多大价值。总而言之，我的女儿，这就是我竞选总统的原因：我要让你们俩和这个国家的每一个孩子，都能拥有我想要给她们的东西。

因为孩子，奥巴马对生活的意义和价值有了全新的认识。

可是我们身边的情况呢？一位老师教英语单词"hope"时，他问学生，"你们的愿望是什么？"其中一个学生说："我的愿望就是'爸爸能多陪我吃顿饭'。"说得真伤感！这个孩子的父亲成天忙于生意，很少有时间陪孩子，家成了他的流动旅馆。

这样的事例比比皆是。

我让学生写"印象父亲"的作文，一个孩子写道：父亲是单位的一小领导，给我最深的印象就是忙。每天我去上学的时候，父亲还没起床；中午回家吃饭，见不到父亲的影子；晚自习回家，父亲还没回来，说起来真是好笑，我现在真想不起来父亲长得是什么样子了。文字之间掩不住的失落和悲苦。这样的孩子自然也谈不上受到多好的家庭教育。

上学期开家长会，一位家长说，他的孩子成绩下降得厉害，在家中孩子又不愿说话，可她和一位男孩子走得很近，母亲偶尔唠叨几句，弄得家里就像第三次世界大战就要爆发的样子，他实在不知如何是好。我告诉他，这也许是，青春期的孩子在情感和心理上的自我疏远和放逐，而这一切又没有引起家长的足够重视，导致了父母之爱的缺位。家长需要多一些耐心，多陪一陪孩子，并能够和孩子达到"共情"，也许一切就会缓和，眼前最切实的是中午尽可能地回家，陪孩子吃吃饭，说说话，当然，不是要"教育"孩子！

这段时间，我也一直在想，那些留守孩子得不到父母的细心照料，也是生活所逼，情有可原；而在县城上班的家长是否也是万不得已，真不好说。看看饭店里日日爆满，大热天洗脚城也不闲着的小县城，你就知道这其中有忙不完的应酬，说不尽的悲辛和无奈。

总觉得，不是每个饭局都需要参加的，缺了你世界照样会转动。再说了，决定一个人升迁的因素有很多，频繁参与不过是徒耗时光，麻醉自己，混个脸熟而已。前段时间，我的一位同事说，那天把孩子丢在家里，摔断了胳膊，夫妇俩却在不同的桌子上觥筹交错。回家之后，恨不能给自己两个耳光。虽是说笑，懊悔之情是不难体会的。

想想也是。既然这样，那就赶紧回家吧，陪陪妻儿，一道看看电影，做做游戏，散散步，打打牌，读读书，那不就是你年轻时所梦寐以求的幸福生活吗？

我们究竟该指靠谁

20世纪八九十年代交替之际，高校扩招还没有开始，而参加高考的人数每年都创历史新高，录取的比例之低，让今天很多人难以想象。1992年，我参加高考的时候，全县文科考生500多人，最后总共才录取28人，这其中还包括专科。现在的许多省级示范学校，在那个时候照样创造了高考"光头"——颗粒无收的纪录。

因此，在那时候，复读是大多数读书人的选择。1990年，某大学召开新生入学会议，校长介绍说，这一届学生中有一个朱姓的学生在高三待了八年，从此，"朱八届"的名号也就不胫而走。

我一直以为，一个孩子在中学待的时间过长，有百害而无一益，徒耗青春而已。可我的一位师兄就持有与我完全不同的见解。他说，复读的时间长，认识的朋友就多，这是个人未来发展极为有利的人脉资源。他自己就是其中的受益者：那一年，几个人同时竞争局长的位置，最后他胜出，造成这种结果的决定因素就在于，他当年的一位高中同学在省政府任要职，说话有分量。

有时候我们不得不承认，这就是一种俗世的现实。

这些年，学校一直在招收借读生，尽管这是明令禁止的，但很难绝迹。做班主任这么多年，我深知，借读生的管理一直是让很多班主任头疼的事。因为这些孩子中，真正愿意读书，能够跟得上的实在不多。我一直对决策者心怀抱怨：作为省级示范学校，难道我们还缺借读费那几个小钱。可领导说：哪里是钱的问题啊？人情难违啊！有时候还有上级个别领导的旨意。更让我同情的是那些孩子和他们的父母，对一个普通家庭来说，借读费不是一笔小数目；借读生在学校，也很难享受到正取生的同等待遇。既如此，那又何必呢？这个问题我是百思不得其解。

在一次班主任会议上，分管校长的讲话让我醍醐灌顶：在家靠父母，出门靠朋友；而在朋友中，最铁的呢，就是一起扛过枪的，同过窗的，下过乡的；现如今，扛枪下乡已不可能，唯有这"同窗"还可以争取；这些做父母的，其实也不希望孩子读多少书，只要孩子能认识一些人，这些省级示范学校的同学将来必有前程远大的；让孩子与他们成为同学，也是为他将来的发展买下一些可能依靠的资源吧。

这不只是一代人的想法，通过这些家长和学校的口耳相传，已经成了我们这个社会的共识，并一步一步渗透到我们孩子的思想认识中。

只是，我对这样的理念一直心存疑虑，我很怀疑这种把自己的未来寄托在别人身上的念头。我读书的时候，有一个同学，平时和我们一起聊天的时候，总是说，自己的大哥是上海交通大学毕业的，自己的二哥是国防科技大学毕业的，那种自豪感写满脸上，弄得我们这些寒门子弟自卑得无处容身。只是他自己的成绩一直很糟糕，我们都去读大学的时候，他还在中学复读；再后来，他的声音也听不见了。毕业20周年同学聚会，也没见着他的身影，但也没有一个同学提起他，估计这些年也过得不尽如人意吧。想想其实也挺可惜的：一个人如果自身不足够的强大，就是自己的兄弟也帮不上忙的，更何况同学呢。

每次吃饭的时候，总听见有人说，我的同学谁谁如何如何，可那又怎样，你还是你，他还是他，生活都靠自己去过，幸福要掌握在自己的手上。

班上有一个孩子，每天都忙于同学之间的应酬，按照他自己的说法，活得一点自我都没有，成绩更是"王小二过年，一年不如一年"。我找来他的父亲，他父亲说，读书不行，这样混个好人缘也好，说不定，将来哪个同学会帮他一把呢！我就问这孩子和他的父亲：为什么我们不把自己练就得足够强大，将来让你的同学也有指靠你的一天呢？

我喜欢看好莱坞大片。这些影片总是宣扬个人英雄主义，总是让我们看到在浑浊繁杂的俗世生活里一个个生命的力量。

教育无所谓高下，但绝对有对错之分，刚出发的时候就定错了目标，还指望孩子有出息，我看很难。

学习不是为了"报答父母"

最近，给学生布置了一个很宽泛的作文题目——《父亲（母亲）的一天》。从作文中可以看出学生们的真诚和认真，很多孩子走入了父亲或母亲的工作环境，和父母一道劳作，体会父母的艰辛。

有孩子在作文中写道：

> 父母真辛苦，但仍然毫无怨言地供我们上学。有时候，我想，该如何报答他们呢？那只有一条路——上大学。
>
> 我的努力和你们的付出相比，算得上什么呀？在你们夜以继日、风雨无阻的劳作下安逸过活的我还有什么不奋力一拼的理由？
>
> 为了不辜负父母的期望，我一定要奋发向上，我找不到任何退却的理由。
>
> 是的，我要认真听课，努力学习。否则，我又该如何报答你们呢？

孩子们的认识是，父母所做的一切都是为了他们；所以，"报答"成了我看到的最多的字眼。这符合十七八岁的高中生的认知，只是，他们在写作中得出这样的结论，有违我布置作文的初衷，甚至让我感到有些忧虑。

每个人的存在都有价值，都不应为别人而活着。尽自己的能力抚养子女，供子女读书，为子女付出，这是为人父母的义务和责任。他们或工或农，或外出或留守，自有他们自身的选择。作为子女，读书学习也绝不应该是为了父母，而是应该从中寻找乐趣，积累知识，为将来做准备。

在我看来，为了子女而工作，为了父母而学习的观念，都是不正确的

215

认知。持有这种观点的人没有认识到生命本身的价值，这样的生命也难以绽放光彩。

更进一步说，如果总认为自己在为别人学习、工作，那他们就在期待别人给予自己回报。倘若这种要求得不到满足，他们就会怨天尤人，牢骚满腹，我想，这绝不是一个心智成熟的人的正确选择。

心理学家马斯洛提出了著名的需求层次理论，他认为：当人们满足了生理、安全、归属这些基本需求之后，就会去满足更高层次的需求——对实现自我价值的需求。也就说，人都需要发挥自己的潜力，表现自己的才能，只有这样，才会感到最大的满足。也唯有如此，才能最大程度地激发一个人的内在潜质，实现自己的生命价值，生活态度才会积极向上，生命才会有活力。

——— 十、和孩子一起，慢慢变优秀 ———

He haizi yiqi manman bian youxiu

教育界有一个比喻，

"给学生一杯水，教师要有一桶水"，

我不太同意。知识会老化，

知识结构须更新；学生是活泼的生命体，

不是简单的"容器"！

课堂里没有时代活水流淌，

能与学生心灵碰撞、能使学生感奋吗？

——于　漪

我们是在做唤醒灵魂的教育吗？

在来澳门之前的有关培训中，我们对澳门的一些基本情况有了一个粗略的了解，其中有一点印象特别深刻，就是澳门特区的民众福利特别好。

在教育上，除了享受12年的免费教育之外，澳门的学生只要想读书，基本上都能上大学。除了本地的澳门大学、理工大学等高校，中国香港、中国台湾、日本、葡萄牙等国家和地区都有面向澳门学生的招生计划。此外，我所接触的澳门中小学教师基本都是北京师范大学、华南师范大学、暨南大学等名校的毕业生。

对于很多内地孩子来说，这里简直就是天堂。除了没有升学压力，另一个让人羡慕的原因是这里基本没有就业压力。澳门回归以来，经济急速增长，工作机会多。澳门的工资水平全球领先，哪怕是娱乐场发牌的普通员工，一个月的收入也相当可观。

但是在澳门的课堂上，老师滔滔不绝，学生去见"周公"的场面并不少见。一天，上午是阶段测试，我在一个考场数了一下，32个人的考场，有17人趴在桌子上一动不动，监考教师也无动于衷。这里的同事告诉我：因为没有压力，所以孩子们缺少学习的热情和动力。

说到这里，我有些糊涂：一个人对知识追求和探究的热情究竟依靠什么来支撑？压力的有或无，为什么能成为学生不愿意学习的理由？如果说，澳门的孩子因为没有生存压力而生惰性，那么在经济更为发达、社会福利更为优厚的欧美国家，那些孩子会不会真的就成为"垮掉的一代"？

仔细审视这些发达国家的教育，好像并不是这样，欧美国家的很多孩子视野广阔，思维活跃，有自己的人生规划和长远目标。他们的学习生活，看起来轻松自在，其实，一些孩子做作业到夜里一两点也是常有的事。

的确，如果我们把孩子厌学的原因都归结于外在环境，那么教育的本质是什么呢？教育又有什么作用呢？我们是否推卸了自身应负有的责任和担当。实际上，很多孩子不愿意或者不会学习，与教师的教育理念、理想信念、人格魅力和职业精神都有很大关系。看看我们周围，有那么多的人把教育当作西西弗斯推石上山的煎熬，早已经在这个价值多元的时代中迷失了自我。

马克思说："教育绝非单纯的文化传递，教育之为教育，正是在于它是一种人格心灵的唤醒。"是的，教育不仅仅是知识的传授和灌输，教育需要点燃学生心灵的火焰。问题在于，如果老师自己的人格都不健全，那又如何去唤醒和点燃学生的热情，又如何能"让他们享有为充分发挥自己的才能尽可能牢牢掌握自己的命运而需要的思想、判断、感情和想象方面的自由"。

雅斯贝尔斯说："教育的本质意味着：一棵树摇动另一棵树，一朵云推动另一朵云，一个灵魂唤醒另一个灵魂。"每每诵读这段话，我就忍不住叩问自己：我是以这个标准从事教育工作吗？我的心灵是否也有树的沉稳深厚和云的轻盈灵动？我是否也能这样诗意地栖居于工作岗位呢？

做一个不被抛弃的教师

1

20年前，填报高考志愿时，其中有一个栏目为"有何特长"，我们都纷纷填上"唱歌""书法""长跑"等。我早已忘记当年我所填写的内容了，在此之后的这些年里，我各方面发展都很平平，也没有发现自己究竟有何特长。现在想起来真是可笑。这些年，填报高考志愿照样有"有何特长"的栏目，看到学生绞尽脑汁想自己有何特长，填写时一脸的认真样，我实在不知说什么好。

但也有一些例外，洋洋就是其中的一位。

入学的时候，洋洋貌不出众，成绩也一般，放到人群里是你绝对找不出的那种。因为从小生活在县城，与其他孩子相比，能说一口比较流利的普通话，只是在以分数论成败的教育环境里，这一点实在算不了什么。但好运还是降临到她的头上。

学校准备举办一次元旦联欢晚会，要选拔一名学生做主持人。在多轮角逐之后，洋洋被选中。就在那场晚会上，她落落大方的表现获得了师生的广泛好评。她的父母这才发现，洋洋竟然有这方面的能力和特长，说不定还是一种天赋呢。

她母亲多方打听，是否有专门培养孩子主持、说话之类的专业。经过多方比较、甄别，最后锁定中国传媒大学播音主持专业。这个专业有"央视播音员摇篮"的美誉，每年在全国只招100名学生，竞争激烈程度可想而知。有了目标和方向，洋洋学习的热情一下子高涨起来。对于专业课，除了向学校老师请教之外，她母亲还特意托人找到县电视台的播音员专门指导。再后来，又到合肥，找到省艺校的老师指导，从发声、形体到表演，每一个环节都有专门的学习、训练和提升。那一段时间，她真是累，本来学校的课程压力就很大，每个周末还要在县城和省城之间来回奔波。功夫不负有心人，通过一年多的努力，她成功通过了专业考试，接下来的任务就是集中精力准备文化课考试了。高考之后，她母亲对我说，高考前的三个月，洋洋学习的热情和认真令她十分的感动和心疼。

最终，洋洋如愿以偿，被中国传媒大学播音主持专业录取。

我常常和我的同事们分享这个故事，一起探讨专业成长路径。新课程改革催生了一批成就卓越的名师，我们也必须承认，他们在各自的领域确实做出了令人瞩目的成绩，所以他们被授予特级教师，省、市、县各级名师或学科带头人的称号。对于大多数教师来说，要成为"专家型教师""学者型教师"，有一定的困难，还有很长的距离。那么，我们如何能在专业化发展的道路上迅速成长呢？我想，那就要发现并展现我们的优势，把自己的优势发挥到极致。

我们都是普通人，不可能样样精通，但你至少要有一样拿得出手的本领，再把拿得出手的那一样确定为自己的成长方向。比如，有的老师上课举重若轻，行云流水，颇有大家风范，那就在课堂教学上下功夫；有的老师情思委婉，文笔细腻，写得一手好文章，那就在写作上下功夫；有的老师思维缜密，治学严谨，那就在教学研究上下功夫。有的老师写得一手好字，有的老师懂得古诗吟诵，有的老师喜好戏曲表演……都能在课堂展现了自己的特色和精彩，给学生留下永世不忘的记忆。不管哪方面优势，只要我们能深入研究下去，就会成为一个非常优秀的教师，就能培养出优秀的学生。用一句流行的话表达就是，"在成就学生的同时也成就自己，体现自身的价值，实现双赢"。

生活原本平淡，我们原本平凡，但有些人就是在这平淡、平凡中做出了令人惊叹的成绩，这就在于他们数十年如一日的坚守和勤奋，把自己的长处发挥到极致。要不然，无论我们擅长什么，只是如高考填报志愿时那样——拿出来说说而已。

2

在老家工作八年之后，我来到了现在学校，感觉就是一眨眼工夫，十年就过去了。就在这十年中，学校的人员构成发生了巨大的变化，年轻人成为学校教师队伍的主体，我也走进了"老教师"的行列。不知不觉中，我忽然发现，在我这个年龄层的教师中，已经渐向两个方向分流，一种是"香饽饽"；而另一种呢，就成了"鸡肋"。这从每年开学初的教师聘任中看得愈加分明。

无论是年级主任还是班主任，更愿意选择的是那些身强力壮、精力充沛的年轻人组成自己的团队。在很多人，包括学校的管理者的眼里，教育已经沦为一项体力活。今天这种趋势愈发明显。对于像我这个年龄段的人，已有近二十年的从教经历，基本上完成了职称晋升，奋斗的动力愈发减弱。有人拿到高级证书的那一天就自我解嘲：就等退休了！

作为一名教师，有着这样的心态，被人抛弃也就是理所当然。我在做复读班管理工作的时候，就有老师坦然地对我说：把我"带"着，反正对复读生，学校又没有高考指标的要求。听了这话，我有些气馁。

其实，在我看来，一个教师只有在这个时候这样的状态下从事教育

（既积累了一定的教育教学经验，又渐渐远离功利的世俗追求），差不多才愈发接近了教育的本质。遗憾的是，有那么多老师把自己的工作当成了西西弗斯推石上山的苦役，在学校里熬日月。

俗世中对教师总有着"蜡烛"的比喻，言下之意就是培育了学生，消耗了自己。可是今天，当年华老去，我们就这样无情地被比我们更年轻的同行甩在身后，是不是我们最大的悲剧？

也别怪同行的无情，也别怨学生的现实，很多时候，在学校里依然遵守着"丛林法则"。要想自己不被抛弃和淘汰，那就要使自己变得更加强大。我常常对我的学生讲，五十步与一百步没区别，但五十步与一千步的差别就大了。和年轻人拼时间、拼体力已经不行了，但我们有很多成功的经验与失败的教训，我们要做的就是总结提升，自我发展与更新。一句话，那就是把自己变得足够强大和更加智慧。对于一个教师来说，阅读和写作就是最直接的途径。

阅读可以让我们不与时代脱节；而写作呢，可以让我们用文字记录生命，唯有我自己经历和体验过的东西才是最真实的存在，无论季节如何变换，那些都是我最大的安慰。这些年，我一直以为，没有纯粹的教学和教育，每一次教育教学都是对自我思想的提升和生命的净化。喜欢一位同仁的话：

> 作为教师，只有自己发展强大了，你就不再是孜孜不倦的一桶水，你是一条奔流不息的河流，或是一道浩瀚无比的大江。你是一个标本，一门课程，而你赐予学生的不再是一桶臭水，你的每一朵浪花都是新鲜的，活泼的，有意义的。

教师也不应该是蜡烛，而是永远的火炬！

会"绝活"的教师越来越少

　　我在青阳中学复读的那一年，聂尔善老先生是我们的班主任。说他老，那是因为他已退休十年，但仍被学校返聘。聂老是教地理的，印象中最深的一件事，是他的地图画得好。有一节课，他带我们学习中国的行政区划，就从我们县开始，一点点地扩大，县到市，市到省，省到国，最后黑板上就是一张完整的中国地图。找张中国地图比对一下，你就会惊诧于它的准确与完美。这是聂老的绝活，不外传的，只是我们没有学到，真是可惜啊！

　　那年青阳中学还有一个理科复读班，班主任是一位数学老师。据我的兄弟说，这老师画圆从不用圆规，而是以肘为圆心，以臂为半径，哧溜一声，一个圆就出来了，很牛的。我在想，这也算是他的绝活吧。

　　我们中学时期的校长是陈振华先生，华东师范大学毕业，教政治的。他讲话很有逻辑，上课从不要求我们记什么，我们班的成绩一直很棒。我喜欢他开会时候的讲话，不用讲稿，风趣简洁，一二三四，条理明晰。哪像有些校长，念着自己都读不通的稿子。

　　我们的语文老师葛文焕先生，安徽师范大学毕业，落拓不羁的那种。上课很少带课本，写得一手好字，说一口地道的潜山话。在语文课被人教得昏昏欲睡的今天，想想葛老师当年讲《红楼梦》时我们不愿吃饭的殊胜景况，那就像传说中的事了。

　　这些老师都有绝活！

　　在一个特定的历史时期，这样手持绝活的人很多很多，尤其是那些老牌的重点中学里，这样的"传说"更多。上个世纪五十年代，考取宣城中学的大伯告诉我，在当时的宣城中学，他的老师中人才辈出，在全国各级刊物上立言立说，轰动一时。究竟是什么，让一个普通教师能成为个中翘楚？

今天的中国基础教育界，名师辈出：特级教师，学科带头人，骨干教师。每个学校都能数出一打，甚至更多，但真正潜心教育的人又有多少，在躁动的现实情境里，坚守灵魂的有，就我目力所及，像王栋生，像李镇西，像曹勇军，像唐江彭，像张丽钧……但凤毛麟角，难得一见。

不是每个人都能成为大师，但作为一名教师，拥有一门绝活，既可能，也必要。它会在学生心中生根发芽。这没有什么"用"，不能谋名，也不能渔利，再加上我们每天都太"忙"，也就没有练就一门绝活的金刚之心。

下午打电话找人，一口气打了12个，砌长城者五，办班补课者四，都很忙，鲜见无事在家的人……

我们今天怎样做教师？

1

互联网时代，很多教师发现课不好上了，学生在某些方面的知识不见得就比教师少；作业没法布置了，什么题目都能在网上找到答案。自己的知识越来越没有市场，这是一个多么令人沮丧的现实。

大多数教师对学生带手机进教室的行为深恶痛绝，碰到屡教不改的学生，应对办法无非是没收、封存甚至摔碎。可是，这样封堵有用吗？

在互联网无所不在的今天，我们与其封堵，不如积极拥抱互联网。在学校时，我利用网络随时了解外界的信息，尤其是与教育相关的信息。每次做完讲座，就有不少老师通过微信或QQ与我沟通、互动。我听别人讲座时，只要手机在手就更加心安——不怕被人忽悠。

面对互联网，父母不放心孩子，教师不放心学生，领导不放心下属，主要是因为做父母、老师和领导的没有树立起正确的网络观念，一看到手机电脑就联想到娱乐聊天和荒淫不堪，这样的观念需要转变。

网络时代的教师不再是知识的掌控者。如果不去了解最新的思想、技术、知识，就没有办法和生来就在网络时代的学生交流、沟通。教师必须改变传统的教学方式，从死记硬背向学以致用、活学活用转变，激发学生对知识的渴望，形成学习动力。

教师的观念转变了，就可以做很多事情。比如，引导学生确定目标，学会选择，不被知识海洋淹没；引导学生学会建构自己的知识体系，养成理性健康的互联网使用习惯。毕竟，学生阅历有限，在泥沙俱下的网络环境中容易迷失。

2

昨天，我参加一个行业内会议，主持人对来宾的介绍语很有意思。姑且不说来宾的职位，他们的荣誉称号听起来就很了不得：全国优质课大赛获奖者、省市学科带头人、省市技术拔尖人才、特级教师、世纪人才、省政府津贴获得者……

这个事例引发了我的思考：没有哪一个时期像今天这样名师辈出，可山头林立、彩旗招展中，却难以找到陶行知、晏阳初、梁漱溟、经亨颐、夏丏尊、陈鹤琴这样的教育大家。

一个非常重要的原因是，今天的名师是"评"出来的，讲究著书立说；而教育家是"做"出来的，注重身体力行。名师大多身处名校，占有优质教育资源，看重的是升学率、金牌数；而教育家们并不太在乎荣誉称号，而是实实在在地做一些事情，走进乡村和田野，开发民智。名师们拥有教育话语权，总喜欢高高在上地批评草根不思进取，视野逼仄，观念保守，方法陈旧；而教育家直视教育困境，置身其中，尝试改变，他们不需要用成绩证明自己，因为他们所做的就是成绩。同样做教育，层次不同，境界迥异，原因在于教育家心中有信仰，知道教育的本质是什么。

眼下，经济的快速发展影响着教育生态，不少名师从乡村走向城镇，从县市走向省城，从内地走向沿海。面对这种情形，一方面，各地政府和教育部门不能总是强调"个人奉献"，而无视待遇和环境因素；另一方面，那些作为楷模的名师是否也可以重拾信仰，放下身段，走向草根和基层？名师要想成为教育家，就应该有责任和担当意识，并努力为现实中的教育困境寻找出路。

3

绍云大和尚准备开示，朋友闻讯，千里迢迢地赶过来。到达褒禅寺的时候已经是中午了，遂邀我们在寺院里吃午餐。吃完饭，朋友赶紧去厨房帮衬洗碗，也没人阻拦，信佛的人都遵循"一日不作，一日不食；既不劳作，如何得食"，洗碗图的就是一个心安。

以前在家中，经常看到一些人来九华山做义工。时间长的，甚至达数月之久，除掉三餐的吃食，也没有报酬，大家都很开心，很满足。学校旁边的一个小院中也供着几尊佛，里面住着一位居士，老人年近古稀了。因为经常去的缘故，彼此就认识了。老人来自辽宁盘锦，两个儿子也都有出息，据她说，大儿子时任沈阳市委副秘书长，小儿子在大学做教师。衣食无忧的，但她执意要到安徽九华礼佛，帮助寺院洒扫供奉，她说这是做善事，心里踏实。我吃过老人家做的馒头，温软香甜，味道真好。

晚上，夫人下班回家，说县团委想邀请她给留守儿童做些心理辅导等力所能及的事，但没有报酬，问我是否值得做。我极力鼓动她答应，并告诉她，如果有那么一个孩子因为你的帮助而走进阳光，热爱生活，那真是一件功德无量的事，这比任何报酬都好。再说了，前几年，我们不还有资助失学儿童的想法么？只是因为这几年经济不济而作罢，心里一直觉得有点遗憾呢。

想起前两天，我想邀请一位名师给一所学校的高三学生做考前辅导，甫一开口，老师回话：2000块，一个半小时。我心里顿时就凉了半截。当然，也不怪他，现在就这行情，一切都向"钱"看，一切都商业化了。

在大办公室，经常看见孩子们来咨询。有一天，我看见一个原本认识的孩子进来，他四周瞅了一眼，就准备出去，我就问他进来做什么的，他说问数学问题。我说，办公室不是有数学老师吗？他说：我不想问他，以前问他的时候，他总是以各种理由推脱，因为我不是他们班的学生。孩子说的也不一定普遍，但确有老师是这样"小心眼"的。更有甚者，有教师把"精华"留在自己家的小课堂上宣讲，听起来觉得都是奇闻。

前几年，有教师对待遇和地位日渐下降而不平，进而将怨怒转嫁到学生头上。有一个段子讽刺老师说：多少钱问一个问题，一手交鸡，一手交猫，两不相欠。说得很露骨，也折射出教育、教师被现实挤压出的荒唐行径和部分教师自甘堕落的丑行。

民国时期的大教育家能够为教育倾其所有，甚至生命，或许与他们坚定的宗教信仰有些关系吧。在眼前的教育环境下，做好教育真需要有点宗教情怀的。

做个语文教师不容易

爱因斯坦五十岁生日的时候，弗洛伊德给他发去贺信，信中称爱因斯坦是个幸运的人。爱因斯坦很好奇，回信问弗洛伊德为什么如此强调他的运气。弗洛伊德解释说：不精通物理学的人就不敢批评爱因斯坦的理论，可无论他是否懂心理学，却都可以评判弗洛伊德的理论。

我想到我们语文教师的处境，和弗洛伊德当年的困惑如出一辙。前几年，领导来听课，英语数理化听不懂，但语文课还是可以听听，甚至还能"谈谈"的；这几年好些了，领导们都"专业"起来了，不会也不敢再信口雌黄了，唯恐说了外行的话，被别人"笑话"了去。当然，世人对语文的漠视甚至忽视的情况无处不在。就在我们办公室里，有同事说：语文成绩不是教出来的，因为在高中时，他一上语文课就睡觉，高考还考了100多分！再说了，作家更不是语文老师培养出来的，莫言就是个典型。

语文学科和语文教师的处境令人担忧。是不是可以取消这门学科？依我看，不行！非但不能取消，还得大大加强。在公开和私下的言谈中，有些大学教师直言不讳地感叹：学生语文水平日趋低下，包括那些硕士博士在内，不少人的论文连文通字顺的基本要求都达不到。当然，板子都打在中学教师尤其是语文教师的屁股上了。

去年，有家电视台采访我的一位参加演讲比赛的获奖学生，想请他就经典诵读的状况谈些个人认识。这孩子读过不少书，他的认识算不上"很主流"，但很有见地，只是不合记者的意思。采访者要求如何如何的修正，孩子说不出。我对记者说：你的意思孩子不明白，也就几句话，直接写出来，让孩子背述不就行了。记者左支右绌，就是不动手，折腾了好半天也没搞定。我自己动手写了几句话，采访者点头称是，孩子很快完成任务。我不禁感叹，做新闻的也是搞文字工作的，算是个语文人，怎么写几句公文式的表达也会这么难？

苏霍姆林斯基说：每个教师不管他教哪门课，都应当是一个语文教师。可实际的情况又是怎样呢？最近几年，各个学科都有学生参加的小论文比赛，指导教师常常把学生支到我这儿来了，说：语文方面的东西我不懂。仿佛"写"就是语文教师的活，这在学生面前真是一件尴尬的事。是不是高考语文考了100多分，他就具备了相应的语文能力？我看不一定。一个具备起码语文能力的人就应该有基本的听、说、读、写能力，大部分教师，听与说不会有什么障碍，但读与写就是问题了，还能有读写的爱好与习惯的更是凤毛麟角。

在读与写中，写更重要，叔本华说："读书是走别人的思想路线，而写作才是走自己的思想路线，只有经过自己的思想路线，把读书得来的知识消融掉，才会变为自己的东西。"可实际情况呢，有人从事教育几十年，除偶尔为评职称"写作"教育教学论文外，鲜见有人动手去写的，哪怕是课后小结和反思。

美术教师通过色彩和线条来教会学生绘画；音乐教师要操起乐器放开嗓子来教会学生去唱。一个不写作的语文教师，是教不出写作能力强的学生的。语文是一门科学，是一门艺术，更是一种审美的渐染和精神的熏陶，可就有语文老师竟然把学生教得一辈子仇视语文。

语文教师，需要学会读写，并让读写成为伴随自己一生的习惯；布鲁纳说："教师不仅是传播者，而且还是模范，看不到语文妙处及其威力的教师，就不见得会促使别人感到这门学科的内在刺激力。"真正的语文教学，不仅是传授知识，更是将自己独特的思考和感悟传达给学生，让学生在愉悦中感受文字的美好，进而有阅读和写作的冲动；如果还能因为语文课而喜欢上语文，并养成终身阅读和写作的爱好和习惯，这比高考语文考100分有意义得多。

教师怎能不读书？

刚调到含山二中的那一年，看到学校里的一切，满意极了。毕竟是省级示范学校，硬件设施十分齐全。就是学校图书馆，也非同一般，20多万册藏书；阅览室每年订阅200多种杂志，这对于一个刚从乡镇中学调上来的老师来说，确实是不错的工作环境！记得有一次去拜访一位退休的老教师，听他的教诲如沐春风，能真切地感受到他的温文尔雅，长者风范。临走他送给我200多本《学语文》和《文史知识》杂志，说是让我多学习，希望有所传承。回来后颇为感动，也感觉到身上的责任沉甸甸的。

接下来的两年，我非常勤奋。尽管此时我已经成家，但上课之余，每天尽可能泡在学校图书馆和阅览室。学校的藏书虽然不像大学图书馆那么丰富，但靠着近七十年的积累，也颇为壮观，有全套《二十四史》《资治通鉴》《十通》这样难得的全书，甚至还有不少珍贵的线装文集。阅览室期刊也十分丰富，就语文学科而言，除掉语文"四大期刊"（《中学语文教学》《语文学习》《语文教学通讯》《中学语文教学参考》）外，还有《语文建设》《修辞学习》《语文教学之友》《读书》《语文月刊》《语文教学与研究》等，就是报纸，像《语文报》《语文周报》《中学生学习报》《考试报》也都齐备。通过这些年的不断学习，我感叹不已，我的前辈们有如此魄力和眼光，能够把这些中学教育类图书和期刊收集得如此齐全。

可是，这一切，转眼之间就消失的毫无踪影。

先是在一次校务办公会上，为缩减开支，某位领导提出："示范高中的牌子已经拿到，学校不必再为藏书投资。虽然说，藏书是学校的硬件之一，但看不到，学校的有限经费不能耗在这上面。教学期刊无人阅览，学校不如削减订阅数量。"就这样，第二年，"四大期刊"中除为教研组订了一份《中学语文教学》和《中学语文教学参考》外，其他一律停止订阅。

接着，学校搬迁。投资近亿元的新校区建成，初高中分离，高中部全部搬迁到新校区，初中部留在本部。学校的财产按县委县政府的要求切分，图书杂志也在此之列。两库藏书，一库归高中部，另一库留给初中部。杂志报纸不好分割，只好按照废品5角一斤卖给废品收购站。订阅多年的报刊就这样毁于一旦。

十多万册图书就像垃圾一样被搬到尚未完工的新校舍，至今没有安身之地，所剩多少，也无从得知。

书籍，是人类思想的化石，是人类留给世界的宝贵的精神财富，是传播人类知识的最佳媒介。可是，看到学校最近几年里，对书刊的轻视和糟蹋行为，不能不令人扼腕。这些书刊是经过几代人的共同努力，不断积累而来的呀！学校是实施教育的主阵地，是传播知识文明、培育创新人才和提供人力资源的主战场。而这一切都得依赖书籍，引领学生读书也是教师起码的职业操守。

作家柯灵说：书是他的恩师，他的良友，他青春期的恋人，中年的知己，暮年的伴侣。有了书，他就成为精神世界的富翁，他就不再愁寂寞，不再怕人情冷暖、世态炎凉。古往今来一切有建树的人，哪一个不是"书迷""书痴"？对书的重视甚至"膜拜"是他们共同的心理情结，他们的成就的取得，正是源于书本的滋润。

世界上的许多国家，阅读氛围都十分浓郁。在法国，每年秋天举办的"欢庆读书"活动已经开展了20多年。在活动期间，全国各地的书店，都会为此破例开放到深夜；由火车站改装而成的读书沙龙，全天候向旅客们发放或出售各种书籍，鼓励人们旅行时与阅读相伴；除此之外，各个城市，无论大小，都会举办各自的主题活动。这种对书的重视和对阅读的眷恋，是对智慧和精神的敬仰，更是人类精神文明发展的强劲动力。

可是眼下，这种良好的阅读习惯和全民阅读的氛围却始终没有出现。据中国新闻出版研究院最新公布的《第十四次全国国民阅读调查报告》显示：我国成年国民每天接触新兴媒介的时长整体上有不同程度的提升，手机接触时长增长显著，人均每天微信阅读时长为26.00分钟；传统媒介中，我国成年国民人均每天读书时间最长，为20.20分钟，比2015年的19.69分钟增加了0.51分钟，但纸质报刊阅读时长均有不同程度下降。

目前国民保持阅读习惯的占有率依然很低，人们普遍认为"没有时间读书"。这一点在我们学校表现得很突出。据笔者统计，全校近200名教职工中，自费订阅报刊的17人，其中12人是为孩子订阅学习类报刊；每年的阅读消费平均不足100元，占总收入的0.3%左右；除掉课本、教案、习题之外，真正的阅读可谓凤毛麟角。诺贝尔奖获得者约瑟夫·布罗茨基曾说过："鄙视书，不读书，是深重的罪过。由于这一罪过，一个人将终生受到惩罚；如果这一罪过是由整个民族犯下的话，这一民族就要因此受到历史的惩罚。"对此，我们是否应该三思？

明年，我们学校就要迎来七十华诞，大家能否真正定下心来，沉潜书本，在学校里形成良好的阅读氛围，不仅关系着"读书报国"的优良传统能否传承，更关乎着学校的未来。

教师需要练就写作本领

1

现在的很多学校，对教科研非常重视，有的不惜重金鼓励，希望教师在完成教学任务的同时，还能有热情和精力去钻研教育教学。

我以前工作的单位就有一项教科研奖励措施——教师写的文章获奖或发表，根据级别的不同会有不同的奖励。有一学期，我发表了20多篇文章，学期结束时，根据相关的奖励标准，学校发给我差不多五千块的奖金，这一下子在学校炸开了锅。也难怪，那时候，辛辛苦苦补课一学期，补助也不过两千块。就有老师拿着我的文章评论：这些东西有什么呀？言下之意是，他也能写得出。

这项奖励措施，这些年一直都在执行，遗憾的是，没有激励出几个"写作者"。很多同事很不平，但想拿到这样的奖金好像也不容易。

在很多人看来，写作是件很容易的事，"我手写我心"而已，但从现实情况看，好像不是这么回事，很多人侃侃而谈，"三条'路'""四个'一'""五个'心'"……一套一套的，真有些"范"儿。只是，如果让他写出来，他就会左支右绌，推三阻四，说没有时间，说没有兴致，说没有必要，等等。总之，就没有下文了。

对于很多高手来说，说话即写作。我的几位朋友公开讲话，都带着录音笔，说完了，把录音交给专门的整理公司，辑录成文，稍做修改就能发表了。这样的境界自然好，但练就这样的本领非一日之功。对于更多的普通人来说，"说话"和"写作"不是一回事，从"演说"到"立说"，不容易。那是因为："说话"是技术活，"写作"更是；说话可以现炒现卖，写作不行；说的话随风即逝，写的文章白纸黑字的，抵赖不得，自己的还是人家的，问问百度，一键即知。所以很多能说的人，不一定能写好文章。

昨天我们几位朋友出行游乐，每个人都用手机自拍互拍，晚上分享照片的时候，你就会发现，拍摄水平差别如此之大。就是这些平常的物事，在有些人的镜头里就有了灵动，有了趣味，有了美感，再仔细看，什么都可以说说的——色彩，空间，角度，瞬间的捕捉，都有讲究。

写作不也是这样吗？琐碎而庸常的生活里，哪有什么惊天动地的庞大叙事，但就有人拥有发现的眼光，拥有捕获的能力，能流畅的表达，能在师生日常的言语行为中感受到温暖和美好，能从年年岁岁的重复劳作中感受到生命的更替和岁月的永恒，能从一届一届的迎来送往中感受教师的价值和意义。写作的意义可能就在于：一切也许都没有变化，但这样的发现和捕获使我们的内心变得柔软宁静，更能享受当下。

当然，练就这样的功夫，不是一件容易事。

首先要学会阅读，要能在比较中看出高下，能从别人的作品中发现切入角度的独特与新奇，能看出别人在娓娓叙谈中如何的纵横跌宕，行云流水的文字中如何绵密铺陈。当然，如果我们自身没有养成写作习惯，我们的阅读就会潦草很多。一个爱写的人阅读，就像海绵吸水，全面而饱满，渗透每一个角落。

其次要下水操弄。在写作这件事情上，最容易眼高手低，看别人不过如此，自己去试试看，说不定还不如别人呢！我去普吉岛玩水，看别人骑水上摩艇，乘风破浪，好不惬意，自己跨上去，油门一拧，行进不到十米，人仰马翻，好是尴尬。写作也是如此，我无数次发现，同样的意思，别人的表达就流畅，就凝练，就妥帖，就让人一见不忘，看看自己，真是惭愧。

更重要的是，要有职业认同，有担当，有情怀，如此才爱教育，爱学生，才会有持久的写作热情和动力。常常有人问我为什么能坚持写教育评论，我说，我写作，是因为我对教育现实不满，也许，我们无法改变，但和教育本身一样，写作也是一种唤醒。有人说我的写作充满了理想主义，我告诉他，教育要立足现实，但同样要着眼于未来，一个教育者连美好的教育愿景都不敢展望，他只能永远地匍匐在地，也不可能引领学生，推动变革。

有人说，能写一手好文章，是一个人的美德，我深以为然。稍稍了解一下就知道，对于你我这样的平凡人，哪一个"成功者"的背后没有一部言说不尽的血泪史？从"演说"到"立说"，其实不容易，我一直都是这样认为的。

2

学校50周年庆，要出一本纪念册，于是向全体教师征文。然而，应征者寥寥，不少教师（包括很多语文教师）都在感叹，职称论文都不愿写，更不要提写别的文章了。有位老师私下告诉我，他评高职时的论文就是评中职时用过的那一篇。

最近几年，我担任过几次论文大赛的评委，评委会每次做的第一件事就是查重，淘汰掉那些抄袭的论文。尽管大赛规定参赛成员必须签署原创承诺书，如若抄袭将严惩不贷，但仍然会出现违规行为。

没有写作能力会严重制约教师的专业成长。有一次，某学科组组织一次教研活动，要找一位教师写活动报道。结果，找了几个人，回答都是："我们不是语文专业的，写不出来。"我认为这句话大有问题，难道只有语文教师需要具备写作能力？再说，即便是语文教师，也有很多人写不出像样的文章。不能写作的教师却要培养学生的写作能力，真是很荒诞！

教师要想不断改进教学行为、提升自己，必须动手写起来。对任何学科的教师来说，写作是一项基本素养。

注：本文在中国教育报刊社蒲公英评论发表后，引起教师的围观，不少教师纷纷留言，择录如下：

蒙翔：写作的尴尬，不是现在的事，就像现在的孩子不会写一样，我们以前在读书时，老师们在这方面下的功夫也不多。

李小平：教师要不断成长，多读、多思、多写。

肖瑞平：教师要想不断改进教学行为、提升自己，必须动手写起来。对任何学科的教师来说，写作是一项基本素养。这个呼吁振聋发聩，值得每位教师思考、践行。读和写是相互促进的，光读不写进步不大，思想也上不了高度；光写不读，时间长了，思维会成为无源之水。要成长，就要多读、多思、多写。

戎馨英：有时候，老师们不是不能写，只是不愿写那些"官话""套话"，如果写自己想说的话，又有几个不会写的呢？

刘启意：真话往往最伤人心，以笔者二十几年所见，现实中确实众多教师缺乏基本（应用文）写作能力，不要说其他学科，语文教师中都有相当比率。究其原因，人各不同，但主要有三点：一是我们师范教育没有把应用文写作能力培养列为师范生必备能力之一，想当然地认为大学生们都会融会贯通、举一反三，自学成才；二是大量不适合做老师的人因社会和个人等种种原因进入了教师队伍；三是有一些教师仍是被动应付工作，主动性、创造性不够。

惠自强：总结、思考、写作，与读书一样，都是教师自我提高的基本功，且是慢功，但慢工出细活。与写作能力的缺失相比，教师上升通道的缺失，才是最根本的缺失。中国教育要想大发展，仰仗多数教师的真知灼见，可是真知灼见，源于独立思考与与众不同的探索，这在乡镇中小学范围内，一般是不受领导欣赏的。中国的教育是趋同教育，教师、领导都很难包容、认同与自己观点相左的学生、教师。所以，中国的基层，缺乏有真知灼见的教育家、思想家式的校长。环境造就人。学生需要教师引导，教师需要国家引导，没有引导，没有台阶，成才也难。

唐付燕：这种现象，客观地说，不是教师没能力，而是不愿意写，写好了，奖励少少，写不好，坏处多多，这种费力不讨好的事，有许多人避之不及。文采是靠日积月累，偶尔，也有人愿意写，写真的挨骂，写假的违背良心，于是不写，处于中立状态，所以希望作者不要给那些不愿写而有写作能力的老师乱扣帽子。

华秀祥：写作对于教师来说很重要，这一点毋庸置疑。那么为什么会出现教师不会写或不愿写的现象呢？思考下来，原因可能有几个：（1）要想让写作成为一种习惯，需要两个因素，一是喜欢，二是认为有必要。现在，这样的教师太少了。（2）外面的世界非常精彩，教师们受不住诱惑。与精彩相伴的往往是浮躁，浮躁后哪里还可以静下心来思考呢？（3）教师们可能太忙了，这里的忙可能是工作上的，也可能是生活上的，还可能是心理上的，忙得忘记了生活中原来还有写作这件事。所以，纵观下来，写与不写是教师的心态，心态静者认为写作有意义，也有必要；心不静者，忙于事务成了不写的最好借口和自我安慰剂！

杨晨：学习是一项长期的、综合的能力。教师无论是学习哪一个专业，写作能力应该是教师，甚至说一个社会人必须具备的能力。写作是一项基本素养，不仅能够体现一个人的知识储备，同时也能够反映出他的思想观念、文化专业。一名合格的教师，特别是一名语文专业教师，更应该将写作作为一项生活习惯。如果想要进行有条不紊的教学，教师更应该准备教案、教学计划，如果没有写作能力，不能表达出自己的教学想法和步骤，又何谈教育呢？总之，教师担负着教书育人的责任，如果连最基本的写作能力都不具备，那么对下一代的影响就令人担忧了。

王洋群：我们每个教师都应该是一位博览群书的教师。我们教育局每学期都开展教师阅读竞赛，每位教师从中都受益颇多。

你也是变革的力量

每年高考毕业填报志愿的时候，我都很烦神，因为总有毕业班的学生和他们的家长希望在选择学校和专业的时候，我能给些建议。说实在的，这真是一件吃力不讨好的事情：在他们一脸茫然的时候，你就是他们的"救命稻草"；可一旦选择的学校和专业不尽如人意，埋怨也易滋生，仿佛都是你的错。

大学老师不满意：他们觉得这些年轻人根本就不了解这些专业，更不用说什么特别的兴趣与爱好了，心里也在抱怨：这些年轻人，在中学究竟学了些什么呀，怎么就不想想如何发展自己的兴趣爱好，发挥自己的特长，对自己的人生进行一些基本的规划呢？

孩子们也很委屈：每天待在学校里，两耳不闻窗外事，一心只读圣贤书，除掉"语数外理化生政史地"，我们每天就是拼命地刷题，哪有心思想到未来呢？黑板上面不也挂着"大干100天，幸福一辈子"的励志标语嘛！

这究竟是谁的责任？又是在哪个环节出了问题？好像用拳头打在空气里，什么也没打着，这才是真正的大悲哀！

可是，抱怨也于事无补啊！与其想着追究责任，不如想想怎么去改变。

在澳门镜平中学黄茹华老师的课堂上，课前三分钟，他让学生轮流介绍自己眼里的一所大学，这所大学最强的专业以及这些专业的发展现状和未来的发展前景。这是一项没有对错和等级的作业，但能促使孩子借助网络等媒介去了解，去比较分析，去猜测展望。孩子在课堂上的展示大大拓宽了彼此的视野，激发了他们进一步探究的欲望，甚至在心里规划了未来自己的职业设想。当然，这些做的还不够全面，也不够深入，但我想起我们的学生中，有多少人对大学的专业设置有了解，哪怕是一些粗浅的认识呢！

　　黄老师是个有思想很务实的人，在让学生准备这些知识介绍的时候，自己也有着精心的准备，这从他课堂上不时地点拨和补充就能够看得出来。为了和语文课程教学目标的统一，在后期，他还给这些学生的介绍规定了限时、限字数、脱稿的要求，在专业介绍的同时训练了学生的书面和口头表达的能力。

　　在和黄老师交流的时候，我建议他，还可以通过其他渠道，邀请大学教师来学校给学生做具体的专业演讲，让学生不断拓宽自己的视野，如果他们能在中学阶段就能树立人生目标，坚定方向，并为之坚持不懈地努力，那真是一件功德无量的美事。

　　作为一名教育者，面对教育困境和难题的时候，如果我们都能像黄老师一样，不去推卸责任，怪罪周遭，而是想想我还能做些什么。如果我所做的事情能够有助于现状的改变，哪怕就是改变极少的一部分，那都是有价值和意义。要知道，烛光非常微弱，但它一样照亮世界，每一位教师都可以是变革的力量。美国著名文化人类学家玛格丽特·米德曾经说过："永远不要怀疑，那一小部分有思想并且执着努力的公民能够改变这个世界。事实上，人类的历史从来都是这样。"

　　这样的教育者值得尊敬！

好的演讲应该有一个标准

　　澳门濠江中学85周年校庆，邀请了中外四位专家演讲，每人15分钟。

　　演讲者之一是华东师范大学一位终身教授、博士生导师。根据提供的材料看，教授的演讲分为五个部分，演讲十分钟之后，第二部分还没有结束，坐在第一排的组织者给出"还剩五分钟"的提示。15分钟之后，预设内容没有讲完，他向主持人申请继续讲5分钟，获得同意之后，麦克风却渐渐没有声音了——这是事前设置过的。最后新换了一支麦克风，草草收场。

在中外来宾近千人齐聚的现场，出现这样的状况，教授有些尴尬。在这里，只有规则，不讲身份，这是国际惯例。

林语堂先生说："演讲要像女人的裙子一样，越短越好。"虽然说得很绝对，但严格的时间限制应该是演讲的基本要求。像TED演讲和Pecha Kucha Night分享，都强调短时间内把事情说清楚，宁可深，不要广。

来这种场合作演讲的人，或是某一领域的佼佼者，或是某一新兴领域的开创者，或是做出了某些足以给社会带来改观和创举的人。每个人的经历都是一本厚重的大书，在15分钟这么短的时间内，做"用思想的力量来改变世界"的演讲，确实不易。因而，他们的演讲往往是开门见山，直奔主题，既要言之有物，又要启人深思。

多次观看、倾听并参与这样的演讲的经历，我发现，这样的交流研讨只有演讲台，没有主席台，发言的人上去站着说。其余的人，包括执行主席，坐在下面是听众。

对比之前参加过的很多会议，不免有些感慨。

现在的很多会议都是按部就班地进行，也都是些老生常谈的事，很多讲话是上一年甚至上上一年的重复。最恶劣的是，很多讲演者拿着秘书或者别人写的稿子，读到中间竟然发现还有字不认识，很是尴尬。当然，这样的会议也没有人愿意听，会场乱糟糟的，各人都忙着自己的事——聊天，打游戏，看闲书，发朋友圈，不一而足。领导也知道，不过睁一只眼闭一只眼，只要不是太出格，会议能照常进行下去就行。有时候会场里还会有几个幼稚园的孩子，来回地穿梭，不时地发出彼此呼应的叫声，虽然低低的，不过还是非常刺耳。

每次看TED演讲，热血沸腾之余，我觉得演讲就应该是这个样子的。我们身处小地方，在基层工作，达不到那种水平和境界，但换位思考，以己度人，少说两句也是一种善良。

我愿意把读写过成一种生活

周末遇到同事，他问我：上午在家做什么？又在家里写文章？看他郑重其事的样子，我觉得挺有意思的，因为好多人都这样问过我。

我就寻思着这种现象背后的原因。我是喜欢涂抹一些文字，但每次写来都是兴之所至，极为随意的，大多是有话则长、无话则短的那种，甚至有很多的残篇。当然，很多东西在没有成篇的情况下也不会和别人分享的，这是我的底线，我甚至觉得这是对"读者"的一种尊重。

对于很多读书人来说，阅读、思考、记录，原本就是一种生活，随时随地都会发生，绝不会像大家想象的那样，每次写作都要焚香沐浴，正襟危坐。就我自身的经验看，那样根本写不出东西的。更多的情况下，是看到、听到或读到什么，触动了自己，这时候随手记下来。等到有足够的积累，一旦有了触点，很快就能连缀成文了。

写作有时候是有瘾的。我的几位教师朋友，每天早晨 7 点之前，一般就会在自己的公众号推出新文章了。也不是说他们每天起早来写作，但可以肯定的是，他们差不多每天都在坚持写。你说他记录也好，创作也好，能常年坚持，这就肯定不是单纯靠毅力所能坚持的，有时候就是一种习惯，一种兴趣，一句话——"上瘾"了！所以，我的一位同事，用两年时间写出五册、100 多万字的前汉史研究的论集就一点也不奇怪。

林清玄说他很小的时候就立志当作家，每天坚持写，小学每天 500 字，初中 1000 字，高中 2000 字，大学每天 3000 字，至今已经写出 130 多本书了。如果说是梦想支撑了他一生的坚持，我是不信的，他肯定在写作中享受到无穷无尽的乐趣。

没有一个人是天生的作家，每个人写作也不可能篇篇锦绣，字字珠玑，但长期坚持的人，总会有灵光乍现的时候，这时候就可能有那么一篇两篇或很多篇文章可观可赏，值得玩味。有人说，写作是作家的性事，有

陪着孩子，慢慢变优秀

几分道理。

在我的身边，有更多的人是不写作的，连记录的文字都不写，这也包括指导学生写作的语文老师。所以，有那么几个老师，平时能写点小诗小词小文章，抒发些感慨，大家都以才子才女称之。

问及很多人不愿写不能写的原因，他们往往都自谦才华不具，"乏善可陈"，可我有时候读读他们发的朋友圈文章，不乏巧思妙想、警言佳句，稍做扩展修缮，便可成佳作，但他们认为这不足观，这也许就是对写作认识的偏差。很多人一谈到写作，就是如论文那般，四平八稳正经八百：要提要，要关键词，要大要全甚至要有字数限制，更重要的是要思想内容"高大上"。我认为这是一种比较狭隘的认识。

纵然如此，很多人还是愿意写"论文"，为什么呢，有人告诉我，写论文一旦评职称，既得了名，又获了利，你写那些劳什子有什么用？所以，之前因为编辑约稿希望我能够找人写点文字的时候，我得到的回复就是：给多少钱？我心里想的是，你写的东西还不知能否通过，怎好意思问？对于没有写作习惯和经过文字训练的人来说，千把字的文章，真不容易码出来。就我自身的经验看，越短小的东西越难写。

其实，对于写作的人来说，能将自己的思考和别人分享，本身就是一件愉快的事情；如果还能得到别人的认同，在我看来那就是至高无上的荣誉；如果还能进一步收获稿费、证书之类，那简直是我的奢望了。（当然，坚持了这么多年，有这些东西也就不稀奇）

早些年，有人问我坚持写作的原因，我说："写作，是因为我对现实不满。"十多年过去，我发现当时的认识并不全面，如今，我更愿意把写作过成一种生活。

对于很多的读书人来说，没有写作就没有真正的读书，一个人读书的最高境界是动笔写作，你只有拿起笔来，才真正开启了思考之门，才真正开启了阅读之旅。艾德勒说："你真想拥有一本书，你就把它讲出来。"读了一本好书后，你有没有产生一种迫不及待想与他人交流的冲动？如果暂时找不到适合的听众，写就是最好的方式了。因为人的思想总是漂浮不定的，我们必须用文字将它固定下来。

这些年，我陆陆续续写了几百篇文章，有老师随便提到其中一篇，我都能准确把当时写作时的情景、心情乃至写作的过程一一再现。我非常认同余秋雨先生的一句话："一个不被挖掘、不被表述的灵魂是深刻不了、开阔不了的。不被表述的灵魂无法不断地获得重组。不断的表述实际上就是在不断地组建自己的灵魂。"

我愿意这样生活。

后　记

　　2017年8月23日，修订完最后一篇文章，为期两年的交流生活也接近尾声。8月30号，我离开澳门，回到自己原来的工作岗位，又一次回到学习、工作、生活的起点。我很喜欢这样的方式——每隔一段时间，把自己的生活整理、归档，清零之后，重新开始。

　　《中国德育》"魅力教师"栏目约稿，我写的题目是：我愿把读写过成一种生活。其实，我早已把"读写"过成了生活，呈现在您眼前的这些文字，就是这种生活最诚悬、最平白、最动情的表达。重新阅读整理这些文字，内心温暖涌遍，我很惊讶于自己，这些年竟然也写了这么厚厚的一叠！

　　关于阅读，如果从中学时期开始算起的话，差不多有三十年的时间了；说起写作，却是非常切近的事。

　　世纪之交的时候，我给很多的学生刊物写稿，《语文报》《中学生学习报》《满分作文》《满分阅读》等等，都做过，甚至一度成了签约作者，也有了很多的编辑朋友。我要感谢这些刊物的编辑，因为他们，我笨拙晦涩的文笔渐渐流畅明白起来，也是从那时候开始，我一直追求浅易平实的文风。

　　那时候，写了很多，但我觉得那还称不上真正的写作。

　　早期的这些刊物在指导读写方面特别用力，所以特别喜欢课文赏析、名作导读和新著推荐之类的稿子。后来随着市场竞争越来越激烈，不少刊物滑进应试的轨道，渐渐变成了习题集。所谓的教育，在很多教育者的眼里，就成了一轮又一轮的题海大战。这不是我想要的，于是选择了逃离。

　　之后很长的一段时间，我很迷茫，看不到未来的路，不知道自己能做什么，如何去做。

　　2004年，遇见了《不跪着教书》，一气呵成地读完。我很震撼：教师竟然可以有这样的教育写作，老实说，我"跪下"了！那年我32岁，从此有了学习的榜样，我对未来也希望满满——吴非老师说，他开始写作时已经是38岁了。

这些年，这本书一直伴我左右，在网络上搜集吴非老师的文字，邮购他出版的每一本书，包括他的《作文教学笔记》。有人说，我的很多文字都有他的痕迹，是的，他对我的影响很大。尽管到今天我还不认识吴非老师。

也因为《不跪着教书》，我知道了"大夏书系"，成了这个书系最忠实的读者，得以阅读到陈桂生、李镇西、张文质、李希贵、杨林柯、凌宗伟、王开东、袁卫星等人的文字。最近几年，大夏书系把目光投向国外，引进了《教育不孤独》《教学勇气：漫步教师心灵》《学会教学》《教育力》等经典教育著作，为我的教育阅读打开了又一扇扇窗。

感谢"大夏"，因为这些阅读，我这些年的教育实践才不至于懵懂和莽撞，才坚守了教育的基本常识，建立了自己的教育信念。每每想起，我都对吴法源、林茶居、朱永通等教育出版人充满敬意，他们的努力让我们对教育充满希望。

《不跪着教书》让我找到了写作的方向，当然，能够沉浸其中，寻求到写作的兴趣和动力，不是一件容易的事，和很多人一样，我也经历了一个痛苦煎熬的过程，甚至一度误入歧途。

在躁动功利的现实情境下，一课成名有着无穷的魔力，让很多年轻人赴汤蹈火在所不惜。我很幸运的是认识了前辈陶年生先生，他告诉我：真正的教育家都是"写"出来的，仅有"上课"不会走得太远。这坚定了我坚持了教育写作的信念，让我在课堂教学大赛如火如荼的现实场中，能够冷眼旁观，甘守寂寞。

对于写作，要想永葆热情和动力，纯粹的自娱自乐式的写作很难做到。因为，写出来是一方面；发表出来，能让别人分享和承认是更重要的一方面。这样的成就感对一个初涉写作的人来说，功莫大矣。

开始写作并不顺畅，百十篇稿子投出去如泥牛入海，悄无声息。后来有一些稿子能够被掐头去尾，剩下豆腐块大小的一段文字被填充进一些报刊的边边角角，那对我来说已经是至高无上的荣誉了。再后来，看到自己的稿子被完完整整堂堂正正地刊在杂志上，并且实现了由尾页到卷首的逆袭，真是喜出望外。最近这两年，也有接到编辑约稿的时候，但感受到的不是扬眉吐气，而是四处弥漫的精神压力，这种感觉一直要延续到交稿之后，编辑发过来一个小小的"OK"，那颗悬着的心才会安稳。很快，这种安稳就会被打破，因为，又一篇或者几篇正排队等着呢！呈现出来的这些文字，很多就是这样一篇一篇被"逼"出来的。

没有阅读就没有写作，这是不错的，可到了一定的阶段之后，人的经历和眼界更为重要。从这个意义上说，我对以下各位充满感激，他们给我舟楫或桥梁，帮我实现人生的跨越。

感谢孙儒元校长，在我对当初的工作环境心生倦怠的时候，他毅然接纳了我，让我在新的环境中重新点燃对教育的热忱。

感谢前辈俞仁凤先生，这位温厚慈爱的长者，不仅在业务上给予真诚帮助和悉心指导，还能极力推荐我参加教育部外出交流计划，让我有了赴澳交流的机会。这段经历，大大开拓了我的眼界，让我在不同的观念碰撞中看清教育的本质，寻求可能的出路，这也是我教育写作取之不尽的宝贵财富。

感谢张以瑾博士和于珍老师，他们主持的中国教育报刊社蒲公英评论团队，为我的文章发表提供了平台，让我的教育观察与思考得以呈现给广大同仁。这中间还有他们选稿改稿的艰辛努力，殷殷之情非文字所能表达。加入这个团队，结识了一批热情的教育理想主义者，相互勉励，抱团前行。

特别幸运是，因为蒲公英评论，我得以走近《中国教育报》，认识了"读书周刊"的王珺、梁杰、却咏梅等编辑，并获得了2016年推动读书年度人物提名的机会，与全国各地的阅读推动者们结下了深厚的友谊。让我认识到，阅读推动其实不是孤军奋战。

我要感谢我的夫人和女儿，她们的认同和支持，让我有精力有心情投入读写。她们也是很多文章最初的阅读者和批评者。更让我高兴的是，我很多的文字其实是我们仨共同践行的结晶，也因此，在很多有关家庭教育的论述中，我说得很坚决，很真诚。

这些年，我就这样一路走走停停，回望来时路，我很欣慰，因为读写，让我能在平凡的人生中不消极堕落，学会把平常的日子过得有声有色，学会在起伏的生命中能够淡看得失，宠辱不惊。

　　花费了将近两个月的时间，试图把近些年写的文字梳理出一个头绪，组成一个体系，无奈大部分文字都是兴之所至，漫无边际。重读这些文字，总感觉很多地方激情有余，理性不足，考虑到也是一个时期的生命印记，粗浅鄙陋也罢，也就不再修改。

吴贤友

二〇一七年十一月三十日

陪着孩子，慢慢变优秀